检察机关法律文书制作要义系列

苗生明 王洁 主编

不起诉决定书

张彦 著

中国检察出版社

图书在版编目（CIP）数据

不起诉决定书制作要义/张彦著.—北京：中国检察出版社，2018.8
ISBN 978-7-5102-2110-1

Ⅰ.①不… Ⅱ.①张… Ⅲ.①检察机关-起诉-终止-法律文书-写作-中国 Ⅳ.①D926.13

中国版本图书馆 CIP 数据核字（2018）第 092746 号

不起诉决定书制作要义

张 彦 著

出版发行：	中国检察出版社
社 址：	北京市石景山区香山南路 109 号（100144）
网 址：	中国检察出版社（www.zgjccbs.com）
编辑电话：	（010）86423751
发行电话：	（010）86423726 86423727 86423728
	（010）86423730 68650016
经 销：	新华书店
印 刷：	北京宝昌彩色印刷有限公司
开 本：	710 mm×960 mm 16 开
印 张：	16.5 插页 4
字 数：	252 千字
版 次：	2018 年 8 月第一版 2018 年 8 月第一次印刷
书 号：	ISBN 978-7-5102-2110-1
定 价：	52.00 元

检察版图书，版权所有，侵权必究
如遇图书印装质量问题本社负责调换

丛书总序

刑事起诉书(以下简称起诉书)、刑事抗诉书(以下简称抗诉书)和不起诉决定书(以下简称不起诉书)是检察机关常用的法律文书。起诉书是人民检察院依法代表国家向人民法院提起公诉、指控犯罪并要求追究被告人刑事责任时所制作的法律文书;抗诉书是指人民检察院对人民法院确有错误的刑事判决或裁定依法提出抗诉时所制作的法律文书;不起诉书是指人民检察院对刑事案件经审查后,依法作出不将犯罪嫌疑人移送人民法院进行审判的决定时所制作的法律文书。特别是起诉书,它是人民法院启动刑事审判程序、对刑事公诉案件进行审判活动的合法依据,也是庭审中公诉人出庭指控犯罪、发表公诉意见、参加法庭调查和辩论以及被告人及其辩护人对指控的犯罪进行法庭辩护的基础,是检察机关最具代表性、标志性的法律文书,是公众认识检察机关的文本载体。起诉书具有广泛性和开放性,每年全国检察机关提起公诉的近百万件刑事案件中每一件案件都有一份起诉书,而且检察机关进行法律文书公开数量最多的也是起诉书。上述法律文书是形式和内容的统一,它们不仅具有严谨规范的格式体例,还集中体现了检察机关对案件证据事实的判断认识,并在此基础上依法提出明确的意见。可以说,上述法律文书是检察机关对刑事案件开展工作成果的集中体现,代表了检察机关对于某一具体刑事案件的意见和主张。

党的十八大报告明确指出,要建立健全权力运行制约和监督体系,推进权力运行公开化、规范化,完善司法公开制度,让人民监督权力,让权力在阳光下运行,以公开促公正。对于检察机关来说，司法公开主要是案件信息公开，其中起诉书是面对公众最常见的检察法律文书，是公开的重点。根据最高人民检察院（以下简称高检院）的规定，人民法院所作判决、裁定已生效的刑事案件起诉书，除了涉及国家秘密、商业秘密、个人隐私和未成年人犯罪等特殊情形不应当公开的以外，原则上都要公开。由于起诉书等法律文书通过互联网平台公开，面向社会公众，任何人都可以看，这就必然要接受社会公众和法律专家的检阅和评论。为了使起诉书能够经得起公开化带来的检验，这就需要检察机关一方面要进一步提升办案的质量和水平，以公正面对公开，打好案件信息公开的基础，另一方面我们也希望借助这个契机将法律文书进一步规范起来，把"丑媳妇"装扮得干净整洁甚至漂亮起来，以充满自信地接受社会监督。此外，随着以司法责任制为核心的司法体制改革不断推进，去行政化、去地方化的改革导向将使检察官的主体地位不断凸显，很多权力将不断下放给检察官，大多数案件已放权检察官直接签批起诉书后提起公诉。这样一来，前连审查后接出庭的起诉书就成为规范工作的一个关键节点。基于以上背景和考量，我们邀请中国政法大学法律语言研究中心主任王洁教授、张彦副教授、崔玉珍副教授等相关专家与资深公诉检察官一起组成课题组，专题研究起诉书的规范问题。与此同时，我们考虑到规范抗诉书、不起诉书的重要性，一并纳入课题的研究范畴。我们截取一定时间段内全市各级检察机关制发的起诉书4000余份、抗诉书200余份、不起诉书3000余份（涉密等情形除外），另外单独选取了全国十佳公诉人的50份起诉书以及其他的优秀文书范本，作为实证研究素材进行数据整理和分析。研究过程中，北京市人民检察院和中国政法大学法律语言研究中心联合课题组先后召开13次研讨会，在实证研究的基础上形成了12万字的起诉书部分课题报告。2015年6月，在研究成果的基础上制定了《北京市人民检察院关于公诉案件起诉书制作的规范意见（试行）》（以下简称《规范意见》），下发全市检察机关统一执行。《规范意见》就是在坚持立法精神的基础上，对违背人权保障和无罪推定基本原则的传统做法予以了修正，对于高检院起诉书模板及其说明的关键环节予以了进一步明确和细化，对实践中执行高检院模板不一致的地方予以了统一，针对起诉书的格式体例和写作要求予以尽可能的明确。

在上述实证调研和规范意见的基础上，课题组又对法律文书规范化问题进行了深度挖掘和系统研究，形成了《检察机关刑事起诉书制作要义》《刑事抗诉书制作要义》《不起诉决定书制作要义》系列丛书。所谓要义，就是指实质性要点或要旨，重要的内容或道理。本丛书就是通过理论联系实际的方式，将实操与理论相结合，突出法律文书制作的相关实质问题，但又避免陷入过多的技术细节，既有文书背后的基本理念，也有文书制作的核心技巧，深入浅出地将文书制作的相关问题熔于一炉。

综观本丛书，主要有以下几个方面的特点：

其一，注重引导公诉人坚持正确的司法理念。一是坚持贯彻无罪推定原则。要求叙写案件事实用白描语言，避免使用带有主观色彩的表述方式，避免用法律评价直接代替对犯罪行为的客观描述，坚持以客观中立的立场去描述犯罪行为，以严谨的事实、证据和法律逻辑来推出结论，使事实叙写更加客观。二是语体色彩更加理性平和、文明规范。将带有贬义色彩的动词"窜至""溜门"，表示惊讶的副词"竟"，推测被告人主观动机的短语"以满足个人淫乐/淫欲为目的"等带有强烈情感色彩和道德评价的词语，以及"目无国法""无视国家法律""无视国法""法律意识淡薄""法制观念淡薄"等带有强烈政治色彩的词语清除出法律文书，从文书的叙写开始就要体现理性平和、文明规范的执法理念。三是将诉讼意义作为文书记载信息的取舍原则。比如，与案件定罪和法定量刑情节有关的重要事实应当详细表述，与此关联性较弱的内容可适当从简，保证办案效率。

其二，结构完整、关注细节，体现系统性和可操作性。本丛书对作为法律文书核心部分的事实证据问题予以了特别关注，从准确、连贯和逻辑性上提出了更高的要求。要求文书表义准确，内容上前后要有关联，事实表述要从时间、动作等之间的关联来表示内容的连贯性。语言上要有衔接和过渡，尤其应注意事实表述的主语形式，当主语发生变化的时候，语言形式上要出现新的主语，这样才能用语言上的衔接体现表述的连贯。行文应符合案情发展的前后逻辑。案件事实的表述语序应当符合认知逻辑，例如，时间顺序、事物发展顺序等，尤其是要关注多个并列短语的先后顺序问题。案件事实表述的过程在内容上要关联，不要有太大的跳跃，等等。

其三，坚持问题导向，规范意见来自于实践，服务于实践。一是全面梳理内容和格式不统一的问题。实践中法律文书表述格式不统一的问题较为突出。如在起诉理由和根据部分，罪状表述的格式、法条引用的格式和完整性、量刑情节的表述格式和顺序、量刑意见的表述格式等也存在不统一之处。课题组对类似问题逐条梳理、逐一列明、逐项规范。二是全面梳理文字和语言使用不规范的问题。本丛书根据汉语表述规范和使用习惯对高检院文书模板及其说明进行了细化，对执行中存在的不一致之处进行了统一和强调。三是全面梳理表述和句法存在偏误的问题。通过对法律文书进行实证研究，发现在用词造句、语法句法上存在一些问题，比如，有些起诉书事实要素表述不完备、指控事实表述不够清晰明确，事实表述的过程不能做到详略得当、主次分明。本丛书针对这些具体问题进行了进一步规范。

其四，立足文书自身特点，明确文书的核心目标。如果说判决书追求的是说理性，那么起诉书追求的核心目标应该是叙述性。一言以蔽之，如果说把"理"讲透、说清楚就是好的判决书，就体现了判决书的说理性的话，那么好的起诉书就是要把"事"说清楚、说明白，不能语焉不详，不能一带而过、笼而统之，要把案件事实一五一十说清楚。看不明白的起诉书不能说是好的起诉书，有着巨大解释空间的起诉书不是好的起诉书。好的起诉书讲求叙述性。叙述性的核心就是把案件事实以及相关证据作一个全面的展现，重点不是论理，而是描写和叙述。事实上，"事"和"理"也不是能够完全分开的，把"事"说清楚了，"理"自然也就明白了，因此对于判决书来讲，对案件事实详细的描述，对证据充分的分析，也是整体说理性的一部分，当然最后仍然是结合法律的综合分析论证。而起诉书一般要求只是高度浓缩包含了法律分析在内的起诉理由和依据，把重点放在事实和证据方面。对于起诉书的篇幅来讲，应该服从叙述性的充分展开，"事"没说清楚，不能停笔，不能人为限定篇幅压缩事实，影响叙述的充分性。因此，《规范意见》将着力点放在了叙述性上，使起诉书的叙述性成为与判决书的说理性相当的概念。事实上起诉书的叙述性根源于不断完善的法治环境，包括以审判为中心诉讼制度改革的推进、庭审实质化、起诉书的网上公开、法律共同体外部评价机制的不断形成，以及司法责任制所带来的检察官个人作用的不断凸显。再如，抗诉书的撰写不同于起诉书，特点在于其主要针对一审裁判指出其错误所在，进而起到启动二审程序和划定争议焦点的作用。因此，抗诉书在文体上属于叙"事"和说"理"相结合、以说"理"为主的驳论文。抗诉书应当针对一审裁判的错误之处重点论述，不宜再次全面阐述起诉观点，甚至成为第二份起诉书。

其五，解剖麻雀，互评互鉴。为了使公诉人能够从整体上更好地把握法律文书制作的要领，我们还邀请来自北京市检察机关的部分全国十佳公诉人、资深公诉人开展了起诉书的互评。这些被点评的起诉书本身就是从全国十佳公诉人本人撰写的起诉书和其他优秀起诉书中精选出来的，在被隐去署名后，由全国十佳公诉人和资深公诉人进行背对背的点评，从而产生一个"双盲"的效果，以保证点评的客观和公正。这样操作的效果还体现了我们一个重要的初衷，就是要打破对所谓优秀文书范本和优秀公诉人的迷信，防止"东施效颦"。即使是一名优秀公诉人的代表作品也可能存在"瑕疵"或者是可商榷之处，我们没有必要盲目模仿，我们需要借鉴的是这些文书的制作思路，以及那些没有做到或者没有做好的遗憾之处，而这些并非普通人能够轻易察觉的。所以我们邀请这些优秀的公诉人进行了相互的"挖掘"，从而打开一扇隐蔽的窗户，透过这里我们有可能体会到一些优秀作品之所以成其为佳作的细微之处。

其六，寄望于通过规范法律文书提升公诉办案质量和公诉管理水平。法律文书规范化的过程，也是公诉工作精细化的过程，一定程度上提高了办案质量。实践证明，通过规范法律文书的牵引作用，能够推动公诉规范化体系的不断完善，推动检察改革创新不断深化，取得较好的法律效果和社会效果。高检院公诉厅专门下发通知，全文转发《规范意见》，要求各级人民检察院公诉部门认真学习借鉴，同时被高检院编入《全国检察机关规范司法行为专项整治纪实》专题片，在高检院检察开放日活动中向与会代表展示。2015年9月，北京市人民检察院在向市政协"司法机关法律文书公开"调研组通报检察工作时，汇报了开展起诉书规范化工作的主要做法，受到与会政协委员的一致肯定，对《规范意见》给予了高度评价，认为具有开创性和示范性。

在公民权利意识日益增强、司法活动日益公开透明的背景下，伴随着以审判为中心的诉讼制度改革的逐步推进，检察机关的刑事公诉工作面临着日益重大的挑战和压力，从司法理念、公诉政策到工作机制、法律文书都需要不断地作出调整和提升，开展此项研究工作反映了我们积极适应新形势、新变化的一个侧面。在此丛书即将面世之际，我衷心感谢王洁教授、张彦副教授、崔玉珍副教授对于本丛书付出的心血，各位老师孜孜以求，倾注大量精力，探索构建检察机关法律文书制作要义的话语体系，我和我的检察官同人从他们身上学到了很多做人做事的道理，这是让我们受益终生的更加宝贵的精神财富。我们深知，本丛书的研究成果和实践终结还只是初步的、基础性的，聊作抛砖引玉之研讨，在此敬请各位读者、法律同人批评指正。

苗生明
2018 年 6 月

序　言

《不起诉决定书制作要义》是继我们课题组刚刚完成出版的《检察机关刑事起诉书制作要义》之后的又一科研成果。本书是在起诉书制作要义的基础上，以基本相同的研究方法和思路展开的，包括建立不起诉决定书大规模的语料库，作语言层面细致的梳理与筛查，以问题为导向，尤其是找到与高检院模板规定不一致的问题，就存在的问题进行统计和分析，并邀请优秀检察官召开座谈会集中讨论，多次讨论之后，形成统一意见，找出解决问题的正确方案。法律人和法律语言研究者的对话研讨碰撞出法律与语言交叉学科的研究新理念，体现了本课题研究与司法实践、与法律人深度结合的创新精神和学术研究的服务精神。

作者张彦博士按照不起诉决定书的语篇结构顺序，对筛查出的问题像绣花一样精细又潜心研究，追求完美。比如，作者筛查发现，不起诉决定书制作中的诸多关键要素表述花样繁多、不统一、不规范，作者对同一要素存在的不同表述作了详细统计，条分缕析地给出具体数据，显示出此类问题存在的程度，并进一步作出了分析，对每一个问题都从法理或语言学角度给出了规范意见，体现了作者坚持理论来源于实践、从实践中汲取营养、经过提炼总结升华又去指导实践的研究思路，从中可见其严谨的治学态度和可贵的工匠精神。

因为不起诉决定书内部又有三种不同类型——绝对不起诉决定书、相对不起诉决定书和存疑不起诉决定书，所以这一项研究也必然凸显出其独有的特点。作者先对三类不起诉决定书共有的问题作了合并研究，后对各类不起诉决定书所独有的问题作了分别研究。这样安排，脉络更清晰，结构更合理，便于读者有针对性地阅读。

不起诉决定书要说明作出不起诉决定的道理，必须叙明所认定的事实，必要时列明证据，最后依据相应的法律来认定并作出不起诉决定。作者遵循《中共中央关于全面深化改革若干重大问题的决定》中提出的"增强法律文书说理性"的要求，在本书中专门对不起诉决定书的说理展开了研究。对绝对、相对和存疑这三类不起诉决定书目前所存在的事实说理（包括列明证据）和法律说理问题作了全面梳理与分析，用数据告诉读者目前绝对不起诉和相对不起诉决定书事实表述重点不突出的有21%，相对不起诉决定书未按要求列明证据的高达81%，存疑不起诉决定书机械使用"事实不清、证据不足"这一套话的高达95%，等等。这些研究对于改进不起诉决定书说理问题有较突出的指导意义。以存疑不起诉决定书机械使用"事实不清、证据不足"这一套话为例，事实如何不清、证据怎么不足，都没有具体说明，从说理的逻辑上来说，这就割断了事理到法理之间的关联，而且这种表述过于笼统，导致不起诉决定书的制作千文一面，缺乏个性和针对性。这一论述明确地解释了为何人们普遍觉得存疑不起诉决定书缺乏说理，找到了问题的症结，从而也为解决不起诉决定书缺乏说理这一问题指出了一条路径。

法律语言作为法律的载体，它是表述法律内容的语言，所以法律和语言之间是内容和形式的关系，法律内容决定其语言形式，一定的法律语言形式为一定的法律内容服务。从这个法哲学的逻辑起点出发，我们认识到：法律语言学是研究法律语言的应用，它的研究成果一定是揭示出法律语言是怎样的一套话语体系，这套话语体系如何为表述法律内容服务。源于这种法律与语言之间的关系，作者在本书中，苦苦追求不起诉决定书制作的规范话语体系，并实现了这一目标。

名实相符，就是语言正确地表达了法律内容；名实不符，就会出现法律语言表述与法律内容偏离的失范现象，法律的公正性就会受到损害。作者以严谨的治学态度将筛查出的不起诉决定书制作中的失范的语言问题一一清除。因为她知道，任何一例冤假错案都一定会有失范、错误的语言运行。

徒法不能自行，从纸质的法律文本到法律的实施，始终都需要一群精通法律专业知识、具备丰富实践经验的法律人为依托。公正执法应该是他们追求的永恒目标。这需要法律人不仅有对法律忠诚的品德，还需要拥有一种独立的运用法律定分止争解决问题的能力，这种能力表现为用法律的思维、法律的方法、法律的语言来履行神圣职责的能力和素养。

法律语言既是法律人的办案工具，更是法律人法治思维和法律权力的体现。法律人的法治思维始终以法律为依据，思路从法律文本开始，以法律的方法在法律运行的全过程中，法律人的法律思维又都流向法律文本。可以说，法律、语言、法律人，是一脉相承的融合体。

特别感谢法律人苗生明检察长，他说过："我总想把法律语言学拉到我们法律实践中来。"正是他的敬业精神和敏锐的学术慧眼，让我们的研究有可能走到司法实践中去，接上地气，是他给了我们真实的语料，是他派出了优秀的检察官参与了我们的课题，进行法学和语言学交叉学科的研讨，给学科注入了新的血脉和人脉！还要特别感谢方工检察长，他以资深法律人敏锐的洞察力和高瞻远瞩的视野积极支持本课题的研究，从宏观理论、政策到微观表达都毫无保留地一一给予我们难能可贵的指导与帮助，他的敬业精神和严谨治学的态度也鼓舞了我们。

中国政法大学法律语言研究中心课题组仅以此套丛书——《检察机关刑事起诉书制作要义》《不起诉决定书制作要义》《刑事抗诉书制作要义》《侦查讯问笔录语言规范要义》《法律语言

常用词使用手册》献给全国的检察官及所有在司法实践中辛勤工作的法律人。我们的研究是初创，期待广大法律人给予关注和支持，提出宝贵意见。

王　洁

2018 年 6 月

目录

丛书总序 …………………………………………………………（1）

序　言 ……………………………………………………………（1）

第一章　不起诉决定书概述 …………………………………（1）

　第一节　不起诉决定书及其分类 ……………………………（1）

　　一、不起诉决定书的概念 ……………………………………（1）

　　二、不起诉决定书的分类 ……………………………………（1）

　　　（一）绝对不起诉决定书 …………………………………（1）

　　　（二）相对不起诉决定书 …………………………………（2）

　　　（三）存疑不起诉决定书 …………………………………（3）

　　三、不起诉决定书的主要内容 ………………………………（4）

　　四、不起诉决定书的法律功能 ………………………………（4）

　第二节　新时期规范不起诉决定书制作的新意义 …………（5）

第二章　不起诉决定书的制作要求 …………………………（9）

　第一节　不起诉决定书制作说明 ……………………………（9）

　　一、首部 ………………………………………………………（9）

　　二、正文 ………………………………………………………（9）

　　　（一）被不起诉人基本情况 ………………………………（9）

　　　（二）辩护人基本情况 ……………………………………（9）

　　　（三）案由和案件来源 ……………………………………（9）

　　　（四）案件事实情况 ………………………………………（10）

　　　（五）不起诉理由、法律依据和决定事项部分 …………（10）

　　　（六）告知事项 ……………………………………………（10）

三、尾部 …………………………………………………（ 10 ）
　　四、其他 …………………………………………………（ 10 ）
　第二节　不起诉决定书的格式 ………………………………（ 11 ）
　　一、绝对不起诉决定书的格式 …………………………（ 11 ）
　　二、相对不起诉决定书的格式 …………………………（ 13 ）
　　三、存疑不起诉决定书的格式 …………………………（ 14 ）

第三章　不起诉决定书制作现状及规范建议 ………………（ 16 ）
　第一节　三种不起诉决定书共同存在的表述问题 …………（ 16 ）
　　一、首部 …………………………………………………（ 17 ）
　　二、正文 …………………………………………………（ 17 ）
　　　（一）被不起诉人基本情况 …………………………（ 17 ）
　　　（二）辩护人基本情况 ………………………………（ 28 ）
　　　（三）案由和案件来源 ………………………………（ 29 ）
　　　（四）案件事实 ………………………………………（ 35 ）
　　　（五）不起诉理由 ……………………………………（ 71 ）
　　　（六）告知事项 ………………………………………（ 77 ）
　　　（七）特殊的不起诉决定书（一人多罪）…………（ 81 ）
　　三、尾部 …………………………………………………（ 86 ）
　　　（一）署名 ……………………………………………（ 86 ）
　　　（二）落款时间 ………………………………………（ 86 ）
　　四、语言文字问题 ………………………………………（ 87 ）
　　　（一）数字 ……………………………………………（ 87 ）
　　　（二）标点符号 ………………………………………（ 91 ）
　　　（三）"/"的使用 ……………………………………（ 92 ）
　　　（四）"同年"的运用 ………………………………（ 93 ）
　　　（五）"依据"与"根据" ……………………………（ 94 ）
　　　（六）"期间"与"其间" ……………………………（ 95 ）
　　　（七）语体风格 ………………………………………（ 96 ）
　　　（八）指示代词的使用 ………………………………（ 97 ）

五、对被不起诉人的称谓 …………………………………………（ 98 ）
第二节　绝对不起诉决定书独有的问题 ……………………………（102）
　　一、案件事实部分 …………………………………………………（102）
　　　（一）侦查机关移送审查起诉意见的表述 ……………………（102）
　　　（二）事实表述的侧重点 ………………………………………（104）
　　二、不起诉理由及依据部分 ………………………………………（108）
　　　（一）不起诉依据的表述 ………………………………………（108）
　　　（二）不起诉理由表述的准确性 ………………………………（109）
　　　（三）不起诉理由的具体说明 …………………………………（111）

第三节　相对不起诉决定书独有的问题 ……………………………（113）
　　一、不起诉理由部分 ………………………………………………（113）
　　　（一）罪名的认定 ………………………………………………（113）
　　　（二）从轻、减轻或者免除刑事处罚的具体情节是否
　　　　　　可以简略说明 ……………………………………………（114）
　　　（三）案件事实与不起诉理由部分的呼应 ……………………（115）
　　　（四）"犯罪情节轻微"的表述 ………………………………（118）
　　　（五）"犯罪情节轻微"与"不需要判处刑罚"的关系……（120）
　　二、法律依据部分 …………………………………………………（123）
　　　（一）认定不需要判处刑罚（或者免除刑罚）的法律
　　　　　　依据 …………………………………………………………（123）
　　　（二）作出不起诉决定的法律依据 ……………………………（127）
　　三、决定事项部分 …………………………………………………（129）
　　　（一）不需要判处刑罚的认定 …………………………………（129）
　　　（二）关于认定结论的表述 ……………………………………（130）

第四节　存疑不起诉决定书独有的问题 ……………………………（132）
　　一、事实部分 ………………………………………………………（132）
　　　（一）对认定事实的具体机关的表述 …………………………（132）
　　　（二）全篇表述结构——是否划分段落 ………………………（135）
　　二、不起诉理由部分 ………………………………………………（137）
　　　（一）侦查机关名称的表述 ……………………………………（137）
　　　（二）对事实不清、证据不足具体情况的说明 ………………（138）

三、法律依据部分 …………………………………………（142）

第四章　不起诉决定书的说理 …………………………………（145）

第一节　不起诉决定书说理概述 …………………………（146）
一、不起诉决定书说理过程中的事理、法理与哲理 ………（146）
二、不起诉决定书说理的受众视角 …………………………（147）
三、不起诉决定书的文体特点 ………………………………（148）

第二节　三种不起诉决定书普遍存在的说理问题 ………（149）
一、事实 ………………………………………………………（149）
　（一）事实表述的对象 ……………………………………（149）
　（二）事实表述的侧重点 …………………………………（150）
　（三）事实表述的细节 ……………………………………（153）
　（四）事实表述的繁简 ……………………………………（160）
二、证据 ………………………………………………………（160）
　（一）该列明的证据要列明 ………………………………（161）
　（二）证据名称要具体 ……………………………………（162）
三、不起诉理由及依据 ………………………………………（162）
四、认定结论 …………………………………………………（163）
五、全篇的论证逻辑 …………………………………………（164）

第三节　三种不起诉决定书各自存在的特殊问题 ………（166）
一、绝对不起诉决定书 ………………………………………（166）
二、相对不起诉决定书 ………………………………………（167）
　（一）对被不起诉人的罪名认定 …………………………（167）
　（二）从轻、减轻或者免除刑事处罚具体情节的说明 …（168）
　（三）案件事实与不起诉理由之间的呼应 ………………（169）
　（四）"犯罪情节轻微"的表述 ……………………………（169）
　（五）"犯罪情节轻微"与"具有×××情节"的关系 …（169）
　（六）表述格式 ……………………………………………（170）
三、存疑不起诉决定书 ………………………………………（170）
　（一）对"事实不清、证据不足"的论证 ………………（170）
　（二）论证的周延 …………………………………………（171）

第五章 不起诉决定书制作范例及专家点评 (172)

第一节 不起诉决定书制作范例 (172)

一、绝对不起诉决定书 (172)

（一）根据《刑事诉讼法》第十五条第（一）项作出不起诉决定的 (173)

（二）根据《刑事诉讼法》第十五条第（六）项作出不起诉决定的 (174)

（三）根据《刑事诉讼法》第一百七十三条第一款作出不起诉决定的 (176)

二、相对不起诉决定书 (177)

三、存疑不起诉决定书 (178)

第二节 不起诉决定书专家点评 (180)

一、绝对不起诉决定书 (180)

二、相对不起诉决定书 (184)

三、存疑不起诉决定书 (187)

附　录 (191)

一、专家审稿意见 (191)

二、法律及规范性文件中关于刑事不起诉决定书制作的规定 (196)

（一）《刑事诉讼法》的相关规定 (196)

（二）《人民检察院刑事诉讼规则（试行)》的相关规定 (197)

（三）《最高人民检察院关于加强检察法律文书说理工作的意见》 (199)

三、出版物上数字用法（CB/T 15835－2011） (203)

四、标点符号用法（GB/T 15834－2011） (211)

后　记 (242)

第一章 不起诉决定书概述

第一节 不起诉决定书及其分类

一、不起诉决定书的概念

不起诉决定书是指人民检察院对公安机关、国家安全机关等侦查终结移送审查起诉的案件或检察院直接受理侦查的案件，经审查后认为被不起诉人的行为不符合起诉条件或者依照刑法规定不需要判处刑罚或者免除刑罚，作出不起诉决定时制作的法律文书。

不起诉决定书是人民检察院作出不起诉决定的法律文书，具有终止本案刑事诉讼，不追究或免予追究被不起诉人刑事责任的法律效力。不起诉决定书一经送达，被不起诉人被羁押的，应立即释放；被采取其他强制措施的，应立即解除其强制措施。因此不起诉决定书应当具有严密的逻辑性、严谨的科学性、严格的法律性和严肃的权威性。

二、不起诉决定书的分类

根据《刑事诉讼法》第一百七十三条的规定，人民检察院作出不起诉决定分为法定不起诉、酌定不起诉和证据不足不起诉，又称为绝对不起诉、相对不起诉和存疑不起诉。本书采用后一种称谓，相应地，不起诉决定书分为绝对不起诉决定书、相对不起诉决定书和存疑不起诉决定书。

（一）绝对不起诉决定书

绝对不起诉是指人民检察院认为被不起诉人符合法定不追究刑事责任的情形时所作出的不起诉决定。为该决定制作的文书就是绝对不起诉决定书。绝对不起诉决定的法律依据如下。

《刑事诉讼法》第十五条规定："有下列情形之一的，不追究刑事责任，已经追究的，应当撤销案件，或者不起诉，或者终止审理，或者宣告无罪：（一）情节显著轻微、危害不大，不认为是犯罪的；（二）犯罪已过追诉时效期限的；（三）经特赦令免除刑罚的；（四）依照刑法告诉才处理的犯罪，没有告诉或者撤回告诉的；（五）犯罪嫌疑人、被告人死亡的；（六）其他法律规定免予追究刑事责任的。"

《刑事诉讼法》第一百七十三条第一款规定："犯罪嫌疑人没有犯罪事实，或者有本法第十五条规定的情形之一的，人民检察院应当作出不起诉决定。"

《人民检察院刑事诉讼规则（试行）》第四百零一条第一款规定："人民检察院对于公安机关移送审查起诉的案件，发现犯罪嫌疑人没有犯罪事实，或者符合刑事诉讼法第十五条规定的情形之一的，经检察长或者检察委员会决定，应当作出不起诉决定。"

（二）相对不起诉决定书

相对不起诉是指人民检察院经审查后认为，被不起诉人实施了刑法规定的犯罪行为，但犯罪情节轻微，依照刑法规定不需要判处刑罚或者免除刑罚的，依法作出不起诉决定。为该决定制作的文书就是相对不起诉决定书。相对不起诉决定的法律依据如下。

《刑事诉讼法》第一百七十三条第二款规定："对于犯罪情节轻微，依照刑法规定不需要判处刑罚或者免除刑罚的，人民检察院可以作出不起诉决定。"

《人民检察院刑事诉讼规则（试行）》第四百零六条规定："人民检察院对于犯罪情节轻微，依照刑法规定不需要判处刑罚或者免除刑罚的，经检察长或者检察委员会决定，可以作出不起诉决定。"

相对不起诉的主要情形由我国刑法具体规定。案件"不需要判处刑罚"的情形，是指《刑法》第三十七条规定的法定情形，即："对于犯罪情节轻微不需要判处刑罚的，可以免予刑事处罚，但是可以根据案件的不同情况，予以训诫或者责令具结悔过、赔礼道歉、赔偿损失，或者由主管部门予以行政处罚或者行政处分。"对于"免除处罚"的法定情形，在我国《刑法》中有具体规定。

（1）可以从轻、减轻或者免除处罚的情节：又聋又哑的人或者盲人犯罪的（《刑法》第十九条）；预备犯（《刑法》第二十二条第二款）。

（2）应当从轻、减轻或者免除处罚的情节：从犯（《刑法》第二十七条第二款）。

（3）可以减轻或者免除处罚的情节：在国外犯罪已经受过刑罚处罚的（《刑法》第十条）；有重大立功表现的（《刑法》第六十八条）；行贿人在被追诉前主动交代行贿行为的（《刑法》第三百九十条第二款）；介绍贿赂人在被追诉前主动交代介绍贿赂行为的（《刑法》第三百九十二条第二款）。

（4）应当减轻或者免除处罚的情节：防卫过当（《刑法》第二十条第二款）；避险行为（《刑法》第二十一条第二款）；胁从犯（《刑法》第二十八条）。

（5）可以免除处罚的情节：犯罪较轻的自首犯（《刑法》第六十七条第一款）；非法种植罂粟或者其他毒品原植物，在收获前自动铲除的（《刑法》第三百五十一条第三款）。

（6）应当免除处罚的情节：没有造成损害的中止犯（《刑法》第二十四条第二款）。

（三）存疑不起诉决定书

存疑不起诉是指人民检察院经审查后认为，在案证据不足以证实被不起诉人构成犯罪，不符合提起公诉条件而作出不起诉决定。为该决定制作的文书就是存疑不起诉决定书。存疑不起诉决定的法律依据如下。

《刑事诉讼法》第一百七十一条第四款规定："对于二次补充侦查的案件，人民检察院仍然认为证据不足，不符合起诉条件的，应当作出不起诉的决定。"

《人民检察院刑事诉讼规则（试行）》第四百零三条规定："人民检察院对于二次退回补充侦查的案件，仍然认为证据不足，不符合起诉条件的，经检察长或者检察委员会决定，应当作出不起诉决定。人民检察院对于经过一次退回补充侦查的案件，认为证据不足，不符合起诉条件,且没有退回补充侦查必要的,可以作出不起诉决定。"

三、不起诉决定书的主要内容

根据《人民检察院刑事诉讼规则(试行)》第四百零八条第二款的规定,不起诉决定书的主要内容包括:

1. 被不起诉人的基本情况,包括姓名、性别、出生年月日、出生地和户籍地、身份证号码、民族、文化程度、职业、工作单位及职务、住址,是否受过刑事处分,采取强制措施的情况以及羁押处所等;如果是单位犯罪,应当写明犯罪单位的名称和组织机构代码、所在地址、联系方式,法定代表人和诉讼代表人的姓名、职务、联系方式。

2. 案由和案件来源。

3. 案件事实,包括否定或者指控被不起诉人构成犯罪的事实以及作为不起诉决定根据的事实。

4. 不起诉的法律根据和理由,写明作出不起诉决定适用的法律条款。

5. 查封、扣押、冻结的涉案款物的处理情况。

6. 有关告知事项。

上述内容属于不起诉决定书的正文部分,除此之外,不起诉决定书还要有首部和尾部,首部包括制作文书的人民检察院名称、文书名称和文书编号,尾部包括检察院署名以及文书的具文日期即签发日期。

三类不起诉决定书的写作要求,从格式上来说,大体相同,只是在案件事实部分与不起诉的法律根据和理由部分各有侧重。无论哪一类不起诉决定书,正文部分都是重点,尤其是案件事实、不起诉的法律根据和理由部分,更是重中之重。

四、不起诉决定书的法律功能

不起诉决定书是人民检察院作出绝对不起诉、相对不起诉或者存疑不起诉决定时制作的文书,是人民检察院在审查起诉阶段代表国家所作出的认定被不起诉人无罪或者不追究刑事责任的凭据,它具有终止本案刑事诉讼，不再追究被不起诉人刑事责任的法律效力，对于严格依法办案，保护公民合法权益，有着重要的作用。不起诉决定书一经送达，被不起诉人被羁押的，应当立即释放；被采取其他非羁押强制措施，应当立即解除其强制措施。

大部分检察院目前适用不起诉的比例正逐年增长，不起诉决定书作为不起诉决定的书面文书，其重要性也越来越凸显。

第二节 新时期规范不起诉决定书制作的新意义

2013年11月12日，党的十八届三中全会通过的《中共中央关于全面深化改革若干重大问题的决定》提出，推行审判公开、检务公开，增强法律文书说理性，进一步规范查封、扣押、冻结、处理涉案财物的司法程序。

2014年6月20日最高人民检察院（以下简称高检院）第十二届检察委员会第二十四次会议通过《人民检察院案件信息公开工作规定（试行）》，自2014年10月1日起开始试行，人民检察院案件信息公开网也开通运行。这两项工作是检察机关推进检务公开和法律文书公开、增强执法办案的透明度，切实保障人民群众对检察工作的知情权、参与权和监督权的重大举措，是检察机关促进司法公正、提升司法公信力的重要保障，也是检察机关把检务公开和法律文书公开全面纳入规范化、信息化的发展轨道，推进司法规范化和检察信息化建设的又一项具有标志性的重要工作。《人民检察院案件信息公开工作规定（试行）》中包含了加大法律文书公开力度的内容，人民检察院要主动接受公众对检察机关执法行为的深入监督。人民检察院法律文书是检察机关履行法律职责的重要载体。公开法律文书，有利于全面展示检察机关执法办案行为，全面加强对检察机关执法办案活动的监督，促进检察人员不断提高执法办案水平。要求法律文书在互联网发布。这些法律文书都是承载检察机关所作处理决定或司法结论的重要法律文书，对于案件事实和证据都有比较全面的阐述，说理性强，信息量大，适宜社会大众在互联网上浏览。① 要求在互联网发布的法律文书就包括了不起诉决定书。

具体来说，不起诉决定书公开上网具有以下重要意义：

第一，接受社会监督，有利于保障检察机关依法独立行使检察权。《宪法》第一百二十九条规定，人民检察院是国家的法律监督机关，依法独立行使检察权，履行法律监督职能。检察机关要依法独立公正行使检察权，同时作为监督者也要自觉接受监督。不起诉决定书公开上网，是检察机关接受社会监督的一种形式，加强监督，也有利于保障人民检察院依法独立公正行使检察权。

第二，是检务公开的重要组成部分，是司法公开的重要内容，也是深化司法改革、推进司法公信力建设的一项重要举措。通过司法公开，促进司法公正。司法公开乃司法的本质所在，更是司法获得公信力的基础与保障。不起诉决定具有很强的司法性，将不起诉决定书面向社会公开，是司法公开的一部分。公开是保障公正的一个必备前提。只有在每一个案件中都扎扎实实地做到公开并维护公平与正义，才能树立司法权威、构建司法公信。缺乏公开保障的执法、司法，公信力无从谈起。只有实现公开、公正与公信，检察改革才能取得卓越成效。

第三，是推进司法改革、落实公正司法责任制的一项举措，在此基础上有助于提升检察官的业务水平。向社会公开的不起诉决定书，既可以成为法学理论研究的素材，促进刑事法学研究，也能促进检察官更加认真地对待每一个案件，审慎作出不起诉决定，努力提高不起诉决定的准确性和不起诉决定书的说理水平，进而提升检察业务素质。这也是培养检察人才的一项工作，而培养检察人才工作是 2016 年 9 月高检院发布的《"十三五"时期检察工作发展规划纲要》中摆在优先发展战略位置的一项工作。

第四，有利于满足公众的合理期待。起诉是刑事诉讼的一道程序，检察机关提起公诉后，由法院最终判决被告人是否有罪；而不起诉决定原则上具有终局性，不起诉决定书有类似判决书的终局性判断效用。在

---

① 2014 年 10 月 17 日高检院案件管理办公室主任王晋在《人民检察院案件信息公开工作规定》的新闻发布会上的讲话，载 http://www.scio.gov.cn/xwfbh/qywfbh/Document/1394154/1394154.htm。

法院裁判文书全面上网的背景下，检察机关将不起诉决定书向社会公众公开，能够满足公众对案件透明处理的合理期待，保障了公众对刑事案件处理结局的知悉权，顺应民意。

第五，有利于接受社会监督，是司法民主、司法公正和检务公开的必然要求。不起诉决定书向社会公开，有利于群众从社会常识、常情、常理的视角，以朴素的正义观判断案件办理是否妥当，是否存在不公正的嫌疑。这就为社会各界监督检察权提供了便利，有利于检察机关公正行使职权，保障法律监督机关职能的正常发挥。早在2006年6月，高检院就下发了《关于进一步深化人民检察院"检务公开"的意见》，强调要重视和充分利用现代化信息手段，推广电子检务公开，依法可以公开的信息要主动予以公开。法律文书是检察业务的重要载体，是检务公开的重要内容，作为检察文书核心的终结性法律文书——不起诉决定书的公开对社会、对我国法治文明进程都具有非同寻常的意义，是司法民主、公开、公正的价值体现。

绝大多数不起诉决定书都要公开上网，这就意味着不起诉决定书的受众面扩大，面向的是整个社会，要接受广大人民群众的监督。不起诉决定书的制作将产生更广泛的社会影响，规范的不起诉决定书有助于民众理解检察机关对案件的处理，感受法律的公平与正义，有助于树立司法权威、建立司法公信，有助于推进司法规范化；不规范的不起诉决定书将会起到相反的作用，正因如此也使得不起诉决定书的公开成为一把"双刃剑"。在这种新形势下，不起诉决定书制作的规范性尤为重要。

2012年12月27日，高检院根据修改后的《刑事诉讼法》和《人民检察院刑事诉讼规则（试行）》，修订了《人民检察院刑事诉讼法律文书格式样本》，对不起诉决定书的制作提出了规范意见。该样本推行至今已有5年多了。我们调查了2014年和2015年北京市各级人民检察院制作的不起诉决定书共计3482份，建立了语料库。其中，包括绝对不起诉决定书461份，相对不起诉决定书1659份，存疑不起诉决定书1362份。我们对照高检院的模板逐一调查目前不起诉决定书的制作规范情况，对于不起诉决定书制作中分歧较大的问题展开分析、探究原因，结合法学与语言学的相关理论提出相应的规范意见。本书在分析的过程中将展示一些示例，以便更好地说明问题。其中的不当例是为了说明某一问题而举出的，由于这些示例选自上述语料库，均为真实的不起诉决定书，所以往往同时还存在其他问题，对该不当例展开分析时，为了集中焦点，对其他问题并未论及，因此，书中示例并不全是"完美"范本。另外，所有示例均对与研究无关的单位及个人信息作了隐匿处理。

第二章　不起诉决定书的制作要求

第一节　不起诉决定书制作说明

高检院于 2012 年制定的不起诉决定书制作模板对三类不起诉决定书的制作提出了具体的要求。

一、首部

此部分包括制作文书的人民检察院名称、文书名称和文书编号。

二、正文

（一）被不起诉人基本情况

被不起诉人的基本情况按文书中所列项目顺序叙明，具体信息同起诉书。

如系被不起诉单位，则应写明名称、住所地，并以被不起诉单位代替不起诉决定书格式中的"被不起诉人"。

（二）辩护人基本情况

此部分包括辩护人姓名、单位。

（三）案由和案件来源

其中，"案由"应当写明移送审查起诉时或者侦查终结时认定的行为性质，而不是审查起诉部门认定的行为性质。

"案件来源"包括公安、安全机关移送、本院侦查终结、其他人民检察院移送等情况。

应当写明移送审查起诉的时间和退回补充侦查的情况（包括退回补充侦查日期、次数和再次移送日期）。写明本院受理日期。

（四）案件事实情况

此部分包括否定或者指控被不起诉人构成犯罪的事实及作为不起诉决定根据的事实。应当根据三种不起诉的性质、内容和特点，针对案件具体情况各有侧重点地叙写。

（五）不起诉理由、法律依据和决定事项部分

在制作这部分时应当注意下面几个问题：

1. 所引用的法律应当引全称。
2. 所引用的法律条款要用汉字将条、款、项引全。

（六）告知事项

1. 应当根据《人民检察院刑事诉讼规则（试行）》第四百二十一条的规定写明被不起诉人享有申诉权。
2. 凡是有被害人的案件，应当根据《刑事诉讼法》第一百七十六条的规定写明被害人享有申诉权及起诉权。

三、尾部

1. 署名部分，统一署某检察院院名。
2. 本文书的具文日期应当是签发日期。

四、其他

1. 不起诉决定书以人为单位制作。
2. 不起诉决定书应当有正本、副本之分，其中正本一份归入正卷，一份发送被不起诉人，副本发送辩护人及其所在单位、被害人或者其近亲属及其诉讼代理人、侦查机关（部门）。

第二节 不起诉决定书的格式

一、绝对不起诉决定书的格式

根据《刑事诉讼法》第一百七十三条第一款规定决定不起诉时适用。

××××人民检察院
不起诉决定书

检　　刑不诉〔　〕　　号

被不起诉人……［写明姓名、性别、出生年月日、身份证号码、民族、文化程度、职业或工作单位及职务（国家机关工作人员利用职权实施的犯罪，应当写明犯罪期间在何单位任何职）、出生地和户籍地、住址（被不起诉人住址写居住地，如果户籍所在地与暂住地不一致的，应当写明户籍所在地和暂住地），是否受过刑事处罚，采取强制措施的种类、时间、决定机关等。］

（如系被不起诉单位，则应写明名称、住所地等。）

辩护人……（写姓名、单位）。

本案由×××（侦查机关名称）侦查终结，以被不起诉人×××涉嫌××罪，于×年×月×日向本院移送审查起诉。

（如果是自侦案件，此处写"被不起诉人×××涉嫌××一案，由本院侦查终结，于×年×月×日移送审查起诉或不起诉"。如果案件是其他人民检察院移送的，此处应当将指定管辖、移送单位以及移送时间等写清楚。）

（如果案件曾经退回补充侦查，应当写明退回补充侦查的日期、次数以及再次移送审查起诉时间。）

经本院依法审查查明：

……

［如果是根据刑事诉讼法第十五条第（一）项即侦查机关移送起诉认

为行为构成犯罪,经检察机关审查后认定行为情节显著轻微、危害不大,不认为是犯罪而决定不起诉的,则不起诉决定书应当先概述侦查机关移送审查起诉意见书认定的犯罪事实(如果是检察机关的自侦案件,则这部分不写),然后叙写检察机关审查认定的事实及证据,重点反映显著轻微的情节和危害程度较小的结果。如果是行为已构成犯罪,本应当追究刑事责任,但审查过程中有刑事诉讼法第十五条第(二)至(六)项法定不追究刑事责任的情形,因而决定不起诉的,应当重点叙明符合法定不追究刑事责任的事实和证据,充分反映出法律规定的内容。如果是根据刑事诉讼法第一百七十三条第一款中的没有犯罪事实而决定不起诉的,应当重点叙明不存在犯罪事实或者犯罪事实并非被不起诉人所为。]

本院认为,×××(被不起诉人的姓名)的上述行为,情节显著轻微、危害不大,不构成犯罪。依照《中华人民共和国刑事诉讼法》第十五条第(一)项和第一百七十三条第一款的规定,决定对×××(被不起诉人的姓名)不起诉。

(如果是根据刑事诉讼法第十五条第(二)至(六)项法定不追究刑事责任的情形而决定的不起诉,重点阐明不追究被不起诉人刑事责任的理由及法律依据,最后写不起诉的法律依据。如果是根据刑事诉讼法第一百七十三条第一款中的没有犯罪事实而决定不起诉的,指出被不起诉人没有犯罪事实,再写不起诉的法律依据。)

查封、扣押、冻结的涉案款物的处理情况。

被不起诉人如不服本决定,可以自收到本决定书后七日内向本院申诉。

被害人如果不服本决定,可以自收到本决定书后七日以内向×××人民检察院申诉,请求提起公诉;也可以不经申诉,直接向×××人民法院提起自诉。

×××人民检察院
(院印)
年　月　日

二、相对不起诉决定书的格式

根据《刑事诉讼法》第一百七十三条第二款规定决定不起诉时适用。

××××人民检察院
不起诉决定书

检　　刑不诉〔　〕　　号

被不起诉人……［写明姓名、性别、出生年月日、身份证号码、民族、文化程度、职业或工作单位及职务（国家机关工作人员利用职权实施的犯罪，应当写明犯罪期间在何单位任何职）、出生地和户籍地、住址（被不起诉人住址写居住地，如果户籍所在地与暂住地不一致的，应当写明户籍所在地和暂住地），是否受过刑事处罚，采取强制措施的种类、时间、决定机关等。］

（如系被不起诉单位，则应写明名称、住所地等。）

辩护人……（写姓名、单位）。

本案由×××（侦查机关名称）侦查终结，以被不起诉人×××涉嫌××罪，于×年×月×日向本院移送审查起诉。

（如果是自侦案件，此处写"被不起诉人×××涉嫌××一案，由本院侦查终结，于×年×月×日移送审查起诉或不起诉"。如果案件是其他人民检察院移送的，此处应当将指定管辖、移送单位以及移送时间等写清楚。）

（如果案件曾经退回补充侦查，应当写明退回补充侦查的日期、次数以及再次移送审查起诉时间。）

经本院依法审查查明：

……

（概括叙写案件事实，其重点内容是有关被不起诉人具有的法定情节和检察机关酌情作出不起诉决定的具体理由的事实。要将检察机关审查后认定的事实和证据写清楚，不必叙写侦查机关移送审查时认定的事实和证据。对于证据不足的事实，不能写入不起诉决定书中。在事实部分表述犯罪情节时应当以犯罪构成要件为标准，还要将体现其情节轻微的事实及符合不起诉条件的特征叙述清楚。叙述事实之后,应当将证明"犯罪情节"的各项证据一一列举,以阐明犯罪情节如何轻微。)

　　本院认为,犯罪嫌疑人×××实施了《中华人民共和国刑法》第××条规定的行为,但犯罪情节轻微,具有×××情节(此处写明从轻、减轻或者免除刑事处罚具体情节的表现),根据《中华人民共和国刑法》第××条的规定,不需要判处刑罚(或者免除刑罚)。依据《中华人民共和国刑事诉讼法》第一百七十三条第二款的规定,决定对×××(被不起诉人的姓名)不起诉。

　　查封、扣押、冻结的涉案款物的处理情况。

　　被不起诉人如不服本决定,可以自收到本决定书后七日内向本院申诉。

　　被害人如不服本决定,可以自收到本决定书后七日以内向×××人民检察院申诉,请求提起公诉;也可以不经申诉,直接向×××人民法院提起自诉。

×××人民检察院
(院印)
年　　月　　日

三、存疑不起诉决定书的格式

　　根据《刑事诉讼法》第一百七十一条第四款规定决定不起诉时适用。

××××人民检察院
不起诉决定书

检　　刑不诉〔　　〕　　号

　　被不起诉人……[写明姓名、性别、出生年月日、身份证号码、民族、文化程度、职业或工作单位及职务(国家机关工作人员利用职权实施的犯罪,应当写明犯罪期间在何单位任何职)、出生地和户籍地、住址(被不起诉人住址写居住地,如果户籍所在地与暂住地不一致的,应当写明户籍所在地和暂住地),是否受过刑事处罚,采取强制措施的种类、时间、决定机关等。]

（如系被不起诉单位，则应写明名称、住所地等。）

辩护人……（写姓名、单位）。

本案由×××（侦查机关名称）侦查终结，以被不起诉人×××涉嫌××罪，于×年×月×日移送本院审查起诉。

（如果是自侦案件，此处写"被不起诉人×××涉嫌××一案，由本院侦查终结，于×年×月×日移送审查起诉或不起诉"。如果案件是其他人民检察院移送的，此处应当将指定管辖、移送单位以及移送时间等写清楚。）

（如果案件曾经退回补充侦查，应当写明退回补充侦查的日期、次数以及再次移送审查起诉时间。）

×××（侦查机关名称）移送审查起诉认定……（概括叙述侦查机关认定的事实），经本院审查并退回补充侦查，本院仍然认为×××（侦查机关名称）认定的犯罪事实不清、证据不足（或本案证据不足）（应当概括写明事实不清、证据不足的具体情况），不符合起诉条件。依照《中华人民共和国刑事诉讼法》第一百七十一条第四款的规定，决定对×××（被不起诉人的姓名）不起诉。

（如系检察机关直接受理案件，则写为：本案经本院侦查终结后，在审查起诉期间，经两次补充侦查，本院仍认为本案证据不足，不符合起诉条件。依照《中华人民共和国刑事诉讼法》第一百七十一条第四款的规定，决定对×××不起诉。）

查封、扣押、冻结的涉案款物的处理情况。

被不起诉人如不服本决定，可以自收到本决定书后七日内向本院申诉。

被害人如不服本决定，可以自收到本决定书后七日以内向××人民检察院申诉，请求提起公诉；也可以不经申诉，直接向××人民法院提起自诉。

×××人民检察院
（院印）
年　月　日

第三章　不起诉决定书制作现状及规范建议

第一节　三种不起诉决定书共同存在的表述问题

绝对、相对和存疑不起诉决定书的构成都包括首部、正文和尾部。其中首部和尾部的撰写要素和要求均一致，不同的是正文部分。正文部分均包括六个小部分，其中被不起诉人基本情况、辩护人基本情况、案由和案件来源、告知事项部分的撰写要素和要求一致，案件事实情况和不起诉理由、法律依据和决定事项两部分的撰写要素和要求不一，三种不起诉决定书的结构要求的对比分析如下表。

三种不起诉决定书的结构对比

一、首部（要求一致）	
二、正文	（一）被不起诉人基本情况（要求一致）
	（二）辩护人基本情况（要求一致）
	（三）案由和案件来源（要求一致）
	（四）案件事实情况（要求不一致）
	（五）不起诉理由、法律依据和决定事项（要求不一致）
	（六）告知事项（要求一致）
三、尾部（要求一致）	

这三种不起诉决定书的撰写有同有异，因此，我们在考察它们的撰写问题时，以不起诉决定书的结构为纲，就高检院模板中对三种不起诉决定书撰写要求一致的部分合并考察，对三种不起诉决定书撰写要求不一致的部分则分别考察。

一、首部

此部分包括制作文书的人民检察院名称、文书名称和文书编号。

普通案件文号表述应为"检刑不诉〔 〕号",例如"京昌检刑不诉〔2014〕86号"。调查情况如下:

表述	问题	出现次数	比例
"京×检刑不诉〔〕××号"	(正确)	255	7%
"京×检公诉刑不诉〔〕××号"	"公诉"多余	2684	77%
检刑不诉〔 〕号	缺少具体信息	511	15%
其他		32	1%
总计		3482	100%

目前,很多检察院在内部系统中存有不起诉决定书的制作模板,我们此次调查发现的问题应该是模板的问题,而不是不起诉决定书制作人的问题,因为这些问题往往是同一检察院内部普遍存在的。比较普遍的问题是在"刑不诉"前面多了"公诉"二字和缺少具体信息。

不起诉决定书作为严肃的法律文书,应当严格制作、规范制作。

> 【不当例】京通检公诉刑不诉〔2015〕15号
> 【不当例】检 刑不诉〔 〕 号
> 【正例】京通检刑不诉〔2015〕10号

二、正文

(一)被不起诉人基本情况

1. 姓名

说明被不起诉人的姓名时,被不起诉人有曾用名或绰号的,要予以说明,没有的,不需要作"曾用名无""绰号无"等说明。我们调查的

3482 份不起诉决定书中，有 247 份被不起诉人没有曾用名，但说明为"曾用名无"；有 242 份被不起诉人没有绰号，但说明为"绰号无"。

【不当例】被不起诉人阚某，曾用名无，绰号无，男，……

【不当例】被不起诉人徐某，曾用名无，男，……

【正例】被不起诉人李某某，男，……

[分析] 被不起诉人没有曾用名的，无须写明"曾用名无"。

2. 户籍所在地、出生地和住址

高检院模板规定，要说明被不起诉人的"出生地和户籍地、住址（被不起诉人住址写居住地，如果户籍所在地与暂住地不一致的，应当写明户籍所在地和暂住地）"。实践中存在以下几个问题：

（1）户籍所在地

应当说明被不起诉人的户籍所在地。调查的 3482 份不起诉决定书中，有 408 份未说明被不起诉人的户籍所在地，占 12%。关于户籍所在地的表述方式在高检院模板中没有具体规定，实践中表述多有不同，如下表所示。我们认为，应当统一表述为"户籍所在地×××"。

表述方式	不起诉决定书份数	占总数的比例
户籍所在地×××	1865	54%
户籍所在地为×××	656	19%
户籍地×××	185	5%
户籍地为×××	315	9%
合计	3021	87%

"户籍地"与"户籍所在地"的表述差异源于高检院模板中就同时使用了这两种表述："写明……户籍地、住址（被不起诉人住址写居住地，如果户籍所在地与暂住地不一致的，应当写明户籍所在地和暂住地）。"这两种表述原则上没有优劣之分，而且后面是否加"为"也同样没有原则性区别。统一择一使用即可，按照目前大多数的使用情况统一为"户籍所在地"的表述为宜。

户籍所在地与姓名、性别等均为被不起诉人的基本情况，应当在正文中并列交代，而非标注信息，因此不可加括号。我们调查的3482份不起诉决定书中，有138份将户籍所在地信息加了括号，占4%。

【不当例】被不起诉人程某某……住北京市东城区南××巷72号(户籍所在地：江西省永修县马口镇和丰村×××11附1号)。

【正例】被不起诉人高某，男，1976年6月6日出生，公民身份号码21102119760606××××，汉族，初中文化，户籍所在地辽宁省辽阳市文圣区××镇千山街××号。因涉嫌信用卡诈骗罪，于2015年2月3日被北京市公安局朝阳分局刑事拘留，同月8日被北京市公安局朝阳分局取保候审，同年3月11日被本院取保候审。

[分析] 被不起诉人的户籍所在地应放到正文表述，不能用括注表示。

（2）出生地

高检院模板规定，要写明被不起诉人的出生地，但实践中绝大多数的不起诉决定书未写明出生地。我们调查的3482份不起诉决定书中，只有448份写明了被不起诉人的出生地，占13%。我们认为，应当写明出生地，并表述为"出生地×××"。

【不当例】被不起诉人赵某，男，1972年8月10日出生，汉族，公民身份号码11010719720810××××，文化程度：中专。户籍地：北京市石景山区××55栋29号。住址：北京市石景山区××55栋29号。因犯纵火罪……

【正例】被不起诉人于某某，男，1983年3月12日生，公民身份号码15010419830312××××，出生地内蒙古自治区呼和浩特市。

[分析] 被不起诉人的出生地需要写明。

（3）现住址

高检院模板规定，要写明被不起诉人的住址，并且住址应写居住地，户籍所在地与暂住地不一致的，应当写明户籍所在地和暂住地。

《最高人民法院关于贯彻执行〈中华人民共和国民法通则〉若干问题的意见（试行）》第 9 条规定："公民离开住所地最后连续居住一年以上的地方，为经常居住地。但住医院治病的除外。公民由其户籍所在地迁出后至迁入另一地之前，无经常居住地的，仍以其原户籍所在地为住所。"不起诉决定书在满足上述要求的情况下，采取实践中普遍表述的"住……"即可。

我们调查的 461 份绝对不起诉决定书中，只有 245 份写明了住址，占 53%。在写明住址的不起诉决定书中，对住址的表述有较大差异。

表述方式	不起诉决定书份数	比例
住……	167	68%
现住……	46	19%
暂住……	29	12%
现暂住……	3	1%
合计	245	100%

【不当例】被不起诉人马某，女，1978 年 9 月 24 日出生，公民身份号码 11010819780924×××，回族，大学文化程度，无职业，出生地北京市，户籍所在地北京市海淀区×××街 13 号院 38 号楼 3 单元 1002 号，<u>现住北京市海淀区×××路 52 号院 3 号楼 303 号</u>。

【不当例】被不起诉人李某，男，1987 年 7 月 23 日出生，公民身份号码 13072119870723×××，汉族，中专文化，××宽带网络服务股份有限公司员工，<u>暂住北京市石景山区×××小区 34 号楼 2 门 101 号</u>，户籍地河北省张家口市宣化县东望山乡×××村×××巷 12 号。

【不当例】被不起诉人秦某某，男，1980 年 4 月 20 日出生，汉族，公民身份号码 41272519800420×××，小学文化，被逮捕前无业，户籍地为河南省鹿邑县高集乡×××村×××队，<u>现暂住北京市石景山区×××街出租房</u>。

【正例】被不起诉人曹某某，男，1966年10月23日出生，公民身份号码13262619661023××××，满族，小学文化程度，<u>住河北省承德市滦平县红旗镇××村120号</u>。

［分析］住址表述为"住……"即可。

3. 年龄

高检院模板规定，对被不起诉人要写明出生年月日，无须写明年龄，但有的不起诉决定书还是写明了，属多余。我们调查的3482份不起诉决定书中，有230份写明了被不起诉人的年龄，占7%。

【不当例】被不起诉人冯某某，女，<u>24岁</u>，1989年8月3日出生，公民身份号码……

【正例】被不起诉人晏某某，男，1957年8月18日出生，公民身份号码……

［分析］被不起诉人的年龄无须写明，只写明出生年月日即可。

4. 出生日期

被不起诉人的出生日期应当以公历日期为准，表述格式为"××年××月××日出生"，统一使用阿拉伯数字表示。我们调查的3482份不起诉决定书中，有601份使用汉字小写数字的形式表述出生日期，占17%。

【不当例】被不起诉人曹某（曾用名：曹某某），女，<u>一九八八年二月二十八日出生</u>。

【正例】被不起诉人周某某，男，<u>1968年9月9日出生</u>。

［分析］出生日期应统一使用阿拉伯数字表示。

5. 公民身份号码

居民身份证、"常住人口基本信息"中对"身份证号码"的称谓记为"公民身份号码"，不起诉决定书居民身份证号码的表述也应为"公民身份号码",表述格式为"公民身份号码××××××","号码"后不加"为""是"或者冒号。如果被不起诉人尚未办理居民身份证,不起诉决定书应注明"尚未办理居民身份证"。我们抽样调查了1385份不起诉决定书,发现有1366份被不起诉人公民身份号码表述为"居民身份证号码""身份证号码",占98.6%;其中"号码"后加"为""是"或冒号的有476份,占1385份的34%。

【不当例】被不起诉人曹某某,女,1966年1月9日出生,<u>居民身份证号码</u>23230119660109××××,汉族,大学本科文化。

【不当例】被不起诉人孙某,男,1970年3月14日出生,<u>身份证号码</u>:34120319700314××××,汉族,初中文化程度。

【正例】被不起诉人金某某,男,1971年10月21日出生,<u>公民身份号码</u>11022819711021××××,满族,高中文化。

[分析]统一表述为"公民身份号码××××"。

6. 文化程度

文化程度为小学、初中、高中、中技、中专、大专、大学的,表述为"×××文化程度";文化程度为硕士、博士的,分别表述为"硕士研究生""博士研究生";肄业的,表述为"×××肄业",不写为"××年级文化";不识字的直接表述为"文盲"。注意:大专不能表述为"专科"或者"大学专科","大学"不能表述为"大学本科"或者"本科";职业高中应直接表述为"高中",研究生学历要明确是硕士研究生还是博士研究生,后面不加"文化程度"字样。不起诉决定书中对被不起诉人文化程度的表述格式存在差异,我们调查到有3276份不起诉决定书表述了被不起诉人的文化程度,具体表述情况如下:

序号	类别	所占比例	出现份数
1	文化程度:×××	0.6%	20
2	××(如"本科""高中")	8%	275
3	××文化	65%	2125

续表

序号	类别	所占比例	出现份数
4	××文化程度	23%	748
5	（年级）肄业	0.5%	17
6	××年级文化（文化程度）	1%	35
7	文盲	2%	56
合计		100%	3276

【不当例】被不起诉人付某某，……，小学文化，……

【不当例】被不起诉人刘某，……，初中，……

【正例】被不起诉人傅某某（曾用名王某某），……，小学文化程度，……

【正例】被不起诉人吴某某，……，初中肄业，……

［分析］小学文化和初中文化，应表述为"小学文化程度""初中文化程度"，初中肄业就表述为"初中肄业"。

7. 政治面貌

高检院模板里未规定要写明被不起诉人的政治面貌。我们调查的3482份不起诉决定书中，有72份对被不起诉人的政治面貌作出了说明，占2%。

【不当例】被不起诉人林某某，男，……，群众，……

【不当例】被不起诉人温某某，女，……，党员，……

［分析］被不起诉人的政治面貌无须写明。

8. 职业

职业的表述方式，高检院模板里没有具体规定。

表述职业时，有工作单位的，应直接注明工作单位及职务，表述格式为"案发前系+工作单位+职务"；没有工作单位的，可以根据实际情况注明职业类型，如"经商""务工""务农"。表述职业类型时，直接写明具体的职业类型即可，如"务农"，不写成"××县××乡××村农民"。

我们调查的 3482 份不起诉决定书中，表述了被不起诉人职业的有 2496 份，占 72%，具体情况如下：

表述方式	出现次数	比例
案发前系/为×××	143	7%
曾任×××	16	
原系×××	24	
×××（包括"农民""退休""无业""居民"等）	2313	93%
合计	2496	100%

其中，真正没有职业的被不起诉人，应表述为"无职业"，不应表述为"无业"。我们调查的 3482 份不起诉决定书中，被不起诉人没有职业的共有 928 份。其中，132 例表述为"无职业"，占 14%；796 例表述为"无业"，占 86%。

【不当例】汉族，职高文化，北京市朝阳区大望路××中心内保。

【不当例】汉族，大专文化程度，曾任国美电器有限公司北京××商城电脑部主任。

【不当例】汉族，职高文化，原系物美超市总部工作人员。

【正例】汉族，大学文化程度，退休，户籍所在地为北京市石景山区××村25号。

【正例】汉族，大学文化程度，案发前系中科××技术工程有限公司职员。

【不当例】被不起诉人崔某某，女，1979年6月20日出生，公民身份号码23070619790620××××，汉族，无业……

[分析] 前三例的职业表述宜统一如第五例"案发前系……"，与起诉书一致。第四个示例中被不起诉人已从原工作岗位上退休，目前处于无职业、无单位的情况，直接表述为"退休"是恰当的，不写"无职业"。最后一例中的"无业"应表述为"无职业"。

9. 取保候审

（1）取保候审的决定机关

高检院模板规定，要写明采取强制措施的种类、时间、决定机关等，这些信息不可缺少，例如取保候审的，应说明决定机关。我们调查的3482份不起诉决定书中，共有4781次取保候审的情况，其中，仅有1606例涉及取保候审的不起诉决定书说明了取保候审的决定机关，占4781次的34%。

【不当例】被不起诉人冯某某因涉嫌信用卡诈骗罪，于2014年3月15日被北京市公安局西城分局执行刑事拘留，于2014年4月14日被取保候审，2014年7月23日依法被本院取保候审。

【不当例】因涉嫌盗窃罪，于2013年8月10日被北京铁路公安局天津公安处刑事拘留，于2013年8月25日被北京铁路公安局天津公安处取保候审，于2014年8月11日被本院取保候审。

【正例】因涉嫌故意伤害罪，经北京市公安局通州分局决定，于2014年11月6日被通州分局刑事拘留；经通州分局决定，于2014年12月6日被取保候审；经本院决定于2014年12月30日被重新取保候审。

［分析］前两例均未说明取保候审的决定机关，不妥；最后一例说明了决定机关，是正确的。

（2）审查起诉阶段检察机关对被不起诉人重新取保候审的情况

《人民检察院刑事诉讼规则（试行）》第一百零二条规定："公安机关决定对犯罪嫌疑人取保候审，案件移送人民检察院审查起诉后，对于需要继续取保候审的，人民检察院应当依法重新作出取保候审决定，并对犯罪嫌疑人办理取保候审手续。取保候审的期限应当重新计算并告知犯罪嫌疑人。"因此，在因本案被采取强制措施的情况中，应当说明检察机关继续取保候审的情况。实践中有时没有注明被检察机关采取的强制措施情况。我们调查的3482份不起诉决定书中，有2891份是被侦查机关取保候审的案件，其中只有1449份说明了此后检察机关对被不起诉人重新取保候审的情况，只占到2891份的一半。到底是执行了重新取保候审没有写明，还是没有重新取保候审？这关乎司法程序的正确与否，非常重要，所以必须重视，有重新取保候审的情况都应当写明。

【正例】因涉嫌非法行医罪，于 2014 年 4 月 17 日被北京市公安局丰台分局刑事拘留，同年 5 月 5 日被北京市公安局丰台分局取保候审；因涉嫌非法行医罪，<u>经本院决定，于 2015 年 3 月 23 日被重新取保候审</u>。

［分析］检察机关重新取保候审的情况需要写明。

10. 曾受处罚情况

高检院模板规定，只写明曾受刑事处罚情况，不需要写明曾受行政处罚情况。起诉书的模板要求不仅要写明曾受刑事处罚的情况，还要写明曾受行政处罚的情况。不起诉决定书在撰写的时候，可以考虑实际情况，对定案没有影响的行政处罚不需要写明，但一些重要的行政处罚可以写明。根据《行政处罚法》，行政拘留、警告、罚款都属于行政处罚。我们调查的 3482 份不起诉决定书中，写明行政拘留的有 180 份，占 5%；写明警告的有 8 份，占 0.2%；写明罚款的有 27 份，占 0.7%。有些不起诉决定书列明了被不起诉人的全部处罚情况则是不当的。

【不当例】被不起诉人于某某，……曾因故意殴打他人，于 1996 年 12 月 2 日被北京市密云县公安局治安拘留 10 日；因故意毁坏财物，于 2006 年 10 月 31 日被北京市密云县公安局<u>行政拘留 5 日</u>；因犯寻衅滋事罪，于 2013 年 5 月 17 日被北京市密云县人民法院判处有期徒刑 10 个月……

【不当例】被不起诉人于某某，……曾因殴打他人，于 2006 年 1 月 8 日被北京市公安局西城分局<u>行政拘留 7 日</u>；因扰乱公共场所秩序，于 2009 年 5 月 21 日被北京市公安局公共交通安全保卫分局<u>行政警告</u>，于 2011 年 1 月 24 日被北京市公安局公共交通安全保卫分局<u>行政罚款</u> 10 元，于 2011 年 5 月 26 日被北京市公安局公共交通安全保卫分局<u>行政拘留</u>5日，于2011年6月27日被北京市公安局公共交通安全保卫分局<u>行政罚款</u>5元，于2011年10月31日被北京市公安局公共交通安全保卫分局<u>行政警告</u>，于2011年11月4日被北京市公安局公共交通安全保卫分局<u>行政罚款</u>5元，于2012年3月19日、2013年3月17日、2013年5月17日被北京市公安局公共交通安全保卫分局<u>行政警告</u>三次。

［分析］上述两例中的"行政拘留""行政警告""行政罚款"都属于针对情节较轻的行为的行政处罚，写明的意义不大。

11. 被不起诉单位的表述

高检院模板规定，被不起诉单位要说明名称和住所地等。《人民检察院刑事诉讼规则（试行）》第四百零八条第三款规定，如果是单位犯罪，应当写明犯罪单位的名称和组织机构代码、所在地址、联系方式，法定代表人和诉讼代表人的姓名、职务、联系方式。可见，高检院模板用"等"省略了犯罪单位的组织机构代码、联系方式，法定代表人和诉讼代表人的姓名、职务、联系方式，这些信息都是要写明的。

实践中的表述情况非常混乱，写明单位名称和诉讼代表人的居多，其他信息多有不一，非常随意。单位所在地址还有不同表述，如"单位地址""住所地""注册地址"，模板要求表述的是"住所地"，所以统称为"住所地"为宜。除了上述《人民检察院刑事诉讼规则（试行）》规定的信息之外，还有的不起诉决定书写明了被不起诉单位的注册号、注册日期以及诉讼代表人的年龄等信息，则是多余的。

【不当例】被不起诉单位<u>北京×××经贸有限公司门头沟废油脂处理中心</u>，<u>注册号：11010900833×××</u>，<u>住所地：北京市门头沟区永定镇×××村东</u>，<u>负责人徐某某</u>。

【不当例】被不起诉单位<u>北京城市排水集团有限责任公司××××分公司</u>，<u>住所地北京市西城区车公庄大街×××37号楼305室</u>，<u>负责人顾某</u>。

> 【不当例】被不起诉单位北京×××文化传媒有限公司，住所地北京市朝阳区××里14号楼1608号，法定代表人潘某某。
>
> 【不当例】被不起诉单位北京×××经贸有限公司，组织机构代码749385××-1，住所地北京市怀柔区庙城镇××小区34号，法定代表人刘某某。
>
> 【不当例】被不起诉单位××工贸深圳实业公司，住所地广东省深圳市罗湖区×××街48号综合楼2单元3层317。
>
> 【不当例】被不起诉单位×××控股（北京）有限公司，组织机构代码56206×××，住所地北京市朝阳区×××路8号院2号楼8层A0839，法定代表人庄某某。

［分析］上述示例均说明了被不起诉单位的名称和住所地，另外还都不同程度地说明了单位的其他信息，包括单位的组织机构代码、法定代表人姓名等，但没有一例是严格按照《人民检察院刑事诉讼规则（试行）》的规定表述完整的。在我们调查的不起诉决定书中，没有找到关于完整表述的信息。这一点值得我们思考，究竟是《人民检察院刑事诉讼规则（试行）》的规定值得商榷还是实践表述不严谨。本书认为应以《人民检察院刑事诉讼规则（试行）》的规定为标准。

（二）辩护人基本情况

高检院模板要求，三种不起诉决定书都要写明辩护人信息，格式为"辩护人……（写姓名、单位）"。目前写明辩护人信息的不起诉决定书并不多见。

我们调查了461份绝对不起诉决定书，发现有190份写明了辩护人信息，仅占总数的41%。没有写明辩护人情况的有两种情况：一是有辩护人而没有写明；二是没有辩护人。没有辩护人的，实践中有两种处理情况：一是不写明，占99%；二是写明"辩护人无"或"辩护人：无"，占1%。

没有辩护人时，是否需要写明"无"，高检院模板里未作规定，宜统一为：有辩护人的必须写明，如"辩护人王静，北京市××律师事务所律师"。没有辩护人的就不写，也不用说明"本案无辩护人"等。

> 【不当例】辩护人：无。
> 【不当例】辩护人无。
> 【不当例】本案无辩护人。
> 【正例】辩护人李四，北京市××律师事务所律师。

［分析］前三个示例均用不同方式表述了没有辩护人的情况，实则无须说明。第四个示例有辩护人，作了具体说明，是正确的。

（三）案由和案件来源

关于案由和案件来源，高检院模板规定：其中，"案由"应当写移送审查起诉时或者侦查终结时认定的行为性质，而不是审查起诉部门认定的行为性质。"案件来源"包括公安或安全机关移送、本院侦查终结、其他人民检察院移送等情况。应当写明移送审查起诉的时间和退回补充侦查的情况，包括退回补充侦查日期、次数和再次移送日期，写明本院受理日期。

1. 对被不起诉人和被害人诉讼权利的告知

在案由及案件来源部分，是否要说明对被不起诉人和被害人诉讼权利的告知，高检院不起诉决定书的模板中没有明确要求。我们调查了3482份不起诉决定书，发现该问题有不同处理，其中有916份告知了被不起诉人诉讼权利义务，占26%，有596份告知了被害人（被害位）的诉讼权利义务，占17%。总之，告知诉讼权利的还是占少数。

高检院关于起诉书的模板中，要求写明对被告人和被害人诉讼权利的告知："本院受理后，于×年×月×日已告知被告人有权委托辩护人，×年×月×日已告知被害人及其法定代理人（近亲属）、附带民事诉讼的当事人及其法定代理人有权委托诉讼代理人。"为了保证诉讼的公平公正，对于有被害人的案件，不起诉决定书也应当写明对被不起诉人和被害人诉讼权利的告知，表述同起诉书。

【不当例】本案由北京市公安局丰台分局侦查终结，以被不起诉人王某某涉嫌保险诈骗罪，于2014年4月25日向本院移送审查起诉。本院于2014年5月9日第一次退回北京市公安局丰台分局补充侦查，北京市公安局丰台分局于2014年6月6日重新向我院移送审查起诉。

【不当例】本案由北京市公安局朝阳分局侦查终结，以被不起诉人毛某某涉嫌故意毁坏财物罪，于2014年11月26日移送本院审查起诉。本院受理后，于同日已告知被不起诉人有权委托辩护人，并已告知被害人有权委托诉讼代理人，依法讯问了被不起诉人，审查了全部案件材料。本院于2015年1月9日退回补充侦查，侦查机关于同年2月9日补查重报。

【不当例】被不起诉人周某某涉嫌故意伤害一案，由北京市公安局丰台分局侦查终结，于2015年4月8日移送本院审查起诉。本院受理后，在法定期限内告知被不起诉人周某某有权委托辩护人，并依法讯问了被不起诉人周某某。2015年5月8日，我院对该案退回侦查机关补充侦查一次，现全部案卷材料审查完毕。

【正例】本院受理后，在法定期限内告知被不起诉人李某波有权委托辩护人，告知被害人有权委托诉讼代理人，并依法讯问了被不起诉人李某波。

［分析］前三个示例均不同程度地缺少了对被不起诉人、被害人诉讼权利的告知，不当。最后一例，交代了对被不起诉人和被害人的诉讼权利义务告知事项，是恰当的。

2. 延长审查起诉期限

高检院模板只规定应当写明退回补充侦查的情况，没有提及是否需要写明延长审查起诉期限的情况。实践中表述非常混乱，我们调查了3482份不起诉决定书，发现有1950份写明了延长审查起诉期限的情况，占56%。写明了延长审查起诉期限的不起诉决定书中，有468份清楚地写明了起止时间，占24%；有156份写明了延长审查起诉期限的理由，占8%。除了表述要素不同之外，表述格式上也五花八门。

不起诉决定书作为终局性文书,应当对诉讼程序有所反映,既便于监督,也有利于保障人权以及司法程序的公正。所以,应写明延长审查起诉期限,并且还应严格写明延长审查起诉期限的起止时间,不能只表述如"延长审查起诉期限一次"或"延长审查起诉期限十五天"等。此外,还应写明延长审查起诉期限的理由,延长审查起诉期限的缘由通常都是"案件重大/复杂"。表述格式为"因……延长审查起诉期限×次(××××年××月××日至××××年××月××日)",多次延长审查起诉期限的表述为"因……延长审查起诉期限×次(××××年××月××日至××××年××月××日、××××年××月××日至××××年××月××日……)"。延长审查起诉期限的起止时间是同一年的,第二次出现年时的表述为"同年"。

> 【不当例】本案由北京市公安局房山分局侦查终结,以被不起诉人张某涉嫌持有、使用假币罪,于2014年11月4日向本院移送审查起诉。本院于2014年12月19日退回补充侦查,2015年1月15日补查重报。
>
> 【不当例】其间,补充侦查二次,延长审查起诉期限三次。
>
> 【不当例】其间,一次延长审查起诉期限(2014年8月1日至2014年8月15日)。
>
> 【正例】其间,因案情重大,延长审查起诉期限两次(2014年8月11日至同年8月25日、同年9月24日至同年10月7日)。

[分析] 第一例,该案于2014年11月4日移送审查起诉,于2014年12月19日退回补充侦查,间隔一个月余十五天,延长审查起诉期限一次,但在诉讼程序中没有叙明。第二例没有说明延长审查起诉期限的理由和起止时间。第二例缺少延长审查起诉期限的理由,并且表述格式不当。最后一例是恰当的,完整规范地表述了延长审查起诉期限的理由、起止时间。

3. 退回补充侦查

高检院模板规定,三种不起诉决定书涉及退回补充侦查的,均应当写明退回补充侦查的日期、次数以及再次移送审查起诉时间。

我们调查了461份绝对不起诉决定书，发现336份有退回补充侦查的情况，其中退回补充侦查的日期、次数以及再次移送审查起诉时间都有不同程度的缺漏。缺日期表述的有74份，占22%；缺次数表述的有87份，占26%；缺再次移送审查起诉时间表述的有128份，占38%。

另外，退回补充侦查的理由高检院模板没有规定要写明，但是实际上也应当写明，以避免出现假退补的情况，同时也可倒逼侦查机关和检察机关提升办案质量，确保司法程序的公平公正。我们调查的336份有退回补充侦查绝对不起诉决定书中，有70份说明了退回补充侦查的理由，占21%。

表述格式宜统一如下：

只有一次退回补充侦查的，表述为"因……退回侦查机关补充侦查一次（××××年××月××日至××××年××月××日）"。

多次退回侦查机关补充侦查的，表述为"因……退回侦查机关补充侦查×次（××××年××月××日至××××年××月××日、××××年××月××日至××××年××月××日……）"。

> 【不当例】其间，因案情复杂，退回公安机关补充侦查二次，延长审查起诉期限十五天三次。
>
> 【不当例】本院于2015年1月9日退回补充侦查，侦查机关于同年2月6日补查重报；同年3月20日退回补充侦查，侦查机关于同年4月20日补充重报。
>
> 【不当例】其间，于2014年9月20日延长审查起诉期限一次，10月15日退回补充侦查一次。
>
> 【不当例】其间，本案于2014年12月18日延长审查起诉期限；于2014年12月31日第一次退回公安机关补充侦查，公安机关于2015年1月22日再次移送本院审查起诉。
>
> 【不当例】本院于2015年3月11日退回侦查机关补充侦查一次，侦查机关于2015年4月10日补查重报。
>
> 【正例】因事实不清、证据不足，退回侦查机关补充侦查一次

（2015年9月8日至同年9月17日）。

【正例】其间，因事实不清、证据不足，退回侦查机关补充侦查两次（2015年4月9日至同年5月7日，同年6月19日至同年7月17日）。

［分析］前五例都不同程度地缺失了退回补充侦查的要素。最后两例为规范表述。

4. 退回补充侦查与延长审查起诉期限

案件诉讼过程中常有退回补充侦查与延长审查起诉期限均存在的情况，甚至在时间上交错出现，那么，表述上，到底是先写明退回补充侦查，还是先写明延长审查起诉期限，或是按照时间顺序依次写明这两种情况？每种情况都涉及起止时间，怎样表述？高检院模板里没有规定，实践中也多有不同。

仅从表述上来说，如果只有一次退回补充侦查、一次延长审查起诉期限，就按照时间先后顺序表述即可；如果有多次退回补充侦查，或者多次延长审查起诉期限，为了表述的经济，宜将多次出现的情况合并表述，顺序上按照第一次出现的情况的时间先后安排，如时间上先出现退回补充侦查，就先表述退回补充侦查，否则就先表述延长审查起诉期限。需要注意的是，无论是哪种表述，都应当注明每一次的起止时间，以示严谨，并且为了阅读方便，起止时间用括注的形式体现为宜。

【不当例】其间，因案件复杂，依法延长审查起诉期限15日；因部分事实不清，证据不足，于2015年2月6日依法退回补充侦查，公安机关补充侦查完毕后，于2015年3月9日重新移送审查起诉。

［分析］该例有一次延长审查起诉期限和一次退回补充侦查，按照时间顺序，先说明了延长审查起诉期限，后说明了退回补充侦查。但延长审查起诉期限没有说明起止时间，只说明了"15日"，何时开始到何时结束未作说明，不够严谨。退回补充侦查说明了起止时间，但语言不够精练。

【不当例】其间,因案件复杂,退回补充侦查一次(于2014年11月20日退回补充侦查,于2014年12月16日补充侦查完毕);延长审查起诉期限一次(自2014年11月10日至24日止)。

[分析]该例也是有一次退回补充侦查、一次延长审查起诉期限,但是没有按照时间先后顺序叙述,有违逻辑(时间顺序上,是先延长审查起诉期限,后退回补充侦查)。优点是说明了每一次情况的起止时间,并且通过括注的形式体现,既严谨又确保了语言的精练。

【不当例】本案由北京市公安局昌平分局侦查终结,以被不起诉人于某某涉嫌重大责任事故罪,于2014年4月16日向本院移送审查起诉。本院于2014年5月30日第一次退回侦查机关补充侦查,侦查机关于2014年6月27日补查重报;本院于2014年8月8日第二次退回侦查机关补充侦查,侦查机关于2014年9月2日补查重报。本院于2014年5月17日、2014年7月28日延长审查起诉期限。

[分析]该例有两次退回补充侦查,两次延长审查起诉期限,四次情况在时间上有交叉。叙述上,先集中说明了退回补充侦查,后集中说明延长审查起诉期限。但是从时间上看,第一次退回补充侦查是2014年5月30日,第一次延长审查起诉期限是2014年5月17日,所以,按照时间顺序,应当先说明延长审查起诉期限,而不是先说明退回补充侦查。另外,该例虽然说明了每一次退回补充侦查的起止时间,但表述不够精练。延长审查起诉期限则仅说明了开始时间,未说明结束时间,也不够严谨。

【不当例】本院受理后,于法定期限内告知被不起诉人有权委托辩护人,告知被害人有权委托诉讼代理人,听取了被害人的意见,依法讯问了被不起诉人,审查了全部案件材料。其间,于2014年8月24日、11月7日延长审查起诉期限二次,9月7日退回补充侦查一次。

[分析] 该例有两次延长审查起诉期限、一次退回补充侦查。叙述上将两次延长审查起诉期限合并表述,再说明退回补充侦查,表述顺序也符合时间先后的逻辑顺序,因为先出现第一次延长审查起诉期限,后出现退回补充侦查。但不足的是,两种情况均未完整地说明起止时间,不够严谨。

【不当例】其间,因案情复杂,依法三次延长审查期限各十五天。因事实不清、证据不足,先后于2014年6月27日、9月9日退回补充侦查;公安机关补充侦查完毕后,分别于2014年7月25日、10月8日重新移送审查起诉。

[分析] 该例有三次延长审查起诉期限、两次退回补充侦查。合并表述了延长审查起诉期限,合并表述了退回补充侦查,语言精练。但未说明延长审查起诉期限的起止时间,有不足,并且退回补充侦查的起止时间说明不够精练。

【正例】本案由北京市公安局昌平分局侦查终结,以被不起诉人于某某涉嫌重大责任事故罪,于2014年4月16日向本院移送审查起诉。因事实不清、证据不足,延长审查起诉期限两次(2014年5月17日至同年5月31日;同年7月28日至同年8月11日),退回侦查机关补充侦查两次(2014年5月30日至同年6月27日;同年8月8日至同年9月2日)。

[分析] 该例将两次延长审查起诉期限合并表述,将两次退回补充侦查合并表述,文字简练、表述清晰;用括注的形式说明了每一次延长审查起诉期限和退回补充侦查的起止时间,表述严谨。因为最早出现的情况是2014年5月17日的延长审查起诉期限,所以就先说明了这一情况,后说明了退回补充侦查,逻辑合理。

(四)案件事实

案件事实部分应当根据三种不起诉决定书的性质、内容和特点,针对案件具体情况各有侧重点地叙写。总体而言，侦查机关移送审查起诉认定的事实，在不起诉决定书中叙写时，基本上遵照原起诉意见书的表述，检察机关依法审查查明的事实就需要自行斟酌表述。下面是实践中比较普遍和突出的问题，应引起注意，尤其是检察机关依法审查查明的事实在表述中存在的问题。

1. 引出语

（1）引出语的表述——"经本院依法审查查明"

绝对不起诉和相对不起诉决定书的引出语，高检院模板表述为"经本院依法审查查明"。我们调查了 2120 份绝对不起诉决定书和相对不起诉决定书，发现：有 1842 份采用了该表述，占 87%；有 236 份表述为"经依法审查查明"，占 11%。后者没有说明依法审查查明的主体，不够严谨，宜统一规范为高检院模板表述。

【不当例】经依法审查查明：2015 年 7 月 3 日 21 时许，被不起诉人王某某在北京市西城区西单××大厦南门二号电梯内，因姜某某酒后言语冒犯王某某同行人员，王某某遂与姜某某发生冲突……（相对不起诉决定书）

【不当例】经依法审查查明：2014 年 9 月 10 日 23 时许，被不起诉人袁某与关某、李某、王某某、张某、殷某某在北京市大兴区西红门镇×××歌厅消费，其间，关某与他人发生纠纷……（绝对不起诉决定书）

【正例】经本院依法审查查明：被不起诉人马某某与姚某某（另案处理）系邻居关系。……（相对不起诉决定书）

【正例】经本院依法审查查明：2014 年 2 月 27 日 21 时 15 分许，被不起诉人王某某在北京市昌平区×××东三区 2 号楼底商××××宾馆门口，使用工具撬锁进入徐某某（男，35 岁）停靠在此处的奥迪汽车（车牌号：京 PZ79××）后排，并打开汽车后备箱行窃，但未盗窃到财物。离开现场时，被警察抓获。（绝对不起诉决定书）

[分析] 应统一采取高检院模板规定的"经本院依法审查查明"的表述。

（2）引出语的表述——"（侦查机关）移送审查起诉认定"

高检院模板规定，存疑不起诉决定书事实部分的引出语表述为"（侦查机关）移送审查起诉认定"。绝对不起诉决定书中"如果是根据刑事诉讼法第十五条第（一）项即侦查机关移送起诉认为行为构成犯罪，经检察机关审查后认定行为情节显著轻微、危害不大，不认为是犯罪而决定不起诉的，则不起诉决定书应当先概述侦查机关移送审查起诉意见书认定的犯罪事实（如果是检察机关的自侦案件，则这部分不写），然后叙写检察机关审查认定的事实及证据"。其他不起诉决定书以及绝对不起诉决定书的其他类型均不要求写明侦查机关移送审查起诉认定的事实。

我们调查了461份绝对不起诉决定书，发现只有18份按要求概述了侦查机关移送审查起诉意见书认定的犯罪事实，并且全部表述为"（侦查机关）移送审查起诉认定"。

我们调查了1362份存疑不起诉决定书，发现有1337份概述了侦查机关移送审查起诉认定的事实，引出语表述不一。其余25份不起诉决定书未概述移送审查起诉认定的事实，概述的是检察机关审查认定的事实。

无论是绝对不起诉决定书还是存疑不起诉决定书，侦查机关移送审查起诉认定的引出语宜统一按照高检院模板规定表述为"（侦查机关）移送审查起诉认定"。

绝对和存疑不起诉决定书侦查机关移送审查起诉认定的引出语，我们调查到的表述情况如下：

表述	不起诉决定书的份数	
	绝对不起诉决定书	存疑不起诉决定书
（侦查机关）移送审查起诉认定	18（100%）	1251（93%）
（侦查机关）起诉意见书（中）认定	0	48（4%）
（侦查机关）认定	0	10（1%）
其他表述	0	28（2%）
共计	18	1337

【不当例】北京市公安局丰台分局移送审查起诉意见书认定：

2014年5月9日20时许，犯罪嫌疑人庞某伙同王某（另案处理）在本市丰台区角门×××30号院及王某驾驶的现代牌轿车上，非法持有吗啡类毒品29.86克，经鉴定为海洛因，认定犯罪嫌疑人庞某涉嫌非法持有毒品罪，移送本院审查起诉。

【不当例】北京市公安局东城分局认定：犯罪嫌疑人王某（另案处理）伙同王某某等16人，于2012年7月至9月间，在北京市东城区朝阳门北大街6号××大厦915室，采取虚构教育办学、服装加工采购等事项的贷款事实，骗取北京×××贷款有限公司贷款人民币1860万元，后被抓获。王某某的行为涉嫌骗取贷款罪，移送审查起诉。

【正例】北京铁路公安处移送审查起诉认定，2014年2月18日10时许，被不起诉人张某某伙同马某某（男，20岁，天津市人）将在×××购买的枪支一把、BB弹102颗放在拉杆箱内，准备乘火车前往河北涉县，在北京西站北广场二楼进站口进站安全检查时被当场查获。

[分析] 第一个示例"……局移送审查起诉意见书认定"中的"意见书认定"意即该局移送审查起诉认定，"意见书"多余，表述不够精练；第二个示例"北京市公安局东城分局认定"中，没有反映出案件移送过程；第三个示例"北京铁路公安处移送审查起诉认定"是高检院模板规定的规范表述，比较恰当。

（3）引出语后是否另起一段

高检院模板规定，绝对不起诉和相对不起诉决定书的引出语"经本院依法审查查明"与后面的事实内容之间要分段。但绝对不起诉决定书"根据刑事诉讼法第十五条第（一）项即侦查机关移送起诉认为行为构成犯罪，经检察机关审查后认定行为情节显著轻微、危害不大，不认为是犯罪而决定不起诉的"，应当先概述侦查机关移送审查起诉意见书认定的犯罪事实（如果是检察机关的自侦案件，则这部分不写），然后叙写检察机关审查认定的事实及证据。因为我们调查的绝对不起诉决定书中只有18份按要求概述了两个机关认定的事实，其余的都只叙写了检察机关审查认定的事实，这18份不起诉决定书中另起一段的有9份，占一半，所以我们就只调查了绝对不起诉决定书中检察机关审查认定的部分。

存疑不起诉决定书要求"×××（侦查机关名称）移送审查起诉认定"与后面的事实内容之间不分段，表述为"×××（侦查机关名称）移送审查起诉认定……（概括叙述侦查机关认定的事实），经本院审查并退回补充侦查……"

三种不起诉决定书的引出语与相关事实之间分段情况，我们调查到的表述情况如下：①

不起诉决定书	高检院模板规定	实践		
		分段情况	份数	比例
绝对 461份	分段	分段	325	70%
		不分段	136	30%
相对 1659份	分段	分段	1226	74%
		不分段	433	26%
存疑② 1337份	不分段	分段	576	43%
		不分段	761	57%

由调查结果可见，绝对不起诉和相对不起诉决定书按照高检院模板规定另起一段表述认定事实的分别有70%和74%，存疑不起诉决定书按照高检院模板规定不另起一段的有57%。可见，目前关于引出语后是否另起一段的问题，高检院模板规定的执行率并不高。

绝对不起诉和相对不起诉决定书的事实部分，引出语与事实内容到底是否分段，从严格的语言表述规范来说并没有绝对的孰是孰非，但检察机关审查查明的事实通常篇幅较长，为了阅读理解的方便，将引出语与事实内容分开来表述更为直观。高检院模板的规定是合理的，还应尽

---

① 表格灰色部分表示的是符合高检院模板要求的情况。
② 1362份存疑不起诉决定书中有25份没有表述侦查机关移送审查起诉认定的事实，所以统计中不包括这类不起诉决定书，最终统计的是1337份。

量遵循。存疑不起诉决定书是对侦查机关移送审查认定的事实表示存疑，所以在叙述侦查机关认定的事实时概括表述即可，故此高检院模板规定"概括叙述侦查机关认定的事实"。既然是概括表述，语言应精练、简短，所以没必要将引出语与内容分段表述。当然，如果案情复杂，很难一两句说清楚的，将引出语与内容分段表述也是易于理解的。

> 【不当例】经本院依法审查查明：被不起诉人于某某于2012年9月至2013年6月间，在本市西城区宣武门××大街14楼1407号，向被害人东方风行商贸有限公司订购化妆品，后谎称需要退货，用自行购买的低价化妆品冒充原订化妆品，骗取被害人货值44830元的货物。被不起诉人后被抓获归案。现被不起诉人已赔偿被害人损失并取得被害人谅解。（相对不起诉决定书）
>
> 【正例】经本院依法审查查明：
>
> 2014年4月13日22时许，被不起诉人张某某伙同殷某某（男，23岁，另案处理）、王某某（男，23岁，另案处理）、黄某某（男，25岁，另案处理）、王某某（男，31岁，另案处理），在北京市顺义区张镇厂门口村其暂住处院内，酒后无事生非，无故殴打李某某。经鉴定，李某某头部所受损伤构成轻伤二级。（相对不起诉决定书）

[分析]这两例均为相对不起诉决定书，第一例在引出语后没有分段，第二例在引出语后分段。后者按照高检院模板规定表述，更为统一规范。

2. 被害人

（1）被害人姓名

案件事实表述中，被害人是否要说明姓名，高检院模板里没有规定，这在目前不起诉决定书中差异很大。通常情况下，被害人姓名都应当写明，未成年人、性侵等案件涉及隐私等不便公开的情况则要隐去名字。我们就三种不起诉决定书各随机选取了50份，兼顾了不同的制作单位，共计150份。我们调查到的表述情况如下：

表述方式	出现的不起诉决定书的份数				比例
	绝对	相对	存疑	总计	
被害人张三（具体表述姓和名）	9	21	8	38	25%
被害人张某（隐匿了名）	1	2	6	9	6%
张某	5	0	2	7	5%
张三	21	9	12	42	28%
同一份不起诉决定书前后表述不一致	8	17	7	32	21%
事主张三①	3	0	12	15	10%

从结果中可见，说明姓名和不说明姓名乃至同一份不起诉决定书中对被害人的称谓前后不一致的情况都占有相当大的比例。隐匿被害人名字的，如称"被害人张某"或"张某"，共计11%；说明了被害人姓名信息的有将近90%，占绝大多数。

【不当例】被不起诉人叶某某伙同他人在北京市朝阳区双井××购物商场D2627号店内，趁人不备，盗走被害人赵某某（男，27岁，河南省人）三星牌手机一部。

【正例】因玩牌问题与被害人王小二（男，33岁，河北省人）发生口角，后殴打王小二鼻部致伤。

[分析] 被害人姓名应当写全名，涉及隐私等不便公开的情况则要隐去名字。第一个示例做了隐匿处理，不当；第二个示例写明全名，是恰当的。

（2）被害人的其他自然情况

被害人的其他自然情况应尽量写明，包括案发时的年龄、性别，尤其是影响到定罪量刑的情况以及是否外籍人员等。涉众案件，被害人无法列举穷尽的以及被害人自然情况无法核实的可以不写。我们调查的

---

① 此类表述多见于诈骗罪、抢劫罪等。

3482 份不起诉决定书中,只有 206 份写明了这些信息,占 6%。

【不当例】2014 年 12 月 20 日 5 时许,被不起诉人李某某在本市海淀区增光路美廉美超市南侧路边,趁被害人王某(男)不备,窃取其停放在路边的车内现金人民币 2940 元。现赃款已起获并发还。

【不当例】被不起诉人曾某某于 2013 年 12 月 24 日晚,在本市西城区展览馆路×××面馆内,趁被害人张力离开之机,秘密窃取其 iPhone 5S 手机一部(经鉴定,价值人民币 4049 元)。

【正例】被不起诉人曾某于 2014 年 6 月 20 日 11 时许,在北京市朝阳区团结湖××3 号楼地下室,盗走被害人李三(女,18 岁)的中国银行储蓄卡(卡号为:621790010000506××××)一张,后持该卡在北京市朝阳区中国建设银行团结湖路储蓄所 ATM 机中取现人民币 3500 元,被不起诉人曾某后被民警查获归案。

[分析] 前两例均不同程度地缺少对被害人性别、年龄的说明;第三例完整地说明了被害人性别、年龄,是恰当的。

3. 同案人

(1) 同案人的去向

事实表述中,与被不起诉人共同犯罪的同案人,是否要说明其去向,如"已判决""另案处理"等?有些不起诉决定书作出了此类标注,但很多不起诉决定书未加说明。我们调查了 3482 份不起诉决定书,发现有 905 份为共同犯罪的案件,其中有 296 份说明了同案人去向,占 33%;有 609 份未说明同案人去向,占 67%,其中包括同案人为群众的几份不起诉决定书,不需要注明去向。

同案人的表述建议按照以下标准处理:叙述侦查机关移送审查起诉认定的事实时,遵照其意见书对同案人的表述;叙述检察机关认定的事实时,一般情况下,另案处理的,就写明"另案处理",法院已判决的,写明"已判决"。

【不当例】经本院依法审查查明：

2014年12月17日7时许，被不起诉人李某某与其妻子杨某某（已起诉）到北京市通州交通支队潞河大队白庙检查站办理车辆进京证，因手续问题二人与工作人员发生争执，并在办证大厅大声喧哗。值班民警戴某某（男，46岁）、董某某（男，40岁）对二人进行劝解，杨某某在与民警争执过程中对戴某某、董某某进行推搡、拉拽，致戴某某受伤（轻微伤），被不起诉人李某某亦对民警进行推搡，并将戴某某警号拽掉，造成其警服破损。

【正例】经本院依法审查查明：

被不起诉人雷某某伙同他人（均另案处理）于2012年10月至2014年8月间，在北京市朝阳区国贸三期、金地中心及万通大厦等地，未取得相关资质，以北京×××投资管理有限公司及安华联合资本管理（北京）有限公司名义，单独或以合作方式，以港股经营、短期借款、委托理财及投资白银、大明水产、黄金股权、鲁联石煤矿、绿金嘉园、楠香传奇、松原石油、亿隆地产、银信通等项目为由，承诺以货币、股权等方式高额返本付息，向社会公开宣传，吸收或变相吸收10000余名投资人的资金，经审计，共计人民币39亿余元。其中，被不起诉人雷某某参与非法吸收资金共计人民币40万余元，后于2014年8月27日被抓获归案，并退还部分涉案赃款。

【正例】经本院依法审查查明：

被不起诉人穆某某于2014年6月至9月间，因对北京市朝阳区恒春老年公寓承租北京市朝阳区常营乡拆迁重建房的租金不满，伙同常营乡多名群众，在恒春老年公寓门前采用静坐、打横幅、喊口号等方式影响恒春老年公寓正常经营，并以此相威胁，迫使恒春老年公寓提高租金并于2014年9月12日给付其"劳务费"人民币20万元。后被不起诉人穆某某伙同常营乡群众，继续向恒春老年公寓索要人民币90万元，于2014年9月30日收取恒春老年公寓先行支付的人民币10万元时被当场抓获。

【正例】经本院依法审查查明：2014年12月15日9时许，被不起诉人李某某伙同宋某某（已判决）为制造影响，在北京市地铁二号线前门站内，采取跳站台、穿状衣、举状布等行为，造成地铁运行晚点、多人围观。李某某后被当场抓获。

[分析]第一个示例，同案人已起诉，可以统一表述为"已另案处理"；第二个示例，同案人已被另案处理，用括号注释"已另案处理"是恰当的；第三个示例，同案为普通群众，未被追究刑事责任，不作去向说明，也是恰当的；第四个示例同案人已被法院判决，用括号注释"已判决"，也是恰当的。

（2）同案人的称谓

事实部分，同案人的称谓如何表述，这在目前的规定中没有明确要求，实践中也多有不同。我们调查的共同犯罪的905份不起诉决定书中，按不起诉决定书事实部分第一次述及伙同同案人时的称谓统计，有768份只写明了具体姓名，占85%；有96份笼统地表述为"他人"，占11%；有31份写作"犯罪嫌疑人×××"，占3%；有10份写作"被不起诉人×××"，占1%。

我们认为：如果不是特别复杂的情况，一般将同案人称为"他人"即可，不必说明具体姓名；如果案情比较复杂，同案人需要区别说明，就只说明姓氏，名字隐匿；如果是法院已生效的判决，则写明具体姓名。

【不当例】北京市公安局朝阳分局移送审查起诉认定：2014年9月24日3时许，犯罪嫌疑人邵某伙同犯罪嫌疑人闫某某（该二人在押）、毕某某、田某、谢某某（该三人被取保候审）在北京市朝阳区三间房乡山城×××餐厅内酒后滋事，并将服务员刘某某（女，28岁，重庆市人）打伤，致刘"左颞部头皮挫伤"。

【不当例】经本院依法审查查明：

被不起诉人肖某某伙同被不起诉人冯某某（男，26岁）于2013年10月1日19时许，在本市西城区菜百小商品批发市场附近的工商银行的自动提款机处，拾得被害人胡某某遗忘在自动提款机内的信用卡，分三次提取被害人胡某某钱款共计人民币9000元。

本院认为，……决定对肖某某、冯某某不起诉。

【不当例】北京市公安局石景山分局移送审查起诉认定：

2013年4月至10月间，被不起诉人李某某伙同被不起诉人隋某某在北京市朝阳区中石化北苑路加油站内，为谋取利益，在并无烟草批发经营许可证的情况下，多次非法向许某某批发芙蓉王牌（硬盒）卷烟共计 4350 条，价值人民币 901000 元，后被抓获。

经本院审查并退回公安机关补充侦查，本院仍然认为北京市公安局石景山分局认定的犯罪事实不清、证据不足，不符合起诉条件。依照《中华人民共和国刑事诉讼法》第一百七十一条第四款的规定，决定对李某某不起诉。

【正例】经本院依法审查查明：2014 年 9 月 1 日及 3 日，被不起诉人李某某伙同武某某（另案处理）在其承租的北京市顺义区仁和地区河南村好梦情缘歌厅对面一出租房内开设赌场，提供场所、赌具并联系放账人员，联络、组织多名参赌人员以"推筒子"的方式进行赌博，抽取水钱非法获利，后被查获。

【正例】经本院依法审查查明：

2012 年 5 月至 6 月间，张某某（另案处理）伙同他人虚构自己乌兰察布市政府重点工程项目管理办公室顾问的身份，以向××华南建设集团有限公司翟某某介绍承揽虚构的乌兰察布市××××园区东园区道路建设工程项目为由，在本市西城区华宇假日酒店等地骗取被害人翟某某人民币 3818000 元。被不起诉人贾某某在此过程中以虚构的身份参与虚构项目的招投标会，并分得 500 元（已收缴）。

[分析] 第一个示例是多人共同犯罪，这几个人均被作不起诉处理，对这几个人分别制作不起诉决定书时，事实部分却用了同样的表述，没有按人区分，连哪一个人是被不起诉人也没有明示，将所有同案人均称为"犯罪嫌疑人"，这是不当的。被不起诉人应明示，该案同案人应隐匿名字，称"闫某某、毕某某、田某、谢某某（均另案处理）"。第二个示例是两人共同犯罪，这两人均被作不起诉处理，理应分别制作不起诉决定书，却制作了一份不起诉决定书，这是不当的。正因为合并作出一份不起诉决定书，所以没有区分出谁是被不起诉人、谁是同案人，同案人也称"被不起诉人"，是不当的。第三个不

当示例也是两人共同犯罪,虽然分别制作了不起诉决定书,但在事实表述中,对同案人也冠以"被不起诉人",也是不当的。最后两例是正确的。

4. 案件起因

案件的起因到底什么情况要写、写到什么程度,什么情况不需要写,或者略写、略到什么程度,应当有一个度。掌握好这个度,就有利于做到繁简得当。案件起因往往涉及案件的定性,所以要客观地叙写,而且有些起因能够反映出不起诉决定的理由,例如因家庭困难盗窃的等,也应当写明;与定案没有关系的不写。

【不当例】2012年12月30日11时许,被不起诉人张某某在北京市昌平区回龙观镇××家园西门××门口辅路,<u>因行车之事</u>与李某某发生口角后互殴。

【正例】被不起诉人马某于2014年9月6日5时许,在本市朝阳区××园小区9号楼西侧路边,<u>因其车辆被被害人李某某(男,38岁)停放的车辆挡住</u>,将被害人李某某的车辆四周划伤(经鉴定修复费用为1.2万元人民币)。后被不起诉人马某被公安机关查获归案。

[分析] 第一个示例表述案件事实的起因为"行车之事",没能体现出何方过错。第二个示例将案件事实的起因表述为"其车辆被被害人李某某(男,38岁)停放的车辆挡住",比较具体,呈现出了事实起因。相较之下,第二个示例对事实起因的表述有利于说明不起诉的理由。

5. 案件经过

(1) 案件经过

不同类别的不起诉决定书对案件事实的表述有不同的规定,有的需要叙明侦查机关认定的事实,有的需要叙明检察机关认定的事实,有的两个机关认定的事实都要叙明。无论是哪种不起诉决定书,案件事实经过是必须要表述的,不可或缺的。有了调查清楚的事实之后才便于分析案件，结合法律规定，给出认定结论，从而作出不起诉决定，这是说理的论证链条，必须环环相扣才能把道理讲清楚。但是有的不起诉决定书的案件事实部分全部缺失了，包括起因，这是不当的。

> 【不当例】被不起诉人甘某某涉嫌受贿罪、虚假出资、抽逃出资罪一案，由本院侦查终结，于2014年9月23日移送审查起诉。本院于2014年10月23日、12月17日退回侦查部门补充侦查，侦查部门于2014年11月17日、2015年1月16日补查重报。本院于2015年2月16日延长审查起诉期限。
>
> 本案经本院侦查终结后，在审查起诉期间，经两次补充侦查，本院仍认为被不起诉人甘某某涉嫌受贿罪的犯罪事实不清、证据不足，其涉嫌虚假出资、抽逃出资罪的行为因相关法律修改不构成犯罪，不符合起诉条件。依照《中华人民共和国刑事诉讼法》第一百七十一条第四款、一百七十三条第一款的规定，决定对甘某某不起诉。

［分析］该被不起诉人涉嫌两个罪名，即受贿罪和虚假出资、抽逃出资罪，但不起诉决定书里均未叙明各罪名的案件事实，这是不当的。

（2）事实表述的繁简

案件事实的表述应当结合犯罪构成要件来进行细节的取舍，对行为性质和情节轻重认定有影响的应写清楚，不可省略。例如聚众斗殴、故意伤害案件，首要分子的积极参与、纠结他人的细节要写；双方斗殴时，有无持械情况、有无伤害后果等要写，对案件定罪量刑无关的过程就无须赘述；归案的态度、与被害人和解等涉及情节认定的要予以表述。总之，应客观归纳概括，并且不带有个人主观色彩。

实践中，比较常见的情况是，案件经过表述过于简单，手段、工具、受伤部位等描述不清。我们抽样调查了155份相对不起诉决定书，其中有16份存在表述过简的问题，占10%。

【不当例】被不起诉人陈某某于 2014 年 2 月 10 日 16 时许……因琐事与贾某某发生纠纷，后伙同王某、郭某某（均另案处理）与贾某某互殴并将贾某某打伤。经鉴定，被害人贾某某身体所受损伤程度为轻伤二级。

［分析］该例未表述被不起诉人使用何种手段，造成被害人哪里受伤，以及三行为人在共同犯罪中的作用，无法判断被不起诉人的主观恶性程度，无法认定其犯罪情节是否轻微。

【不当例】经本院依法审查查明：2014 年 12 月 12 日 13 时许，被不起诉人郭某某在北京市顺义区南法信镇三家店村一工地宿舍内，因玩牌问题与王某某（男，33 岁，河北省人）发生口角，后殴打王某某鼻部致伤。经鉴定，王某某身体所受损伤构成轻伤二级。

被不起诉人郭某某后自动投案。双方民事问题已解决。

认定上述事实的证据有被不起诉人供述、被害人陈述、证人证言、书证、鉴定意见等。

本院认为，郭某某实施了《中华人民共和国刑法》第二百三十四条第一款规定的行为，构成故意伤害罪，但犯罪情节轻微，且有自首、赔偿等情节，依据《中华人民共和国刑法》第六十七条第一款、第三十七条之规定，不需要判处刑罚。依据《中华人民共和国刑事诉讼法》第一百七十三条第二款的规定，决定对郭某某不起诉。

［分析］该例中事实部分称"双方民事问题已解决"，不起诉理由部分指出被不起诉人有赔偿情节，说明民事问题已解决，包括赔偿问题。事实叙述中应当将赔偿这一情节明确表述出来，而不能简单概括为"双方民事问题已解决"。

【正例】2014年12月22日23时许,被不起诉人王某明在本市石景山区海特花园小区停车场内,酒后无故滋事,先无故与刘某某(另案处理)发生肢体冲突后,又随意殴打被害人张某某,致张某某右眼眶内壁骨折,右眶内积气,右筛窦内积液,右眼钝挫伤,头皮挫伤、头外伤后神经反应,左手软组织损伤,双膝皮肤擦伤软组织损伤,经鉴定为轻微伤。王某明之父王某(另案处理)因不满刘某某对王某明殴打而与刘某某互殴,造成刘某某肋骨骨折(左2—7,右3、4、6)、闭合性颅脑损伤、脑外伤后神经反应、多发皮肤组织挫伤,经鉴定为轻伤一级。案发当日被害人报警后,被不起诉人王某明于2015年2月6日经民警电话传唤到案。

[分析]该例事实表述详细、具体,被不起诉人在该案中的责任表述明确,伤害后果表述清晰。

事实表述在满足基本表述要求的基础上,语言也应尽量简洁、凝练。实践中有不少不起诉决定书事实表述比较烦琐,不够简练。

【不当例】经本院依法审查查明:

2013年1月4日,犯罪嫌疑人王某对李某、张某(后二人系同案)、杜某某称自己喜欢卫某,但卫某已经交了男朋友叫杨某强,王某提出打杨某强,让杨某强和卫某分手。1月5日20时许,王某叫上李某、张某、杜某某,张某叫上赵某某(系同案)和白某,约卫某、杨某强在丰台区顺三条胡同北口的山西面馆一起吃饭,准备打杨某强。后在丰台区顺三条胡同内,张某、赵某某从胡同内捡凳子、砖头、塑料桶等物对杨某强进行殴打,李某、王某对杨某强拳打脚踢。后王某将卫某带离案发现场,回到自己的暂住地。后王某和卫某回到案发现场。回到现场时,赵某某因自己手机在打架中丢失,要求杨某强赔偿,并殴打杨某强,杨某强给赵某某100元,赵某某让杨某强用自己的诺基亚牌E63型手机做抵押,以1600元来换,张某要求杨某强赔偿殴打杨某强受伤的医药费,每人100元,共400元。杨某强答应。后杨某强、赵某某分别给杨某强的母亲杨某华打电话让杨某华赔偿赵某某2000元,杨某华答应(该钱未给)。后几人回到饭店,赵某某将杨某强给的100元钱用于结账。1月7日,赵某某、杜某某在北京工贸技术学校门口将手机交给卫某,让卫某转交杨某强。经鉴定,杨某强左眼钝挫伤,左上臂软组织损伤,系轻微伤;涉案手机价值人民币200元。

【正例】经本院依法审查查明:

2014年1月19日,被不起诉人赵某在本市丰台区方庄方群园四区建设银行内,以避税为名,将其公司报价27.3万元的轿车谎称28.3万元向被害人唐某某(男,43岁)出售,骗取被害人唐某某现金1万元。2014年3月9日经方庄派出所电话传唤到案,后将1万元现金退还被害人。

【正例】经本院依法审查查明:

2014年3月至4月间,被不起诉人张某某在本市丰台区×××小区附近,以将自己的QQ号出售再找回,再次出售给他人的方法,先后骗取沈某、王某、李某某、柯某某、徐某等11人人民币共计8840元。

【正例】经本院依法审查查明:

2014年8月至9月间,被不起诉人杨某某在本市丰台区六里桥北里×××一区附近,以能帮助郭某为其父亲办理取保候审及缓刑为由,诈骗郭某人民币20000元。

【正例】经本院依法审查查明:

2013年10月22日,被不起诉人李某某谎称能将河北省涿州市义和庄乡里渠村一在建小区工地内四堆木料卖给崔某某,与崔某某达成口头买卖协议,在北京市房山区琉璃河镇窑上村天诚农用车维修店收取崔某某定金人民币10000元后逃匿。2013年6月26日,崔某某发现被骗后报警。2014年11月1日,被不起诉人李某某亲属将人民币10000元退还给崔某某。

【正例】经本院依法审查查明:

被不起诉人赵某某于2014年11月至12月间,在北京市大兴区×××镇新安里小区,以介绍工作为名,骗取被害人王某某(女,35岁)人民币现金14900元,后被控告归案。2015年5月14日被不起诉人赵某某退还被害人王某某人民币14900元,获得王某某的谅解。

[分析] 第一例对案件经过表述过繁，主要体现在两个方面：第一，表述了对行为定性和情节轻重程度认定无关的细节，如几个行为人是如何结伙的（王某找的李某、张某、杜某某，张某找的赵某某和白某）、如何到达案发地（被不起诉人与其他同案人约被害人吃饭）、殴打过程中被不起诉人一度离开现场后又返回现场的过程。第二，语言表述不够凝练。如案件起因，可以简化表述如"被不起诉人王某因自己喜欢的卫某有了男朋友杨某强，为迫使杨某强分手，而同李某、张某、杜某某一起殴打杨某强"（原例中"犯罪嫌疑人王某"这一称谓应为"被不起诉人王某"）；向被害人母亲索要赔偿的手段表述过繁——打电话让赔偿，被害人母亲同意等——可简述为"通过电话手段向杨某强母亲索赔"等。后面几个正例清楚地叙明案件事实，并且言简意赅。

（3）事实表述的侧重点

事实表述存在侧重点不清的问题，没有侧重于据以作出不起诉决定的情节，这一问题主要体现在绝对不起诉和相对不起诉决定书中。

我们抽样调查了 80 份绝对不起诉和相对不起诉决定书，其中有 17 份存在此类问题，占总数的 21%。

【不当例】被不起诉人路某于 2014 年 8 月 25 日 8 时许，在北京市朝阳区×××一区 24 号楼 105 号其家中，使用自己的移动电话在"聚点娱乐"微信群中，发布信息"我朋友的朋友是公安口的，说东突已有人进去北京，准备十一弄个大动作，大家注意点"，后被不起诉人路某被抓获归案。

本院认为，路某的上述行为，情节显著轻微、危害不大，不构成犯罪。

[分析] 该绝对不起诉决定书认定被不起诉人犯罪情节显著轻微，符合《刑法》第十五条第（一）项规定的情形，不认为是犯罪。在事实认定部分，没有显示出被不起诉人为何属于犯罪情节显著轻微。一些认定"犯罪情节显著轻微"的关键细节未表述清楚，如微信群内有多少人，是否有人相信并再次转发，是否造成恐慌等。在不起诉理由及根据部分直接认定路某犯罪情节显著轻微，理由不充分。

【不当例】被不起诉人侯某某与他人在本区长阳镇长营村长营商业街经营××店，2013年8月15日22时许，因被害人常某某的工友饮酒后到侯某某等人位于××店附近暂住地小便，双方因此发生争执继而发生打斗，在打斗过程中造成被害人常某某受伤。经北京市公安司法鉴定中心鉴定，常某某身体所受损伤程度属轻伤。

本院认为，被不起诉人侯某某实施了《中华人民共和国刑法》第二百三十四条规定的行为，但犯罪情节轻微，不需要判处刑罚。依据《中华人民共和国刑事诉讼法》第一百七十三条第二款的规定，对其作出不起诉处理。

[分析] 该相对不起诉决定书中，案件事实部分没有侧重表述被不起诉人侯某某有哪些应当认定为情节轻微的行为，没有阐述不起诉的理由，缺少具体行为、归案情况、是否和解、是否认罪、是否得到谅解等情况的说明。

【正例】2013年8月18日，被不起诉人孙某某在本市海淀区××酒店8610房间内，窃取其女朋友马某某（女，21岁）价值人民币4116.8元的苹果牌iPhone5 16G型手机一部、价值人民币3027.84元的9.12克黄金（足金）项链一条、价值人民币1294.8元的3.9克黄金（足金）戒指一枚及现金人民币500余元。后孙某某返还马某某戒指一枚，赔偿马某某损失现金人民币2000元、苹果牌iPad mini一部，马某某对孙某某表示谅解。

被不起诉人孙某某于2015年3月2日被民警抓获归案，如实供述了上述事实。

本院认为，被不起诉人孙某某实施了《中华人民共和国刑法》第二百六十四条规定的行为，但犯罪情节轻微，且能够如实供述自己的罪行，已赔偿被害人损失并获得谅解，依照《中华人民共和国刑法》第三十七条、第六十七条第三款之规定，不需要判处刑罚。根据《中华人民共和国刑事诉讼法》第一百七十三条第二款之规定，决定对被不起诉人孙某某不起诉。

［分析］该不起诉决定书的案件事实部分对被不起诉人犯罪情节轻微、赔偿被害人损失并获得谅解、如实供述这几个不起诉理由均有突出叙述，是合理、恰当的。

（4）事实表述的清晰度

事实表述要清楚，这是毋庸置疑的。但实践中，很多不起诉决定书的事实表述不清，不同程度地影响了不起诉决定书的制作质量。事实表述不清，主要表现在以下方面：

第一，对涉案事物的表述。

事实表述中，对于关键涉案物要表述清楚、表述到位。否则会导致事实表述不清。

【不当例】经本院依法审查查明：被不起诉人张某某伙同他人于2014年3月的一天和6月21日11时许，在北京市顺义区高丽营镇×××大市场内，通过言语威胁手段，强迫郭某某、寇某某分别以人民币200元、400元的价格购买其所销售的"红花果"。

……

本院认为，被不起诉人张某某的上述行为，情节显著轻微、危害不大，不构成犯罪。依照《中华人民共和国刑事诉讼法》第十五条第（一）项和第一百七十三条第一款的规定，决定对张某某不起诉。

［分析］上述事实表述中被不起诉人强迫别人购买的"红花果"为何物，其真实价值是多少，以及强迫购买的数量等影响案件认定的关键信息均未予表述，导致事实表述不到位、不清晰。

第二，对涉案人物、事物间的关系的表述。

事实表述中，涉案人物、事物间的关系如果不明，会导致事实表述整体混乱、不清。

【不当例】经本院依法审查查明：2014年7月25日9时许，于某某（男，31岁）因要上班未带自家房门钥匙，后让被不起诉人石某某帮其看管北京市昌平区×××村81号207室暂住地的房门。当日12时许，被不起诉人石某某趁于某某家中无人的情况下，从其家床头柜内，拿走绿色手包一个，内装金项链、金戒指、金耳钉等物品。后被民警查获。经价格鉴定上述物品共计价值人民币6030元。（绝对不起诉决定书）

[分析] 该案中，被不起诉人石某某与于某某之间是何关系，为何于某某让石某某帮其看管房门？于某某未带自家房门钥匙，后让被不起诉人石某某帮其看管北京市昌平区×××村81号207室暂住地的房门，这两所房子是否为同一个房子？此后被不起诉人拿走的手包是从于某某的哪个家拿走的，是不是其所看管的那所房子？这些都不清楚，导致事实表述整体混乱，令人难以理解。

【不当例】北京市公安局海淀分局移送审查起诉认定杜某某与他人共同采取挂靠的方式，<u>为三人办理了非京籍毕业生生源的接收函，共收取张某13.5万元，收取王某13万元，收取乔某11.9万元</u>。经本院审查并退回补充侦查，本院仍然认为北京市公安局海淀分局认定的犯罪事实不清、证据不足，不符合起诉条件。根据《中华人民共和国刑事诉讼法》第一百七十一条第四款之规定，决定对被不起诉人杜某某不起诉。

[分析] 张某、王某、乔某与本案是何关系，仅从字面看是不清楚的。读者只能猜测此三人便是上文的"三人"，但也仅为猜测而已，并不确实，不排除他们是本案关涉到的另外三人。

第三，对事实的表述。

有些不起诉决定书对于事实部分表述不到位，过于简略，导致事实表述整体不清楚。

【不当例】经本院依法审查查明：

2013年10月18日，<u>被不起诉人俞某在北京市顺义区宜宾小区以向乔某某借钱为由，诈骗乔某某人民币17000元</u>，后被查获。赃款已退赔。

本院认为，被不起诉人俞某实施了《中华人民共和国刑法》第二百六十六条规定之行为，但俞某此次犯罪系初犯，主观恶性不大，犯罪情节轻微，犯罪后能够认罪、悔罪，积极赔偿被害人损失并获得被害人的谅解，被害人表示不再追究俞某的法律责任。根据《中华人民共和国刑法》第三十七条的规定，俞某的行为不需要判处刑罚。依据《中华人民共和国刑事诉讼法》第一百七十三条第二款的规定，决定对俞某不起诉。

［分析］该案由侦查机关以被不起诉人涉嫌诈骗罪移送审查起诉，但对于俞某如何诈骗的以及其行为与普通借款有何区别等细节都没有表述到位，比如是否以非法占有为目的、有无还款意图等，这其实关系到罪与非罪的判断。未具体表述其手段、行为方式，却认定其犯罪情节轻微，似乎于事实无据。另外，不起诉理由部分还认定俞某犯罪后能够认罪、悔罪、积极赔偿被害人损失并获得被害人的谅解，但具体情节在事实部分也没有表述，是不当的。

【不当例】经本院依法审查查明：2014年10月17日17时许，被不起诉人杨某某驾驶大众牌小型轿车（车牌号：京N6QP××）由南向北行驶至北京市昌平区昌流路南流村路口处时，与王某某驾驶的"欧乐奇"牌摩托车（无号牌）发生交通事故。案发后，被不起诉人杨某某拨打电话报案。王某某<u>经医院抢救于当日死亡</u>。经鉴定，王某某符合颅脑损伤死亡。2014年11月21日，经昌平区交通支队认定，被不起诉人杨某某负此次事故主要责任，王某某负次要责任。现被不起诉人杨某某已赔偿被害人家属全部<u>损失</u>。

本院认为，杨某某实施了《中华人民共和国刑法》第一百三十三条规定的行为，但犯罪情节轻微，具有积极赔偿被害人家属损失并取得谅解等情节，根据《中华人民共和国刑法》第三十七条的规定，不需要判处刑罚。依据《中华人民共和国刑事诉讼法》第一百七十三条第二款的规定，决定对杨某某不起诉。

[分析] 本例没有写明发生交通事故的具体情况，如被不起诉人的主要责任以及王某某的次要责任是如何划分的，包括事后赔偿的具体情况以及获得谅解情况都没有表述到位，导致事实表述不清。

事实部分重要细节表述不到位会影响对事实表述的整体效果。

【不当例】2014年12月10日8时许，被不起诉人李某某驾驶车辆行驶至北京市东城区方巾巷路口东南角时，与被害人彭某骑行的自行车相撞，造成彭某倒地受伤。彭某于2014年12月15日经医院抢救无效死亡。经认定，被不起诉人李某某负事故全部责任。被不起诉人李某某于2015年2月10日经民警口头传唤后到案。被不起诉人李某某所在单位已经与被害人家属达成刑事和解，赔偿被害人家属经济损失。

[分析] 本例关于李某某驾驶"车辆"表述过于泛泛。是不是公交车、车牌号多少、因何相撞、是否因为李某某未尽到安全注意义务、事故责任是经什么机构认定的，都应表述清楚。赔偿损失情况数额以及是否获得谅解，这些细节也都要说清楚。

第四，对主线的表述。

共同犯罪案件中，不起诉决定书以人为单位独立撰写，每个被不起诉人的不起诉决定书，均应当体现该人在共同犯罪中的作用以及作出不起诉决定的理由，事实叙写应当以该人为主线展开，同案人的不起诉决定书的事实部分不宜简单粘贴复制。否则，会造成不起诉决定书事实叙写的主线不清，影响表达效果。

【不当例】经本院依法审查查明：

2013年5月9日22时许，张某因酒后强闯北京市顺义区医院未开放的侧门，与该医院保安张某某发生纠纷，后在北京市顺义区医院神经内科诊室外，张某被吕某某、鲍某海、鲍某志、秦某某等该医院保安控制住。张某父亲张某甲赶来与秦某某发生冲突，鲍某海见状持橡胶辊殴打张某甲头部，张某甲也对鲍某海进行殴打，后鲍某海、鲍某志二人用手搂住张某甲的脖子，被不起诉人吕某某持橡胶辊多次杵打张某甲上半身。经鉴定，秦某某身体所受损伤构成轻伤二级；张某甲身体所受损伤构成轻伤二级。

被不起诉人吕某某于2014年3月10日经民警电话传唤主动到案。

另，双方当事人已达成和解。

本院认为，<u>被不起诉人吕某某</u>实施了《中华人民共和国刑法》第二百三十四条第一款规定的行为，但犯罪情节轻微，其系初犯、偶犯，具有自首情节，案发后与张某甲自行达成和解，根据《中华人民共和国刑法》第三十七条、第六十七条第一款之规定，不需要判处刑罚。依据《中华人民共和国刑事诉讼法》第一百七十三条第二款的规定，决定对吕某某不起诉。

[分析] 该示例的被不起诉人是吕某某，但事实部分没有以吕某某为主线进行叙述，造成主体不明、叙事不清。应当先表述事实的整体情况，再专门表述该被不起诉人在该案中的行为以及作用，其他与被不起诉人行为无关的事实无须表述。

第五，对事实的逻辑关系的表述。

事实表述涉及案件的来龙去脉，其中的逻辑关系需要通过恰当的语言表达出来。尤其是体现逻辑关系的关联词语的运用，若使用不当会造成逻辑不清甚至混乱。

【不当例】经本院依法审查查明：2013年12月30日21时许，张某某驾驶一辆福田欧曼牌货车（冀HP42××，内乘被不起诉人赵某某）行驶至顺焦路北京市顺义区木林镇魏家店村北侧，以暴力方法

> 阻碍国家机关工作人员依法执行职务。其间，被不起诉人赵某某一直在该车内，但未作假证明包庇张某某。

[分析] 该示例表述被不起诉人赵某某的行为时，说"一直在该车内，但未作假证明包庇张某某"。其中，"一直在该车内"与"未作假证明"并不存在转折关系，却用了表示转折关系的关联词语"但"，造成逻辑关系表达不清。

第六，其他问题。

其他导致案件事实部分叙事不清的情况，如有的不起诉决定书中被不起诉人在事实部分全然未被提及，不知是用涉案人"等人"一词将该人省略掉了，还是笔误最后写错了被不起诉人，令人费解。

> 【不当例】北京市公安局昌平分局移送审查起诉认定：
> 2014年6月29日下午，被不起诉人周某某、葛某某、芦某某、李某、王某某等人，在北京市昌平区天通苑××区14号楼1单元501室内，以丁某某（男，27岁）、于某某（男，30岁）抢其公司房源为由，采用暴力、言语威胁等手段，强行向丁某某、于某某索要现金人民币共计16000元。2014年7月17日5名被不起诉人被抓获，2014年7月25日被不起诉人周某某的家属赔偿两名被害人损失，两名被害人对5名被不起诉人均表示谅解。
> 经本院审查并退回补充侦查，本院仍然认为北京市公安局昌平分局认定闫某某涉嫌敲诈勒索罪的犯罪事实不清、证据不足，不符合起诉条件。依照《中华人民共和国刑事诉讼法》第一百七十一条第四款的规定，决定对闫某某不起诉。

[分析] 该不起诉决定书的被不起诉人为闫某某，但在事实部分没有提到他。

另外，语言运用不当也会影响表达效果，这一问题常出现在对被不起诉人前科劣迹的交代部分。有些不起诉决定书交代被不起诉人前科劣迹时，表述为"因某缘由被如何处罚"，与后文的本案因涉嫌某罪被某局刑事拘留的表述容易混淆，应当在前科劣迹的表述中表述为"曾因……"，以与本案的表述相区别。

【不当例】屈某某，绰号大屈，男，1981年8月24日出生，公民身份号码11022919810824××××，汉族，小学文化，延庆县张山营镇×××村农民，住该村西五巷31号。因犯抢劫罪、盗窃罪，于2001年3月被北京市第一中级人民法院判处有期徒刑3年，于2002年12月刑满释放；<u>因故意毁坏财物</u>，于2004年5月被延庆县公安局行政拘留15日；<u>因犯故意伤害罪</u>，于2005年3月被延庆县人民法院判处有期徒刑5年，于2008年11月刑满释放；<u>因犯故意伤害罪</u>，于2010年11月被延庆县人民法院判处有期徒刑3年，于2013年1月刑满释放。因涉嫌破坏生产经营罪于2013年8月28日被延庆县公安局刑事拘留，<u>因涉嫌寻衅滋事罪</u>，经延庆县公安局决定，于2013年9月27日被延庆县公安局监视居住。

本案由延庆县公安局侦查终结，<u>以被不起诉人屈某某涉嫌寻衅滋事罪</u>，于2014年2月21日向本院移送审查起诉。

[分析] 该例中被不起诉人有多起前科劣迹，有的是刑事犯罪行为，有的是行政违法行为，直至本案涉嫌寻衅滋事罪，表述的时候均为"因……"，前科与现涉嫌罪名未能从表述上清楚地区分开，不易理解。在前科的表述前加上"曾"，现涉嫌罪名前加上"现"，便会清楚很多。

【不当例】被不起诉人李某，女，1974年4月14日出生，公民身份号码11010919740414××××，汉族，技校文化程度，无职业，现住北京市门头沟区潭柘寺镇×××村××路49号院2号。<u>因故意损毁公私财物</u>于2007年12月20日被北京市公安局门头沟分局行政拘留10日。<u>因涉嫌故意伤害罪</u>，于2013年12月26日被北京市公安局门头沟分局刑事拘留，于2014年1月9日被取保候审。

[分析] 前科表述为"因故意损毁公私财物"，现涉嫌罪名表述为

"因涉嫌故意伤害罪",两个表述区分度不高,易造成理解上的混乱。应在"因故意损毁公私财物"前加"曾"。

(5) 同案人的几份不起诉决定书的事实部分

共同犯罪的案件,涉案人均被侦查机关移送审查起诉的,如果经审查最终都作出不起诉决定,则应针对每一个涉案人制作一份不起诉决定书。这些决定书应当有针对性,分别针对一个涉案人。由于同案人之间多数在该案中有不同作用、有不同情形,所以,针对不同涉案人制作的不起诉决定书所叙述的事实应当不同,各有侧重。实践中,有些共同犯罪各涉案人的不起诉决定书的事实部分存在雷同现象,存在简单粘贴复制现象。

【不当例】北京市公安局怀柔分局移送审查起诉认定:

自2009年至2013年8月间,犯罪嫌疑人钟某某、祁某(二人在逃)、邢某某、张某龙(二人已移送起诉)、张某平、姜某、姜某某、鲁某某、任某某、缐某某、解某某、孙某某、苗某某、张某利、张某友、赵某某等人,在没有实际投资项目的情况下,发展北京籍人员参加名为"民间资本运作"的传销组织,并将发展人员带至山东青岛、江苏无锡、辽宁大连等地进行讲课、培训。"民间资本运作"三级会员,根据发展的下线人员多少晋升会员等级,以参加人数多少获取提成返利为诱饵,引诱参加者继续发展他人参加,骗取钱财,从中获利。

经本院审查并退回补充侦查,本院仍然认为北京市公安局怀柔分局认定被不起诉人<u>张某平</u>涉嫌犯组织、领导传销活动罪的犯罪事实不清、证据不足,不符合起诉条件。

[分析] 这是一起团伙犯罪,其中有9人均被侦查机关移送审查起诉,9份不起诉决定书的事实部分表述得完全一样。事实部分不但没有区分被不起诉人与同案人,而且均一致表述为"犯罪嫌疑人钟某某、祁某(二人在逃)、邢某某、张某龙(二人已移送起诉)、张某平、姜某、姜某某、鲁某某、任某某、缐某某、解某某、孙某某、苗某某、张某利、张某友、赵某某等人"。这是简单机械地制作不起诉决定书的结果,应当在每份不起诉决定书中有区别地表述被不起诉人与同案人。

（6）鉴定意见的表述方式

鉴定意见包括涉案物品价值、故意伤害罪中被害人伤情等，这些鉴定意见是反映被不起诉人犯罪后果的一个因素，是直接决定犯罪情节是否轻微、是否构成不起诉的重要条件，所以在行文中鉴定意见应与正文处于平等地位，不应作为补充说明性信息放入括号内显示。我们调查了3482份不起诉决定书，有鉴定意见的共计562份，其中有49例涉案物品价值、被害人伤情鉴定意见，是以括号方式体现的，占8.7%。

> 【不当例】被不起诉人徐某某趁其与朋友刘某某在本市海淀区中关村科贸电子城4T××号柜台购物之机，窃取被害人陈某某（女，32岁）放在摊位上的苹果牌4S 16G型手机1部<u>（经鉴定价值人民币2065.5元）</u>。
>
> 【正例】被不起诉人李某某先后在北京市百货大楼二层××服装店盗窃被害人詹某某（男，54岁）莱茵莱尔牌风衣一件，<u>经鉴定价值人民币3780元</u>。
>
> 【不当例】被不起诉人刘某某于2014年8月31日23时许，在北京市大兴区××镇×××钢结构有限公司员工宿舍内，阻碍前来解决其打架事宜的民警执行职务，殴打、辱骂民警曹某某及辅警王某、陈某某<u>（经鉴定三人均不构成轻微伤）</u>，后被抓获。
>
> 【正例】曲某某欲持凳殴打张某某（男，32岁）时被劝开。后曲某某报警，被不起诉人张某某被民警查获。<u>经鉴定，曲某某身体所受损伤属轻伤二级</u>。

[分析] 前两例为涉案物品价值鉴定意见的表述，后两例为被害人伤情鉴定意见的表述。鉴定结论不应加括号表示，应直接在正文中显示。

6. 被不起诉人到案情况

被不起诉人到案后，如有自首、和解或如实供述等符合不起诉条件特征的，应在事实部分以及认定部分的说理中阐述清楚，不能模棱两可、似是而非，并且在两个部分均应表述，缺一不可。

（1）自首

被不起诉人到案情况直接关系到是否存在自首情节以及认罪、悔罪态度等，应当在事实部分和认定部分写明。我们抽样调查了不起诉理由中有到案情况考量的不起诉决定书共计 63 份，发现：有 42 份在事实部分写明了自首或如实供述等情节，占 67%；有 21 份没有写明，占 33%。

【不当例】经本院依法审查查明：被不起诉人刘某某于 2013 年 11 月 21 日 18 时 50 分许，在北京市昌平区回龙观镇×××小区 1 号楼 A 座地下车库，因认为陈某某（男，51 岁）进车库速度快差点撞到自己，与陈某某发生争执，后持钢筋将陈某某的"保时捷凯宴"牌小轿车（车牌号：京 NKY8××）车玻璃、反光镜、后门等部位砸坏。经鉴定，该车受损价值人民币三万二千七百四十四元。

本院认为，犯罪嫌疑人刘某某实施了《中华人民共和国刑法》第二百七十五条规定的行为，但犯罪情节轻微，危害不大，<u>具有被害人谅解、自首</u>的情节，根据《中华人民共和国刑法》第六十七条第一款的规定，可以免除处罚。依据《中华人民共和国刑事诉讼法》第一百七十三条第二款的规定，决定对刘某某不起诉。

【正例】经本院依法审查查明：被不起诉人梁某于 2014 年 4 月 4 日主动到北京市公安局东城分局龙潭派出所接受讯问。<u>到案后被不起诉人梁某如实供述犯罪事实，且与被害人王某某达成和解协议，取得了被害人的谅解。</u>

本院认为，被不起诉人梁某实施了《中华人民共和国刑法》第二百三十四条第一款规定的行为，但犯罪情节轻微，<u>有自首情节，且与被害人达成刑事和解，取得了被害人谅解</u>，根据《中华人民共和国刑法》第三十七条的规定，不需要判处刑罚。依据《中华人民共和国刑事诉讼法》第一百七十三条第二款的规定，决定对梁某不起诉。

［分析］第一个示例在被不起诉理由中说明该被不起诉人有获得被害人谅解情节和自首情节，但事实部分未予提及，不当。第二个示例的不起诉理由中说明有"自首情节，且与被害人达成刑事和解，取得了被害人谅解"，事实部分也有相应表述，是恰当的。

（2）与被害人和解

《刑事诉讼法》第二百七十七条第一款第（一）项、第二百七十九条规定，因民间纠纷引起，涉嫌刑法第四章、第五章规定的犯罪案件，可能判处三年有期徒刑以下刑罚的，双方当事人可以和解；达成和解协议的案件，对于犯罪情节轻微，不需要判处刑罚的，检察院可以作出不起诉的决定。因此，如果有和解情况，需要在事实部分和认定部分均加以表述。我们调查到的表述情况如下：

表述情况	次数	百分比
事实部分有和解情节，认定部分没有	39	13%
事实部分没有和解情节，认定部分有	53	18%
事实部分和认定部分均有和解情节	202	69%
总计	294	100%

【不当例】被不起诉人度某一方已赔偿死者家属六十万元人民币，取得死者家属谅解。……本院认为，被不起诉人度某实施了《中华人民共和国刑法》第一百三十三条规定的行为，但犯罪情节轻微，根据《中华人民共和国刑法》第三十七条的规定，不需要判处刑罚。依据《中华人民共和国刑事诉讼法》第一百七十三条第二款的规定，决定对度某不起诉。

【不当例】经本院依法审查查明：被不起诉人苗某飞于2014年4月13日22时许，溜门进入北京市大兴区××镇×××路西二条5号苗某常家中，盗窃核桃（经鉴定，价值人民币6.8元）、苹果时被当场抓获。……本院认为，被不起诉人苗某飞实施了《中华人民共和国刑法》第二百六十四条规定的行为，但犯罪情节轻微，且到案后如实供述了自己的犯罪行为，并获得被害人的谅解。根据《中华人民共和国刑法》第三十七条的规定，不需要判处刑罚。依据《中华人民共和国刑事诉讼法》第一百七十三条第二款的规定，决定对苗某飞不起诉。

【正例】李某死亡后，卓某某赔偿李某家属人民币170万元，

> 获得李某家属谅解。……本院认为，被不起诉人卓某某违反交通运输管理法规发生交通事故，致一人死亡，其行为触犯了《中华人民共和国刑法》第一百三十三条之规定，涉嫌交通肇事罪，但犯罪情节轻微，双方自愿和解，且系自首，根据《中华人民共和国刑法》第三十七条的规定，不需要判处刑罚。依据《中华人民共和国刑事诉讼法》第一百七十三条第二款之规定，决定对卓某某不起诉。

［分析］第一个示例的事实部分叙明了和解情节，但认定部分说理时未予说明，第二个示例只在认定部分说理时说明了和解情节，但事实部分未有表述，均不当。第三个示例在事实部分和认定部分均说明有和解情节，是妥当的。

> 【不当例】经本院依法审查查明：被不起诉人于某某于2012年9月至2013年6月间，在本市西城区宣武门××街14楼1407号，向被害人×××商贸有限公司订购化妆品，后谎称需要退货，用自行购买的低价化妆品冒充原订化妆品，骗取被害人货值44830的货物。被不起诉人后被抓获归案。现被不起诉人已赔偿被害人损失并取得被害人谅解。
>
> 本院认为，被不起诉人于某某实施了《中华人民共和国刑法》第二百六十六条之规定的行为，但犯罪情节轻微，根据《中华人民共和国刑法》第三十七条的规定，不需要判处刑罚。依据《中华人民共和国刑事诉讼法》第一百七十三条第二款的规定，决定对于某某不起诉。
>
> 【不当例】2014年3月12日，被不起诉人乐某在本市丰台区久敬庄的农业银行自动取款机旁，以帮被害人王某某打人进行报复为由，骗取被害人王某某5000元人民币。
>
> 被不起诉人乐某于2014年5月8日被北京市公安局丰台分局和义派出所抓获。
>
> 上述事实，有被不起诉人乐某的供述、被害人王某某的陈述、视听资料以及相关书证为证。

本院认为，被不起诉人乐某无视国法，以非法占有为目的，虚构事实骗取他人财物，数额较大，其行为触犯了《中华人民共和国刑法》第二百六十六条之规定，已构成诈骗罪。鉴于被不起诉人乐某犯罪情节较轻，确有悔罪表现，且赔偿了被害人王某某的损失，得到了被害人的<u>谅解</u>，故依据《中华人民共和国刑事诉讼法》第一百七十三条之规定，本院决定对乐某不起诉。

【正例】2013年4月5日22时左右，被不起诉人齐某在本市海淀区花园路×××饭店门前，酒后滋事，因打车一事与出租车司机和本案被害人唐某某（男，44岁）发生争吵，后同陈某某、梁某对被害人唐某某进行殴打，致其右眶内壁、下壁骨折，双眼眶周软组织损伤，双眼球钝挫伤，脑外伤后神经反应，经司法鉴定为轻伤二级。

2013年7月3日，被不起诉人齐某自行向公安机关投案。案发后，当事人双方达成协议，由被不起诉人齐某等三人家属代为赔偿被害人共计人民币18万元，被害人唐某某对该三人的行为表示<u>谅解</u>。

本院认为，被不起诉人齐某实施了《中华人民共和国刑法》第二百九十三条第一款第（一）项规定的行为，但考虑其犯罪情节轻微，犯罪后履行赔偿义务并得到被害人<u>谅解</u>，故依据《中华人民共和国刑事诉讼法》第一百七十三条第二款的规定，决定对被不起诉人齐某不起诉。

［分析］第一个示例事实部分有和解的内容，认定部分没有，第二个示例事实部分没有和解的内容，认定部分有，都是不当的。第三个示例认定部分有谅解的认定，事实部分也有相应的谅解的表述，是恰当的。

7. 证据

（1）证据是否要写明

绝对不起诉决定书（根据《刑事诉讼法》第一百七十三条第一款中的没有犯罪事实而决定不起诉的除外）和相对不起诉决定书都要求写明检察机关审查认定的事实及证据，而存疑不起诉决定书以及绝对不起诉决定书中根据《刑事诉讼法》第一百七十三条第一款没有犯罪事实而决定不起诉的,高检院模板没有规定要写明证据。实践中,这三种不起诉决定书都有写明证据和未写明证据两种情况,表现有差异。我们调查到的表述情况如下:

单位:份

不起诉决定书种类	高检院模板	写明证据的	未写证据的
绝对不起诉决定书 (共计461份)	根据《刑事诉讼法》第十五条不起诉的,要求写明证据	30(7%)	390(93%)
	根据《刑事诉讼法》第一百七十三条第一款,没有犯罪事实而决定不起诉的,不要求写明证据	6(15%)	35(85%)
相对不起诉决定书 (共计1659份)	要求写明证据	313(19%)	1346(82%)
存疑不起诉决定书 (共计1362份)	不要求写明证据	9(0.7%)	1353(99.3%)

这一结果显示,不起诉决定书证据部分的书写是非常不规范的,无论是否有必要写明证据,均很少写明。其中,绝大部分该写明证据的,都有缺失,缺少了说理中的证据一环,这是至为关键的缺憾。

【不当例】经本院依法审查查明:被不起诉人孙某某于2015年2月通过网络联系,在本市朝阳区崔各庄向一陌生男子购买七张居民身份证,后其于2月的一天在本市朝阳区太阳宫附近地铁口,以人民币800元的价格向他人出售居民身份证二张。经鉴定,该二张居民身份证为真证。被不起诉人孙某某于2015年4月28日被抓获归案。

本院认为,被不起诉人孙某某的上述行为,情节显著轻微、危害不大,不构成犯罪。依照《中华人民共和国刑事诉讼法》第十五条第(一)项和第一百七十三条第一款的规定,决定对孙某某不起诉。

【正例】经本院依法审查查明:2014年4月16日4时许,被不起诉人郑某某明知系他人盗窃的电动三轮车仍为他人转移赃物,后被巡逻民警在本市丰台区南苑新宫村碧浪湾鱼池北侧路边查获，经鉴定涉案车辆价值2300元人民币。

被不起诉人郑某某于2014年4月16日被北京市公安局丰台分局南苑镇派出所抓获。

<u>上述事实，有被不起诉人郑某某供述，证人梁某某、敖某、申某某、常某某、阳某、马某某、王某某、刘某某、谢某某等人证言，涉案物品价格鉴定意见书、检查笔录、视听资料、物证及相关书证为证。</u>

本院认为，郑某某的上述行为，情节显著轻微、危害不大，不构成犯罪。依照《中华人民共和国刑事诉讼法》第十五条第（一）项和第一百七十三条第一款的规定，决定对郑某某不起诉。

[分析] 上述两例均系根据《刑事诉讼法》第十五条第（一）项作出不起诉的，按规定应当写明证据，但是第一例没有写明，不当。

【不当例】经依法审查查明：2014年2月20日21时许，被不起诉人刘某某在本市海淀区四季青佟家坟一出租房内，与被害人初某某（女，29岁）的男友张某某发生口角和肢体冲突，后初某某上前拉架过程中被刘某某打伤面部，致左侧鼻骨骨折及左侧上颌骨骨折，经鉴定为轻伤二级。刘某某到案后，在亲属的帮助下赔偿被害人现金人民币5万元，并已取得被害人谅解。本院认为，被不起诉人刘某某实施了《中华人民共和国刑法》第二百三十四条第一款规定的行为，但犯罪情节轻微，到案后能够如实供述自己的罪行，且赔偿被害人损失，并取得被害人的谅解，依据《中华人民共和国刑事诉讼法》第一百七十三条第二款、第二百七十九条之规定，决定对刘某某不起诉。

【正例】经本院依法审查查明：张某某于2014年2月18日1时许，酒后驾驶车牌号为WJ01B11××的黑色帕萨特小轿车，行驶至本市西城区莲花池东路白云桥上时，被民警查获，经检验，张某某血液中酒精含量为97.1mg/100ml。

> 认定上述事实的证据如下：……
>
> 本院认为，被不起诉人张某某实施了《中华人民共和国刑法》第一百三十三条之一规定的行为，但犯罪情节轻微，具有坦白情节，根据《中华人民共和国刑法》第三十七条的规定，不需要判处刑罚。依据《中华人民共和国刑事诉讼法》第一百七十三条第二款的规定，决定对张某某不起诉。

[分析] 上述两例均为相对不起诉决定书，按规定要写明证据，但第一例没有写明，是不当的。

> 【不当例】公安机关认定的犯罪事实：2013年11月2日12时许，被不起诉人张某某受苏某某委托在本市丰台区×××北路8号苏某某租用的院内，让被雇用的工人王某某到院内清理存储粉煤灰使用的储藏罐，未采用任何防范措施，未尽到安全义务，导致王某某不慎掉入盛有粉煤灰的储藏罐内死亡。经北京市丰台区公安司法鉴定中心鉴定，王某某符合被灰白色粉末堵塞呼吸道，致机械性窒息死亡。被不起诉人张某某于2013年11月2日被北京市公安局丰台分局卢沟桥派出所查获。
>
> <u>上述事实，有被不起诉人张某某供述，证人苏某某、王某甲、公某某、邹某某等人证言，尸体检验鉴定书以及相关书证为证。</u>
>
> 【正例】被不起诉人林某某涉嫌盗窃一案由北京市公安局丰台分局侦查终结，于2014年8月12日移送本院审查起诉。本院受理后，在法定期限内告知被不起诉人林某某有权委托辩护人，告知被害人有权委托诉讼代理人，并依法讯问了被不起诉人林某某，审查了全部案件材料。经审查，本院以事实不清、证据不足为由，于2014年9月2日、10月29日两次退回公安机关补充侦查。
>
> 本院经审查后认为：被不起诉人林某某涉嫌盗窃罪一案，事实不清、证据不足，经过两次退回侦查机关补充侦查，仍然证据不足，不符合起诉条件，依照《人民检察院刑事诉讼规则（试行）》第四百零三条的规定，本院决定对林某某不起诉。

[分析] 上述两例均为存疑不起诉决定书，按高检院模板的要求，无须写明证据。但第一例写明了证据，不当；第二例没有写明，是恰当的。

(2) 证据名称是否要详细列举

高检院的模板规定，绝对不起诉决定书应当"叙写检察机关审查认定的事实及证据"，相对不起诉决定书"叙述事实之后，应当将证明'犯罪情节'的各项证据一一列举，以阐明犯罪情节如何轻微"。即绝对不起诉和相对不起诉决定书均应写明证据，并且要一一列举，不应简单概括证据种类。我们调查了绝对不起诉和相对不起诉决定书共计2120份，发现有343份列明了证据，其中有96份只笼统地写明了证据类型，包括书证、物证等，未具体列明证据名称，占343份的28%，符合要求将证据名称做具体列明的仅有72%。

【不当例】上述事实，有被不起诉人李某某供述、被害人蒋某某陈述、鉴定意见、相关书证、物证、视听资料为证。

【不当例】认定上述犯罪事实的证据有被不起诉人供述、证人证言、书证、物证及其他证明材料。

【不当例】认定上述事实的证据有书证，证人证言和被不起诉人供述等。

【正例】认定上述事实的证据如下：1. 被不起诉人姚某某的供述与辩解；2. 被害人黄某某的陈述；3. 证人徐某某、王某某、张某的证言及公安机关出具的接报案经过、到案经过；4. 网上比对工作记录、扣押清单、工作说明等书证；5. 辨认笔录。

[分析] 第一个示例列举了部分证据的具体名称，另外一部分的证据只写明了证据种类，第二、三个示例完全没有列举具体证据名称，都是不妥当的，应当对每一个证据都列举出具体名称。第四个示例详细列举了每一项证据的具体名称，是恰当的。

另外，证据列举时，常见有"等"字的使用，这个字此时表示列举未尽还是煞尾，仅从字面上是不明确的。建议在列举证据时不用"等"字。

【不当例】认定上述事实的证据如下：到案经过等书证材料；证人王某的证言；被不起诉人蒋某某的供述和辩解。

[分析]"到案经过等书证材料"表示书证材料只有到案经过一个还是另有其他，并不明确。如果表示煞尾，则应删掉"等"；如果表示列举未尽，则应调整为完全列举。

（3）证据列举的形式

证据列举的形式存在不统一的问题，我们调查到的表述情况如下：

表述形式	出现频次	出现比例
认定上述事实的证据如下：……	153	42%
认定上述事实的证据有……	101	28%
上述事实，有……为证	90	25%
上述事实，有……在案佐证	19	5%
合计	363	100%

从表述的清晰度和目前的实践情况综合衡量，证据列举的形式宜先表明证据种类，再列出具体证据名称，依次按顺序编号排列。注意相应证据顺序要按照《刑事诉讼法》第四十八条规定的顺序罗列，具体的顺序为：物证、书证、证人证言、被害人陈述、被不起诉人供述及辩解、鉴定意见、笔录、视听资料、其他证明材料。

【不当例】上述事实，有被不起诉人沈某的供述，另有被害人刘某的陈述，证人宋某的证言，鉴定意见，以及相关物证、书证为证。

【不当例】认定上述事实的证据有被不起诉人供述、被害人陈述、证人证言、书证、鉴定意见等。

【正例】认定上述事实的证据如下：

1. 书证：银行报案书、分类交易明细、催收记录等材料；2. 证人证言：证人刘某的证言；3. 被不起诉人的供述和辩解：被不起诉人张某的供述和辩解；4. 其他证据材料：到案经过等材料。

[分析]不起诉决定书对于证据的列举形式并没有明确规定，但在起诉书的撰写中高检院有明确规定，即上述最后一例表述所示。这种表述方式清晰明了，不起诉决定书可以按照此标准要求，以求统一规范。事实上，这种表述也是目前实践中相对来说用得最多的一种。

（五）不起诉理由

1. 对被不起诉人行为的表述

关于被不起诉人行为的表述，在几类不起诉决定书中有不同的要求。依据高检院模板，存疑不起诉决定书要求概述侦查机关认定的事实，这一事实中往往要说明被不起诉人的具体行为。但是，绝对不起诉决定书表述为"本院认为，×××（被不起诉人的姓名）的上述行为"，相对不起诉决定书表述为"本院认为，犯罪嫌疑人×××实施了《中华人民共和国刑法》第××条规定的行为"。这两种不起诉决定书均不表述被不起诉人的具体行为，即淡化对行为的描述。而存疑不起诉决定书则需要概况表述相关事实。实践中，我们调查到的表述情况如下：

不起诉决定书的种类	高检院模板规定	实践情况	
		表述具体行为	不表述具体行为
绝对不起诉决定书	不表述具体行为	7%（34份）	93%
相对不起诉决定书	不表述具体行为	5%（91份）	95%

【不当例】本院认为，杨某某实施了占用北京市委政法委值班电话线路多次辱骂他人的行为，但未造成恶劣社会影响，属于情节显著轻微、危害不大，不构成犯罪。依照《中华人民共和国刑事诉讼法》第十五条第（一）项和第一百七十三条第一款的规定，决定对杨某某不起诉。（绝对不起诉决定书）

【正例】本院认为，孙某某的上述行为，情节显著轻微、危害不大，不构成犯罪。（绝对不起诉决定书）

【不当例】本院认为，被不起诉人卓某某<u>违反交通运输管理法规发生交通事故，致一人死亡</u>，其行为触犯了《中华人民共和国刑法》第一百三十三条之规定，涉嫌交通肇事罪，但犯罪情节轻微，双方自愿和解，且系自首，根据《中华人民共和国刑法》第三十七条的规定，不需要判处刑罚。（相对不起诉决定书）

【正例】本院认为，被不起诉人香某某<u>实施了《中华人民共和国刑法》第二百七十七条规定的行为</u>，但犯罪情节轻微，具有如实供述、取得民警谅解的情节，根据《中华人民共和国刑法》第三十七条的规定，不需要判处刑罚。（相对不起诉决定书）

[分析] 绝对不起诉决定书是认为被不起诉人没有犯罪行为或行为不构成犯罪，所以在事实部分叙明具体行为之后，该部分无法而且也没有必要像起诉书那样结合法律条文用一两句话给予高度概括，表述为"上述行为"很妥当。

相对不起诉决定书认为被不起诉人实施的是法律规定的犯罪行为，只是按照《刑法》第三十七条规定可以不追究刑事责任。既然不追究刑事责任，为了淡化有罪认定的色彩，采用目前高检院模板规定"实施了《中华人民共和国刑法》第××条规定的行为"的表述是妥当的。

2. 作出不起诉决定的法律依据

（1）法律依据援引是否到位

有些不起诉决定书作出不起诉决定的依据引用不到位，没有引用到款、项。以存疑不起诉为例，其依据是《刑事诉讼法》第一百七十一条第四款，决定书中说明该法律依据的时候应当说明到"第四款"，而不是只到"第一百七十一条"。我们调查了1362份存疑不起诉决定书，发现说明该法律依据时只说明到《刑事诉讼法》第一百七十一条的有20份，占1%。

【不当例】本院认为，被不起诉人张某某涉嫌重大责任事故一案，经审查，因事实不清、证据不足，依据《中华人民共和国刑事诉讼法》第一百七十一条之规定，本院决定对张某某不起诉。

【正例】经本院审查并两次退回补充侦查后，本院仍然认为北京市公安局朝阳分局认定的犯罪事实不清、证据不足，不符合起诉条件。依照《中华人民共和国刑事诉讼法》第一百七十一条第四款的规定，决定对金某某不起诉。

[分析] 第一个示例只援引法律规定到条，未具体说明第四款的规定，不到位。《刑事诉讼法》第一百七十一条只有第四款才涉及不起诉决定："对于二次补充侦查的案件，人民检察院仍然认为证据不足，不符合起诉条件的，应当作出不起诉的决定。"第二个示例则完整地说明依照的是《刑事诉讼法》第一百七十一条第四款的规定，是到位的。

（2）法律依据援引是否正确

有少数不起诉决定书援引法律依据错误，虽然是个别情况，但是这个问题非常严重，一旦出现，后果很不好，所以在这方面应当严谨、规范。

【不当例】本院认为，被不起诉人董某实施了《中华人民共和国刑法》第二百九十三条规定的行为，但犯罪情节轻微，具有自动投案并如实供述自己的罪行，认罪、悔罪、初犯、偶犯，积极赔偿被害人、双方达成刑事和解，根据《中华人民共和国刑法》第一百七十三条第二款的规定，不需要判处刑罚。依据《中华人民共和国刑事诉讼法》第一百七十三条第二款的规定，决定对董某不起诉。

[分析] 本例中，对被不起诉人作出"不需要判处刑罚"认定的法律依据引用法条错误，应该是撰写不起诉决定书时疏忽所致，这里应当引用的是《刑法》第三十七条，详见下面两例的分析。

【正例】本院认为，佟某某实施了《中华人民共和国刑法》第二百三十四条第一款规定的行为，但犯罪情节轻微，具有如实供述犯罪事实、认罪、悔罪，属于家庭纠纷，被害人明确表示谅解并达成和解等情节，根据《中华人民共和国刑法》第三十七条、第六十七条第三款的规定，不需要判处刑罚。依据《中华人民共和国刑事诉讼法》第一百七十三条第二款、第二百七十九条的规定，决定对佟某某不起诉。

【正例】本院认为，被不起诉人冯某某实施了《中华人民共和国刑法》第二百三十四条第一款之规定的行为，但犯罪情节轻微，具有自愿认罪，如实供述等情节，且赔偿被害人损失，被害人明确表示谅解，根据《中华人民共和国刑法》第三十七条、第六十七条第三款的规定，不需要判处刑罚。依据《中华人民共和国刑事诉讼法》第一百七十三条第二款、第二百七十九条的规定，决定对冯某某不起诉。

[分析] 这两例与前述不当例比较相似，被不起诉人的情况中几乎都有"但犯罪情节轻微，具有自动投案并如实供述自己的罪行，认罪、悔罪、初犯、偶犯、积极赔偿被害人、双方达成刑事和解"情节，根据《刑法》第三十七条、第六十七条第三款的规定作出了不需要判处刑罚的认定结论，是正确的。

《刑法》第三十七条规定：对于犯罪情节轻微不需要判处刑罚的，可以免予刑事处罚，但是可以根据案件的不同情况，予以训诫或者责令具结悔过、赔礼道歉、赔偿损失，或者由主管部门予以行政处罚或者行政处分。

第六十七条第三款规定：犯罪嫌疑人虽不具有前两款规定的自首情节，但是如实供述自己罪行的，可以从轻处罚；因其如实供述自己罪行，避免特别严重后果发生的，可以减轻处罚。

（3）法律依据的序号表述是否恰当

高检院在不起诉决定书制作说明中虽然没有明确规定引用法律条文时条文的序号应当使用阿拉伯数字还是小写的汉字数字（如"一"

"二"等），但是高检院模板里涉及援引法律规定时都用的是小写的汉字数字，如"依照《中华人民共和国刑事诉讼法》第十五条第（一）项和第一百七十三条第一款的规定，决定对×××（被不起诉人的姓名）不起诉"。可见，其要求是用小写的汉字数字，而且，这也是遵照立法文本里法律条文的原始表述形式，是严谨规范的。我们调查了3482份不起诉决定书，总共援引法律依据6710次，其中有130次用了阿拉伯数字，占2%。

> 【不当例】依据《中华人民共和国刑事诉讼法》<u>第173条第2款</u>的规定，决定对姜某不起诉。
> 【不当例】根据《中华人民共和国刑法》<u>第37条</u>之规定，依法不需要判处刑罚处罚。
> 【正例】现依据《中华人民共和国刑事诉讼法》<u>第一百七十三条第二款</u>的规定，决定对石某某不起诉。
> 【正例】根据《中华人民共和国刑法》<u>第三十七条</u>的规定，不需要判处刑罚。

［分析］引用法律条文时，条文序号不应用阿拉伯数字表示，应统一使用汉字小写数字形式。前两例不当，后两例是恰当的。

3. 查封、扣押、冻结的涉案款物的处理情况

依据高检院模板，需要写明查封、扣押、冻结的涉案款物的处理情况，并且应放在不起诉理由、法律依据以及不起诉决定之后。无涉案款物的，未作要求，建议统一不作表述。

我们调查了3482份不起诉决定书，发现有614份未写明查封、扣押、冻结的涉案款物的处理情况，占18%，当然其中包括了无涉案款物的情况。写明这一情况的，基本上都按要求放在不起诉理由之后，有个别决定书中放到了事实、证据之后，应当按照高检院模板予以统一。

【不当例】本院认为，被不起诉人孙某某实施了《中华人民共和国刑法》第二百六十六条规定的行为，但犯罪情节轻微，犯罪后如实供述所犯罪行，根据《中华人民共和国刑法》第三十七条的规定，不需要判处刑罚。依据《中华人民共和国刑事诉讼法》第一百七十三条第二款的规定，决定对孙某某不起诉。被不起诉人如不服本决定，可以自收到本决定书后七日内向本院申诉。被害人如果不服本决定，可以自收到本决定书后七日以内向北京市人民检察院第三分院申诉，请求提起公诉；也可以不经申诉，直接向北京市朝阳区人民法院提起自诉。

【不当例】本院认为，王某某实施了《中华人民共和国刑法》第二百三十四条规定的行为，但犯罪情节轻微，双方当事人已经达成和解，根据《中华人民共和国刑事诉讼法》第二百七十九条的规定，不需要判处刑罚。依据《中华人民共和国刑事诉讼法》第一百七十三条第二款的规定，决定对王某某不起诉。<u>本案无涉案款物。</u>

【正例】本院认为，被不起诉人冯某某实施了《中华人民共和国刑法》第二百六十四条规定的行为，但犯罪情节轻微，系同事间犯罪，且系初犯、偶犯，并具有坦白情节。赃物发还被害人后得到谅解。根据《中华人民共和国刑法》第三十七条的规定，不需要判处刑罚。依据《中华人民共和国刑事诉讼法》第一百七十三条第二款的规定，决定对冯某某不起诉。<u>赃物手机一部已起获并发还被害人。</u>

【正例】经本院审查并退回补充侦查，本院仍然认为北京市公安局大兴分局认定的犯罪事实不清、证据不足，不符合起诉条件。依照《中华人民共和国刑事诉讼法》第一百七十一条第四款的规定，决定对李某不起诉。<u>在案扣押的二台三星牌笔记本电脑、一台联想牌笔记本电脑、一台惠普牌笔记本电脑随曹某某盗窃案移送北京市大兴区人民法院。</u>

［分析］第一个示例中涉嫌的罪名为诈骗罪，但未写明查封、扣押、冻结的涉案款物的处理情况，不当，应予说明。第二个示例是故意

伤害罪，该案无涉案款物，在不起诉决定书中写明了"本案无涉案款物"，不当，无须写明；第三、四个示例均具体写明了涉案款物的处理情况，并且都是在不起诉理由、法律依据以及不起诉决定之后写明，是恰当的。

4. 作出不起诉决定

依照高检院模板，作出不起诉决定的表述方式为："依照《中华人民共和国刑事诉讼法》第×××条第×××款的规定，<u>决定对×××（被不起诉人的姓名）不起诉</u>。"不起诉的对象只写明姓名即可。实践中，有些不起诉决定书将不起诉的对象表述为"被不起诉人×××"，形成"决定对被不起诉人×××不起诉"的表述。我们调查了3482份不起诉决定书，发现有112份采用了该表述，占3%。

> 【不当例】根据《中华人民共和国刑事诉讼法》第一百七十一条第四款之规定，<u>决定对被不起诉人崔某某不起诉</u>。
> 【正例】根据《中华人民共和国刑事诉讼法》第一百七十一条第四款之规定，<u>决定对张某某不起诉</u>。

［分析］第一个示例"决定对被不起诉人崔某某不起诉"中的"被不起诉人"多余。第二个示例是正确的。

（六）告知事项

依照高检院模板，绝对不起诉决定书、相对不起诉决定书和存疑不起诉决定书关于告知事项的表述是相同的。

1. 对被不起诉人享有的申诉权的告知

依照高检院模板，应当根据《人民检察院刑事诉讼规则（试行）》第四百一十三条的规定写明被不起诉人享有申诉权，表述为："被不起诉人如不服本决定，可以自收到本决定书后七日内向本院申诉。"

我们调查了3482份不起诉决定书，发现绝大多数的不起诉决定书都按照这一要求执行了，但有141份遗漏了这一告知事项，占4%。

数量虽不多，但从人权保障的角度来说，对这一问题还是应当予以重视。

> 【不当例】本院认为，被不起诉人邵某某没有犯罪事实，根据《中华人民共和国刑事诉讼法》第一百七十三条第一款之规定，决定对被不起诉人邵某某不起诉。
>
> 被害人王某某如果不服本决定，可以自收到本决定书后七日以内向北京市人民检察院第一分院申诉，请求提起公诉；也可以不经申诉，直接向北京市海淀区人民法院提起自诉。
>
> 【正例】本院认为，被不起诉人李某某没有犯罪事实，不构成犯罪。依照《中华人民共和国刑事诉讼法》第一百七十三条第一款的规定，决定对李某某不起诉。
>
> <u>被不起诉人如不服本决定，可以自收到本决定书后七日内向本院申诉。</u>
>
> 被害人如果不服本决定，可以自收到本决定书后七日以内向北京市人民检察院第三分院申诉，请求提起公诉；也可以不经申诉，直接向北京市朝阳区人民法院提起自诉。

［分析］第一个示例遗漏了对被不起诉人享有的申诉权的告知事项。第二个示例对被不起诉人的申诉权进行了明确的告知，是规范的。

2. 对被害人享有的申诉权及起诉权的告知

（1）告知事项的多少

对被害人享有的申诉权及起诉权的告知不应缺少也不应多余。高检院模板规定，凡是有被害人的案件，应当根据《刑事诉讼法》第一百七十六条的规定写明被害人享有申诉权及起诉权。因此，有被害人的案件，对被害人诉讼权利的告知通常都要有，没有被害人的案件，也不可多余写明对被害人诉讼权利的告知。我们调查了3482份不起诉决定书，发现有2462份写明了对被害人诉讼权利的告知，占71%。

（2）被害人死亡时告知事项的表述

依照高检院模板，对被害人诉讼权利的告知表述为："被害人如果不服本决定，可以自收到本决定书后七日以内向×××人民检察院申诉，请求提起公诉；也可以不经申诉，直接向×××人民法院提起自诉。"

如果被害人已经死亡或涉及未成年人案件，本人不具备申诉和起诉的能力，该怎么表述？高检院模板并没有规定。《人民检察院刑事诉讼规则（试行）》第四百一十三条规定，被害人的近亲属及其诉讼代理人也有申诉权和起诉权。建议统一表述为："被害人（或其近亲属、诉讼代理人）如不服本决定，可以自收到本决定书后七日以内向××人民检察院申诉，请求提起公诉；也可以不经申诉，直接向××人民法院提起自诉。"

（3）申诉时检察院和法院的表述

第一，关于提起申诉的人民检察院和提起自诉的人民法院的具体表述。

在告知被害人申诉权时，需要告知可提起申诉的检察院和可提起自诉的法院的具体名称，因为很多人并不清楚上级人民检察院或上一级人民检察院是哪个院，写明具体名称，便于被害人行使自己的权利。

我们调查了3482份不起诉决定书，发现有226份在对被害人告知诉讼权利时表述为"向上（一）级人民检察院申诉"，未写明检察院的具体名称，有11份未具体写明提起自诉的人民法院的具体名称，合计237份，占不起诉决定书总数的7%。

【不当例】被害人如果不服本决定，可以自收到本决定书后七日以内向上级人民检察院申诉，请求提起公诉。

【不当例】被害人如不服本决定，可以自收到本决定书后七日以内向北京市人民检察院第三分院申诉，请求提起公诉；也可以不经申诉，直接向人民法院提起自诉。

【正例】被害人如不服本决定，可以自收到本决定书后七日以内向北京市人民检察院第二分院申诉，请求提起公诉；也可以不经申诉，直接向北京市丰台区人民法院起诉。

【正例】被害人如果不服本决定，可以自收到本决定书后七日以内向北京市人民检察院第三分院申诉，请求提起公诉；也可以不经申诉，直接向北京市朝阳区人民法院提起自诉。

[分析] 第一个示例未具体写明向哪一个人民检察院申诉；第二个示例未具体写明向哪一个人民法院提起自诉。应按照高检院模板规定写明人民检察院和人民法院的具体名称。

第二，提起自诉的表述。

依照高检院模板，提起自诉的表述为"也可以不经申诉，直接向××人民法院提起自诉"。但实践中有不少不起诉决定书表述为"也可以不经申诉，直接向××人民法院起诉"。刑事诉讼中起诉分为公诉和自诉。后者是法律规定的享有自诉权的个人直接向有管辖权的人民法院提起的刑事诉讼。提起公诉和自诉的程序不同。在向被害人告知诉讼权利时按高检院模版表述告知其可以提起"自诉"更为明确，对被害人能起到程序指引作用。我们调查了3482份不起诉决定书，发现只有139份采用了"起诉"这一表述，占4%。

【示例】被害人如果不服本决定，可以自收到本决定书后七日以内向北京市人民检察院第二分院申诉，请求提起公诉；也可以不经申诉，直接向北京市丰台区人民法院起诉。

【示例】被害人如果不服本决定，可以自收到本决定书后七日内向北京市人民检察院第一分院申诉，请求提起公诉；也可以不经申诉，直接向北京市石景山区人民法院提起自诉。

[分析] 按照高检院模板要求表述为"直接向某人民法院提起自诉"更为明确。

第三，被不起诉人、被害人姓名或名称的表述。

对被不起诉人和被害人告知诉讼权利时，高检院的模板并未要求具体写明被不起诉人和被害人的姓名或名称。但实践中有些不起诉决定书写明了被不起诉人和被害人的具体姓名或名称。我们调查到的具体情况如下：

表述方式	不起诉决定书的份数	占全部不起诉决定书的比例
"被不起诉人×××"	370	11%
"被害人×××"	1022	29%

【不当例】被不起诉人张某某如果不服本决定，可以自收到本决定书后七日内向本院提出申诉。

【正例】被不起诉人如不服本决定，可以自收到本决定书后七日内向本院申诉。

【不当例】被害单位北京××××国际影视文化传媒有限公司如不服本决定，可以自收到本决定书后七日以内向北京市人民检察院第一分院申诉，请求提起公诉；也可以不经申诉，直接向北京市海淀区人民法院提起自诉。

【不当例】北京至和××科技有限公司、北京创元××科技有限公司、北京××讯诚科技有限公司如果不服本决定，可以自收到本决定书后七日以内向北京市人民检察院第一分院申诉，请求提起公诉；也可以不经申诉，直接向北京市海淀区人民法院提起自诉。

【正例】被害人如果不服本决定，可以自收到本决定书后七日以内向北京市人民检察院第二分院申诉，请求提起公诉；也可以不经申诉，直接向北京市丰台区人民法院提起自诉。

［分析］按照高检模板的表述，无须表明每个被不起诉人和被害人的具体姓名或名称，统一称为"被不起诉人""被害人"或"被害单位"即可。

（七）特殊的不起诉决定书（一人多罪）

有的不起诉决定书中被不起诉人是一人涉嫌多个罪名，检察机关审查之后，对这些罪名作了不同的不起诉决定，有的作出了绝对不起诉，有的作出了相对不起诉，有的作出了存疑不起诉。由于各类不起诉决定书关于案件事实部分的叙写要求不同，作出不起诉决定的法律依据也各不相同，因此，此类不起诉决定书从事实部分到不起诉理由、依据部分乃至不起诉决定部分的叙写,就比较复杂。高检院对此没有规定。

1. 被不起诉人涉嫌多罪而检察机关作同一类不起诉决定

实践中检察机关对被不起诉人涉嫌的多个罪名作出同一类不起诉决定的情况为多数,例如均作存疑不起诉决定等。此时不起诉决定书的叙写相对简单,与一人一罪的不起诉决定书写法相同,只是事实部分需要叙明各个罪名的事实,情况复杂的,视情况可分条列明事实,并对应不同的罪名。

【不当例】北京市密云县公安局移送审查起诉认定:

1. 被不起诉人蒋某于2013年至2014年期间,从北京××通信信息技术有限公司(易宝支付)以押金模式无偿使用该公司的无线POS机200台,在明知不可以销售该POS机的情况下,通过网上联系及上门推销等方式,以2500元至9000余元不等的价格将160余台POS机售出,致刷卡人的资金转入蒋某公司的账户内,后被不起诉人蒋某将该账户内的资金非法据为己有,并将非法所得的1660000余元人民币挥霍。

2. 被不起诉人蒋某于2013年至2014年间,从北京××通信信息技术有限公司(易宝支付)以每台POS机1000元的押金模式,无偿使用该公司的无线POS机200台,在明知不可以销售该POS机的情况下,通过网上联系及上门推销的方式,以2500元至9000元不等的价格将160余台POS机售出,非法经营金额19万余元,从中非法获利15万余元。

3. 被不起诉人蒋某于2013年至2014年间,从北京××通信信息技术有限公司(易宝支付)获取0.38%的刷卡手续费率,押金模式下无偿使用该公司的无线POS机200台,在明知不可以销售该POS机的情况下,通过网上联系及上门推销的方式,以2500元至9000元不等的价格将160余台POS机售出,致使刷卡人资金转入被不起诉人蒋某公司的账户内,并非法收取0.5%的刷卡手续费率,非法经营手续费率差额,非法获利3万余元。被不起诉人蒋某的行为,已触犯《中华人民共和国刑法》第二百二十六条、第二百二十五条之规定，涉嫌诈骗罪、非法经营罪。

经本院审查并退回补充侦查，本院仍然认为北京市密云县公安局认定的犯罪事实不清、证据不足，不符合起诉条件。依照《中华人民共和国刑事诉讼法》第一百七十一条第四款的规定，决定对蒋某不起诉。

[分析] 该案被不起诉人涉嫌诈骗罪和非法经营罪两个罪名。有多起事实，并且每起事实细节均比较复杂，不起诉决定书的事实部分分三条列明，是恰当的。检察机关对两个罪名作了相同的处理，即存疑不起诉。所以，不起诉理由及依据部分包括不起诉决定部分合并表述，与一人一罪不起诉决定书写法一致，这也是合理的。美中不足的是对于这两个罪名的认定——"事实不清、证据不足"均没有概括写出具体的情形。这也是普遍存在的问题。我们调查了一人多罪案件的不起诉决定书，共有20例，无论是作出哪一类不起诉决定，在不起诉理由及依据部分，均直接套用了高检院模板，没有对不起诉理由作进一步具体说明。我们认为，应当对每一个罪名的不起诉理由作进一步阐述。

下面这个示例中，虽然侦查机关是以被不起诉人涉嫌寻衅滋事罪这一个罪名移送审查起诉，但是检察机关审查之后发现了新的犯罪事实，并且认为其行为涉嫌两个罪名，但是对这两个罪名经分析之后分别作出了绝对不起诉和相对不起诉，并对不起诉的理由分别作出了具体的说明，值得借鉴。

【正例】本案由北京市公安局房山分局侦查终结，以被不起诉人常某涉嫌寻衅滋事罪，于2016年8月向本院移送审查起诉。……

北京市公安局房山分局移送审查起诉认定：

2015年8月11日2时许，被不起诉人常某纠集同事王某某、邱某某、温某、赵某窜至北京市房山区琉璃河镇×××施工河道，无故对张某某及其丈夫高某进行殴打，并将高某驾驶的一辆黑色帕萨特轿车砸毁，将张某某、高某的手机及行车记录仪等物拿走。经北京市房山区价格认定中心鉴定，被拿走的两部手机及千足金项链共计人民币 13083 元。经北京市房山区公安司法鉴定中心鉴定，张某某、高某身体所受损伤程度均属轻微伤。被不起诉人常某的行为涉嫌寻衅滋事罪。

经本院依法审查并退回补充侦查，本院认为被不起诉人常某同邱某某、王某某、赵某、温某为报复张某某，将其所属项目部经理谭某某打成重伤，将张某某家所占地上种植物铲掉。在此过程中，常某、邱某某、赵某三人对阻拦的张某某、高某进行殴打，并损毁相关物品。被不起诉人常某的行为涉嫌故意伤害和故意毁坏财物，但其故意伤害行为未造成轻伤以上后果，情节显著轻微、危害不大，不构成犯罪。其故意毁坏财物的行为，根据在案证据，能认定损毁张某某手机一部，价值人民币 783 元，其他毁损物品无价值鉴定，故故意毁坏财物事实不清、证据不足，不符合起诉条件。分别依照《中华人民共和国刑事诉讼法》第十五条第（一）项、第一百七十三条第一款和第一百七十一条第四款的规定，决定对常某不起诉。

[分析] 该案被不起诉人被公安机关以涉嫌寻衅滋事罪移送审查起诉。检察机关认为其行为涉嫌故意伤害罪和故意毁坏财物罪，分别作出了绝对不起诉和相对不起诉，并且分别说明具体的不起诉理由——对故意伤害的不起诉理由是其故意伤害行为未造成轻伤以上后果，情节显著轻微、危害不大，不构成犯罪；对故意毁坏财物的不起诉理由是其故意毁坏财物的行为，根据在案证据，能认定损毁张某某手机一部，价值人民币 783 元，其他毁损物品无价值鉴定，因此，故意毁坏财物事实不清、证据不足，不符合起诉条件——说理充分。并且，分别列出了作出两种不起诉决定的法律依据。从事实到不起诉理由，表述清晰，脉络分明。

2. 被不起诉人涉嫌多罪而检察机关作出不同类别的不起诉决定

实践中检察机关对被不起诉人涉嫌的多个罪名作出不同类的不起诉决定的情况比较少，此次调查只有三个例子。在事实与不起诉理由及依据部分的叙写上，也各有不同，没有形成统一的制作模式。

【示例】被不起诉人甘某某涉嫌受贿罪、虚假出资、抽逃出资罪一案，由本院侦查终结，于2014年9月23日移送审查起诉。……

本案经本院侦查终结后，在审查起诉期间，经两次补充侦查，本院仍认为被不起诉人甘某某涉嫌受贿罪的犯罪事实不清、证据不足，其涉嫌虚假出资、抽逃出资罪的行为因相关法律修改不构成犯罪，不符合起诉条件。依照《中华人民共和国刑事诉讼法》第一百七十一条第四款、一百七十三条第一款的规定，决定对甘某某不起诉。

[分析] 该被不起诉人涉嫌受贿罪和虚假出资、抽逃出资罪两个罪名。检察机关审查后决定就受贿罪对被不起诉人作存疑不起诉；就虚假出资、抽逃出资罪对被不起诉人作绝对不起诉。但无论是哪个罪名，不起诉决定书中均未叙明犯罪事实。这是不当的。

【示例】本案由北京市公安局海淀分局侦查终结，以被不起诉人郎某某涉嫌职务侵占罪、盗窃罪，于2014年6月9日移送本院审查起诉。……

经本院依法审查查明：

2014年2月25日、3月2日及3月3日，被不起诉人郎某某在本市海淀区大运村×××北京有限公司知春路东侧店，趁店内员工不备多次行窃，并于3月3日被店内员工当场抓获，从其背包内起获被盗脉动牌饮料、绿盾牌PM2.5型口罩、7P牌甘栗仁等15种物品，经鉴定价值人民币共计75.79元。现赃物已起获并发还。

本院认为，郎某某实施了《中华人民共和国刑法》第二百六十四条规定的行为，但犯罪情节轻微，依据《中华人民共和国刑事诉讼法》第一百七十三条第二款的规定，决定就盗窃罪对郎某某不起诉。

另北京市公安局海淀分局移送审查起诉认定郎某某利用担任海淀区顺丰快递××园分部送货员的职务之便，在海淀区唐宁小区侵占顺丰快递××园分部代收快递货款2.78万元人民币，并将该款予以挥霍，导致无法归还公司货款。经本院审查并退回补充侦查，本院

> 仍然认为北京市公安局海淀分局认定郎某某构成职务侵占罪的证据不足，现有证据不能证实该货款为被不起诉人侵占，不符合起诉条件。依照《中华人民共和国刑事诉讼法》第一百七十一条第四款的规定，决定就职务侵占罪对郎某某不起诉。

［分析］该被不起诉人被公安机关以涉嫌职务侵占罪、盗窃罪两个罪名移送审查起诉。检察机关审查决定对其涉嫌的盗窃罪作出相对不起诉决定，对其涉嫌的职务侵占罪作出存疑不起诉决定。不起诉决定书先按照相对不起诉的格式叙写了盗窃罪的事实与不起诉理由及依据，事实部分叙写的是检察机关认定的事实，结论是"决定就盗窃罪对郎某某不起诉"；后按照存疑不起诉的格式叙写了职务侵占罪的事实与不起诉理由及依据，结论是"就职务侵占罪对郎某某不起诉"。这种表述模式脉络清晰、逻辑分明，让读者易懂易理解，效果比较好，可以借鉴。

三、尾部

（一）署名

高检院模板规定尾部要署检察院的具体名称。我们调查了3482份不起诉决定书，发现大部分未署检察院的名称，为不规范现象，仅有480份不起诉决定书署了检察院的名称，占14%。

（二）落款时间

1. 落款时间是否缺失

不起诉决定书的撰写最后要有落款时间，一方面是体现司法程序履行完成的时间节点，另一方面也便于文书存档。但实践中对这个问题并未很重视，不少不起诉决定书最后都没有落款时间。我们抽样调查了2437份不起诉决定书，发现只有1431份写明了落款时间，占59%；其余41%的不起诉决定书未写明落款时间，比例不低，应当引起重视。

2. 落款时间的数字

高检院模板没有规定落款时间的大小写情况,实践中多有不同,有的写作阿拉伯数字,有的写作汉字小写数字。我们调查的 2437 份不起诉决定书中有 1431 份写明了落款时间。其中,有 729 份用的是阿拉伯数字,占 51%;有 702 份用的是汉字小写数字,占 49%。应统一用阿拉伯数字,理由详见下文。

四、语言文字问题

(一)数字

1. 日期

不起诉决定书中涉及时间的表述有出生日期和案件事实、司法程序中的时间以及不起诉决定书最后的落款时间。这些时间中的数字应当统一使用阿拉伯数字,如"1、2……",不用汉字小写数字,如"一、二……"。

根据《出版物上数字用法》(GB/T15835-2011)的规定,在同一场合出现的数字,应遵循"同类别同形式"原则来选择数字的书写形式。公历世纪、年代、年月日,如果要突出简洁醒目的表达效果,应使用阿拉伯数字;如果要突出庄重典雅的表达效果,应使用汉字数字。不起诉决定书是诉讼程序中的一种法律文书,更多地强调其诉讼价值,涉案的一些年月日等时间信息有重要的诉讼意义,应该突出简洁醒目的表达效果,因此应当使用阿拉伯数字来表示。我们调查到的表述情况如下:

数字形式	出生日期	案件事实、司法程序中的时间(以年为例)	落款时间(以"提起自诉"检索)
阿拉伯数字(次数)	2788(72%)	21578(74%)	729(51%)
汉字小写数字(次数)	604(18%)	4147(16%)	702(49%)
合计(次数)	3392	25725	1431

> 【不当例】被不起诉人关某某，男，一九八九年二月三日出生。
> 【正例】被不起诉人杨某，男，1985年5月16日出生。
> 【不当例】本案由北京市公安局昌平分局侦查终结，以被不起诉人高某涉嫌寻衅滋事罪于二〇一四年十月八日移送本院审查起诉。
> 【不当例】经本院决定，于二〇一四年十二月十九日被取保候审。
> 【正例】经本院决定，于2015年1月20日被取保候审。

［分析］以上不当例中的数字均应写作阿拉伯数字，不使用汉字小写数字。

2. 法律条款

援引法律条款时，法律条、款、项的数字应当与立法文本中的法律条款数字一致，使用汉字小写数字。我们调查了3482份不起诉决定书，发现有87例误写作阿拉伯数字，包括援引《刑法》和《刑事诉讼法》的相关规定。

> 【不当例】本院认为，菅某某实施了《中华人民共和国刑法》第234条规定的行为，但其犯罪情节轻微，且双方已经达成和解协议，具有从轻处罚情节。依据《中华人民共和国刑事诉讼法》第173条第2款的规定，决定对菅某某不起诉。
> 【正例】本院认为，徐某某实施了《中华人民共和国刑法》第二百六十四条规定的行为，但犯罪情节轻微，且具有自首、赔偿和解情节，根据《中华人民共和国刑事诉讼法》第一百七十三条第二款、第二百七十九条的规定，决定对徐某某不起诉。

［分析］第一个示例里援引的《刑法》和《刑事诉讼法》的法律条款均用了阿拉伯数字，应使用汉字小写数字形式，第二个示例是恰当的。

3. 钱款或价值

不起诉决定书事实部分常涉及钱款金额或物品价值。实践中的表述并不统一。根据《出版物上数字用法》的规定，人民币应当表述为"人民币+阿拉伯数字+人民币单位（元、角等）"，例如"人民币500元"；外币应当表述为"阿拉伯数字+币种的货币单位"，例如"1000

美元""500 欧元"。

根据《出版物上数字用法》的规定，如果一个数值很大，数值中的"万""亿"单位可以采用汉字数字，其余部分采用阿拉伯数字，如"37 亿 1583 万元"。

根据《出版物上数字用法》的规定，汉字数字"千"通常不能与阿拉伯数字搭配，如"对违法单位的罚款为五千元"，"五千"不写为"5 千"，对个人的罚款不超过两千元"，"两千"不能写成"2 千"。

根据《出版物上数字用法》的规定，含有"余"的概数，可以采用汉字数字和阿拉伯数字两种形式。不起诉决定书中如果出现价值无法准确计数的情况，按此规定，可以采用汉字数字和阿拉伯数字两种形式，但是，由于钱币用的是阿拉伯数字，所以价值概数应记为"××余元"，数字"××"为阿拉伯数字形式，如"3000 余元"；当数值很大时，可计为"5 万余元"。

【不当例】犯罪嫌疑人杨某某从周某某的朋友秦某手中骗走周某某所有的奥拓小汽车（京 HX50××）一辆，后利用伪造的委托书，将奥拓小汽车变卖获利。经鉴定，涉案的奥拓小汽车（京 HX50××）价值 15000 元。

【不当例】经北京市怀柔区价格认定中心鉴定：时风牌农用三轮车（SF153-1 型 20 马力）价值人民币三千九百一十五元。

【正例】2014 年 10 月的一天，被不起诉人刘某驾车将辛某彬（已判刑）及其父亲辛某山送至本市丰台区张家坟村路边。辛某彬在明知车辆无正规手续的前提下，仍以人民币 1000 元的价格从赵某某（已判刑）手中收购黄某某被盗的现代伊兰特轿车一辆（车牌号：京 GDL8××），后刘某驾车将该车拉回。经鉴定，涉案车辆价值人民币 2.6 万元。

【正例】被不起诉人罗某某伙同张某某等人于 2008 年 10 月 21 日，在北京市大兴区芦城北京市××物流有限公司内，假冒锦州光大建设工程有限公司北京分公司名义与北京×××商贸有限公司签订购销合同，骗走李某某的北京×××商贸有限公司竹模板 2239 张，价值人民币 29 万余元。

[分析] 第一个示例"价值15000元",没有写明币种,而且数字可写为"价值人民币1.5万元"。第二个示例"人民币三千九百一十五元",应用阿拉伯数字,写为"人民币3915元"。第三个示例和第四个示例正确。

另外,涉及如物理量、非物理量、代号中的数字,是使用阿拉伯数字还是汉字数字,目前尚不统一。对这种情形,根据《出版物上数字用法》,可以统一要求不起诉决定书中凡是可以使用阿拉伯数字而且又很得体的地方,特别是当所表示的数目比较准确时,均应使用阿拉伯数字;遇特殊情形,或者为避免歧解,可以灵活变通,但全篇体例应相对统一。

4."二"与"两"

"二"与"两"都有表示"2"的意思,但用法上却有区别。个位数在一般量词前用"两",如"两次""两个月";传统的度量衡单位前二者都可以用,但用"二"较常见,如"二米"等。重量单位"两"前只用"二",为"二两",不说"两两"。①

我们调查了3482份不起诉决定书,发现常有"二次"的用法,频率为890次,用"两次"的较少,为486次;表示时间长度的"二年",频率为41次,没有"两年"的用法。这与"二""两"的通常使用习惯不一致。这很可能是受到了《刑法》《刑事诉讼法》相关表述的影响。这两部法律中,均用"二年",频率分别为36次和4次,不用"两年";多用"二次",《刑法》里不用"两次",《刑事诉讼法》里只用了一次"两次"。

我们调查了"现代汉语语料库"一千多万字的语料,发现极少用"二次""二年",我们认为,《刑法》《刑事诉讼法》关于"二"和"两"的用法与我国通用语言文字使用习惯不符,属于误用。因此,不起诉决定书的撰写中还是应该按照我国通用语言文字使用习惯使用这两个词。实践中还有将"两次""两年"写作"2次""2年"的,使用阿拉伯数字就更不规范了。

---

① 吕叔湘:《现代汉语八百词》,商务印书馆2008年版,第365页。

【不当例】曾因吸毒于二〇〇六年三月被重庆市人民政府劳动教养管理委员会劳动教养二年。

【正例】2000年4月19日因敲诈勒索被北京市人民政府劳动教养管理委员会决定劳动教养两年。

【不当例】审查起诉期间，因事实不清，证据不足，本院退回公安机关补充侦查二次，延长审查起诉期限十五日三次。

【正例】其间，因事实不清，证据不足，退回侦查机关补充侦查两次（2014年2月27日至同年3月26日、同年5月11日至同年6月10日）。

［分析］"两次""两年"为语言文字通用表述，不宜表述为"二次""二年"。

（二）标点符号

1. 标点是否恰当

根据高检院模板，绝对不起诉和相对不起诉决定书在"本院认为"后都用逗号。我们调查了3482份不起诉决定书，其中有27份用了冒号，占1%，还有个别不加标点（4份）。

【不当例】本院认为：被不起诉人阎某实施了《中华人民共和国刑法》第三百五十四条的行为。

【不当例】本院认为王某的上述行为，情节显著轻微、危害不大，不构成犯罪。

【正例】本院认为，赵某实施了《中华人民共和国刑法》二百三十四条第一款规定的行为。

［分析］前两个示例中的"本院认为"之后，一个没有用标点、一个用了冒号，不规范；最后一个示例中用了逗号，这与高检院模板规定一致。用逗号的情况极为普遍，建议统一都用逗号。

2. 标点符号是否多余

标点符号多余多数表现在括号的使用方面，即将一些重要的信息加了括号在行文中表述，将该信息变成了次要的注释体现出来，这是不当的。例如，鉴定意见以及被不起诉人的自然情况中的户籍地等。鉴定意见的问题已在上文作了说明，此处不再赘述。

被不起诉人自然情况中的户籍地是重要的一项信息，应当在正文中表述，不应用括注的形式，即不应加括号。我们抽样调查了3122份不起诉决定书，其中有138份的户籍地信息带有括号，占4%。

【不当例】被不起诉人张某某，……住北京市西城区宣武门××街12号楼808室(户籍所在地：河南省濮阳市华龙区××路351号院3区1号楼4单元6号)。

【正例】被不起诉人陈某某，……初中文化程度，天津中科医院后勤职工，户籍所在地：福建省莆田市秀屿区东庄镇×××村21号。

［分析］户籍所在地作为被不起诉人的一项重要自然情况的信息，应在正文予以表述，不应加括号作为括注形式体现。第一个示例加了括号，不当；第二个示例在正文中表述，是恰当的。

（三）"/"的使用

在两个并列项之间用"/"，表示的是选择关系。在不起诉决定书中，常见"经×××局批准/决定"。表达的究竟是"批准"还是"决定"，并不明确。应当直接表述为"批准"或"决定"，而不是"批准/决定"。我们调查了3482份不起诉决定书，发现有448份出现了这种情况，占13%。频率还是比较高的，应引起重视。

【不当例】因涉嫌犯有聚众扰乱交通秩序罪，经北京市公安局丰台分局批准/决定，于2013年5月17日被北京市公安局丰台分局刑事拘留。

【正例】因涉嫌盗窃罪于2014年11月10日被刑事拘留，于2015年2月10日经我院批准被逮捕，现押于昌平区看守所。

［分析］"批准"和"决定"，在具体的不起诉决定书中，二者必居其一，应明确表述。第一个示例表述为"批准/决定"不当，第二个示例直接表述为"批准"，非常明确，是恰当的。

（四）"同年"的运用

从侦查机关刑事拘留、取保候审、侦查终结，到移送检察机关审查起诉、延长审查起诉期限、退回补充侦查，有时候还要重新取保候审，整个过程中涉及诸多办案阶段，也就对应诸多时间节点。有的案件办案时间跨度较长，或即便跨度不长也有跨年的情况。所以，实践中，对于"年"的表述就出现了不同。有的对每个"年"都作了具体表述，如"2014年"；有的对首次出现的"年"作了具体表述，之后用"同年"指代该时间；有的根据具体情况间隔使用"同年"来表述。为了使表述更加清晰，宜在第一次交代"年"时作具体表述如"2014年"，此后再涉及年时就表述为"同年"，跨年时再具体表述如"2015年"，以此类推。

【不当例】被不起诉人徐某，男，……2014年4月24日被北京市公安局东城分局刑事拘留，因涉嫌信用卡诈骗罪，经该局决定，于2014年4月29日被取保候审；经本院决定，于2014年7月15日被取保候审。

本案由北京市公安局东城分局侦查终结，以被不起诉人徐某涉嫌信用卡诈骗罪，于2014年7月15日移送本院审查起诉。本院在法定期限内已告知被不起诉人有权委托辩护人，告知被害单位有权委托诉讼代理人，并依法讯问了被不起诉人，审查了全部案件材料。其间，于2014年8月15日延长审查起诉期限一次。

【不当例】被不起诉人杨某某，男，……因涉嫌窝藏罪，于2014年5月23日被北京市公安局石景山分局刑事拘留；于同年5月30日被北京市公安局石景山分局取保候审。

北京市公安局对本案侦查终结,以被不起诉人杨某某涉嫌窝藏罪,于2014年8月26日向本院移送审查起诉。本院受理后,于2014年8月28日已告知被不起诉人有权委托辩护人,依法讯问了被不起诉人,审查了全部案件材料。

【正例】被不起诉人钟某某,女,……因涉嫌非法拘禁罪,于2014年11月29日被北京市公安局朝阳分局刑事拘留;于同年12月31日被北京市公安局朝阳分局取保候审;于2015年3月27日被本院取保候审。

本案由北京市公安局朝阳分局侦查终结,以被不起诉人钟某某涉嫌非法拘禁罪,于2015年3月26日向本院移送审查起诉。本院受理后,于同月27日已告知被害人有权委托诉讼代理人,同日已告知被不起诉人有权委托辩护人,依法讯问了被不起诉人,审查了全部案件材料。本院于同年4月16日退回补充侦查,侦查机关于同年5月14日补查。

【正例】被不起诉人聂某某,男,……因涉嫌重婚罪,于2014年11月26日被北京市公安局朝阳分局刑事拘留,同年12月23日经北京市公安局朝阳分局决定,被取保候审,于2015年1月16日经本院决定取保候审。

[分析]前两个示例都不当。第一个示例全部具体表述年的信息,比较烦琐;第二个有时候用"同年"指代,有时候具体表述年的信息,无规律可循,比较随意。后两个正例在表述被不起诉人被采取强制措施的过程中采取第一次出现年时完整表述,如"2014年",再次表述该年时用"同年"指代,跨年时再次完整表述,另起一段表述案由时又重新按照上述规律表述,既清楚又简练,值得提倡。

(五)"依据"与"根据"

作出处理意见,要说明所依据的法律规定,此时用"依据"还是"根据"?根据高检院模板,存疑不起诉决定书和绝对不起诉决定书都用"依照",相对不起诉决定书用"根据"和"依据"。如相对不起诉决定书表述为:"根据《中华人民共和国刑法》第××条的规定,不需要判处刑罚(或者免除刑罚)。依据《中华人民共和国刑事诉讼法》第一百七十三条第二款的规定,决定对×××(被不起诉人的姓名)不起诉。"从高检院模板来看,这几种表述的使用并不一致,应当对模板进行统一规范。

我们对相对不起诉决定书作了调查,考察在援引《刑法》和《刑事诉讼法》相关条文前使用介词的情况,调查到的具体情况如下:

调查对象	"《中华人民共和国刑法》"前	"《中华人民共和国刑事诉讼法》"前
高检院模板规定	"根据"	"依据"
样本	1246(93%)	1266(87%)
合计	1346(100%)	1463(100%)

这两个介词本没有实质性区别,用哪一个原本也都没问题。建议模板统一用法,以减少不起诉决定书制作中不必要的负担,可按照目前多数情况,规定在援引所有法律依据时均表述为"根据"。

(六)"期间"与"其间"

"期间"和"其间"是一对近义词,在不起诉决定书中均高频出现,但使用混乱。"期间"指某个时期里面:农忙期间;春节期间;抗战期间。① "其间"指:"(1)那中间;其中:其间定有缘故;(2)指某一段时间:离开学校已经好几年了,这其间,他的科学研究工作成绩显著"。② "期间"与"其间"的第二个义项都表示某一段时间。在这个义项上,二者仍有所区别。"期间"这个名词一般不单用,在句子中一般有表示某个时期的词语用在"期间"前作定语,如"抗战期间"。就是说,"期间"不能单独做句法成分,语法上是一个黏着词,必须黏着在表示某一时期的词语后。"其间"是方位词,也能指"某一段时

---

① 《现代汉语词典》,商务印书馆 2003 年版,第 992 页。
② 《现代汉语词典》,商务印书馆 2003 年版,第 994 页。

间"。"其间"除了没有定语修饰外，还可以单独做状语，如"贷款谈判前后举行了5个多月，其间几经波折，谈谈停停"。① 我们调查语料库在线中的现代汉语语料库②，搜索到"期间"出现了1038次，其中只有5例是单独使用，非黏着的，其余均用于表示某一时期的词语之后；但"其间"出现了158次，均不是黏着的，是独立使用的。目前不起诉决定书中这两个词均常见有非黏着用法，"期间"误用的情况还是很普遍的，应当引起注意。我们调查到的表述情况如下：

表述格式	独立使用的次数	出现频率
"……，期间，……"	632	51%
"……，其间，……"	588	49%
总计	1220	100%

【不当例】期间，鉴于案情复杂退回公安机关补充侦查一次，延长审查起诉期限一次。

【正例】并依法讯问了被不起诉人，审查了全部案件材料。其间，延长审查起诉期限一次（2014年8月15日至同年8月29日）。

［分析］这两个例子里"期间""其间"均为非黏着用法，都是独立使用。"期间"为误用，用"其间"是正确的。

（七）语体风格

不起诉决定书的语体风格应当客观、严肃。我们调查了3482份不起诉决定书，发现有38份在不起诉理由部分使用"无视国法""无视国家法律""法制观念淡薄"等带有政治色彩或主观感情色彩的表述，有违不起诉决定书的客观性，不应使用。

---

① 陈昌来：《"期间"是一个黏着词》，载《咬文嚼字》2007年第1期。
② 载 http：//www.aihanyu.org/cncorpus/inde×.asp×，2017年11月5日访问。现代汉语语料库是一个大规模的平衡语料库，语料选材类别广泛，时间跨度大，收入现代汉语16余万词。

【不当例】本院认为，被不起诉人霍某某无视国法，故意伤害他人身体，并致一人轻伤二级，其行为触犯了《中华人民共和国刑法》第二百三十四条之规定，已构成故意伤害罪。

【不当例】本院认为，被不起诉人刘某无视国家法律，故意伤害他人身体，其行为触犯了《中华人民共和国刑法》第二百三十四条之规定，已构成故意伤害罪。

【不当例】本院认为，被不起诉人马某某法制观念淡薄，实施了《中华人民共和国刑法》第二百三十四条第一款规定的行为……

（八）指示代词的使用

不起诉决定书在确保读者能够准确理解的情况下，可恰当使用指示代词，以使表述更加简洁清晰。这种情况包括上文已表述或上下文语境已经明示的情况。如在读者能够理解的情况下，用"本市"（实践中出现847例）就比"北京市"（实践中出现1267例）[①]更简练，用"其"指代上文已提到的名称也会使表述更简练。

【不当例】2014年8月初至9月17日间，李某（另案处理）在北京市石景山区张仪村西路一出租房内开设赌局，利用麻将牌推筒子的方式聚众赌博。

【正例】2014年10月2日1时许，被不起诉人王某某伙同胡某某在本市海淀区采石路×××影城内，因琐事与被害人张某（男，24岁）发生冲突后互殴。

［分析］在上文已有说明是在北京市发生的案件的情况下，再次提到北京市时，用"本市"更加简练，即第二个例子更简练，值得提倡。

---

① 数据是以3482份不起诉决定书为对象分析得到的。

五、对被不起诉人的称谓

不起诉决定书中对于被不起诉人，除了称"被不起诉人×××"之外，还有称"犯罪嫌疑人×××"或直呼其名的，多有不同。这一问题贯穿于不起诉决定书的各个部分，所以单独放在本章最后一部分集中讨论。

根据高检院模板，除了事实和不起诉理由之外的部分，均表述为"被不起诉人"，这一点在绝对不起诉决定书、相对不起诉决定书和存疑不起诉决定书中都是一致的。在不起诉理由部分，三种不起诉决定书各有不同规定。事实部分没有规定，从理论上来说，事实部分应与理由部分称谓一致。总结高检院模板规定，如下表所示：

文书种类	其他部分	事实部分	不起诉理由、法律依据和决定事项部分	表述格式
绝对不起诉决定书	"被不起诉人×××"	没有规定	直接说明其姓名	本院认为，×××（被不起诉人的姓名）的上述行为
相对不起诉决定书			冠以"犯罪嫌疑人"	本院认为，犯罪嫌疑人×××实施了《中华人民共和国刑法》第××条规定的行为
存疑不起诉决定书			不提被不起诉人	本院仍然认为×××（侦查机关名称）认定的犯罪事实不清、证据不足（或本案证据不足）（应当概括写明事实不清、证据不足的具体情况），不符合起诉条件

实践中，不起诉决定书对于被不起诉人的表述差异很大，不论是事实部分还是不起诉理由、法律依据和决定事项部分，或是其他部分，"被不起诉人×××""犯罪嫌疑人×××"以及"×××"几种表述都有，并无明显规律。

事实部分，按照高检院的模板，存疑不起诉和部分绝对不起诉决定书应当概述移送审查起诉认定的事实，相对不起诉决定书应当概述检察机关审查认定的事实。绝对不起诉决定书有的是概述检察机关认定的事实，有的需要两个机关认定的事实都予以概述。那么，对于被不起诉人的称谓是不是因认定机关的不同而有所不同？我们考察的结果表明并无此规律。

根据高检院模板，不起诉理由、法律依据和决定事项部分，绝对不起诉决定书称作"×××（被不起诉人的姓名）"，实践中却是称作"被不起诉人×××（被不起诉人的姓名）"的相对更多。根据高检院模板，相对不起诉决定书称作"犯罪嫌疑人×××"，实践中却是称作"×××（被不起诉人的姓名）"的相对更多。存疑不起诉决定书在高检院模板中并未提被不起诉人，实践中却有19%的存疑不起诉决定书提到了被不起诉人，而对其称谓也是三种情况都有，多称作"被不起诉人×××"和"×××（被不起诉人的姓名）"。理由部分，我们调查到的表述情况如下：

不起诉决定书种类（份数）	高检院模板的表述	实践情况（份数）		
		犯罪嫌疑人×××	被不起诉人×××	×××
绝对（461）	"本院认为，×××（被不起诉人的姓名）的上述行为"	1	212	203 遵照模板要求
相对（1659）	"本院认为，犯罪嫌疑人×××实施了《中华人民共和国刑法》第××条规定的行为"	32 遵照模板要求	1121	523
存疑（1362）	"本院仍然认为×××（侦查机关名称）认定的犯罪事实不清、证据不足（或本案证据不足）（应当概括写明事实不清、证据不足的具体情况），不符合起诉条件"	4	125	132

不起诉决定书与起诉书一样，在审查起诉阶段，均不能将被不起诉人视为有罪之人，否则就犯了有罪推定的错误。起诉书中一律称为"被告人"，便很客观，带有明显的中性色彩。高检院的不起诉决定书的制作模板中多数情况下也称为"被不起诉人"，与"被告人"有异曲

同工之妙，很恰当。但是，在不起诉理由、法律依据和决定事项部分，不同类型的不起诉决定书的表述又不同——绝对不起诉决定书中直接称其姓名×××，相对不起诉决定书中又称为"犯罪嫌疑人×××"，这种前后不一致、不同种类的不起诉决定书表达不同，既显得繁复，又缺少合理性，导致实践中表述多有不同。建议在这两种不起诉决定书中一律称"被不起诉人×××"（侦查机关认定事实部分仍然保留起诉意见书的称谓，称"犯罪嫌疑人×××"）。至于存疑不起诉决定书，不直接称为被不起诉人是合理的，因为存疑不起诉虽然是对被不起诉人作出的，但实际上还是移送起诉的事实本身不清、证据不足，因为不存在认定的犯罪行为，因此这部分实际上是对移送审查的侦查机关作出的。

下面的示例均摘自不起诉决定书的不起诉理由部分，我们认为，各类不起诉决定书的事实部分的表述也应与理由部分一致，当然，直接引用侦查机关认定的事实表述时，可以称"犯罪嫌疑人"。

【不当例】本院认为，<u>犯罪嫌疑人高某某</u>并未实施《中华人民共和国刑法》第二百三十四条规定的行为。依据《中华人民共和国刑事诉讼法》第一百七十三条第一款的规定，决定对高某某不起诉。

【不当例】本院认为，<u>孟某某</u>的上述行为，情节显著轻微、危害不大，不构成犯罪。依照《中华人民共和国刑事诉讼法》第十五条第（一）项和第一百七十三条第一款的规定，决定对孟某某不起诉。

【正例】本院认为，<u>被不起诉人刘某某</u>的上述行为，情节显著轻微、危害不大，不认为是犯罪。依照《中华人民共和国刑事诉讼法》第十五条第（一）项和第一百七十三条第一款的规定，决定对刘某某不起诉。

[分析] 上述三例均为绝对不起诉决定书。对不起诉人的称谓，第一例冠以"犯罪嫌疑人"，第二例没有说明身份，直接表述姓名，都是不当的；最后一例在姓名前冠以"被不起诉人"，是恰当的。

【不当例】本院认为，犯罪嫌疑人张某某实施了《中华人民共和国刑法》第二百九十条规定的行为，但犯罪情节轻微，取得谅解，根据《中华人民共和国刑法》第三十七条的规定，不需要判处刑罚。

【不当例】本院认为，孙某某实施了《中华人民共和国刑法》第二百三十四条第一款规定的行为，但犯罪情节较轻，具有自首、积极赔偿、取得被害人家属谅解等情节，根据《中华人民共和国刑法》第三十七条的规定，不需要判处刑罚。

【正例】本院认为，被不起诉人香某某实施了《中华人民共和国刑法》第二百七十七条规定的行为，但犯罪情节轻微，具有如实供述、取得民警谅解的情节，根据《中华人民共和国刑法》第三十七条的规定，不需要判处刑罚。

［分析］上述三例均为相对不起诉决定书。对被不起诉人的称谓，第一个示例冠以"犯罪嫌疑人"，第二个示例没有说明身份，直接表述姓名，都是不当的；最后一个示例在姓名前冠以"被不起诉人"，是恰当的。

【不当例】本院仍然认为北京市公安局昌平分局认定的犯罪嫌疑人杨某某涉嫌故意伤害罪的犯罪事实不清、证据不足，不符合起诉条件。

【不当例】本院仍然认为北京市公安局东城分局认定的基本犯罪事实不清，认定被不起诉人王某某构成犯罪证据不足，不符合起诉条件。

【不当例】本院仍然认为北京市公安局认定的赵某窝藏罪的事实不清、证据不足，不符合起诉条件。

【正例】本院仍然认为北京市公安局认定的犯罪事实不清、证据不足，不符合起诉条件。

［分析］上述四例均为存疑不起诉决定书。存疑不起诉是检察机关认为侦查机关移送起诉的事实本身不清、证据不足，从而作出的不起诉决定，所以只说明"本院仍然认为××公安局认定的犯罪事实不清、

证据不足，不符合起诉条件"即可。

第二节 绝对不起诉决定书独有的问题

绝对不起诉决定书独有的问题突出表现在案件事实部分和不起诉理由及依据部分。

一、案件事实部分

（一）侦查机关移送审查起诉意见的表述

案件事实部分突出的问题在于：对侦查机关移送审查起诉的案件，根据《刑事诉讼法》第十五条第（一）项作出不起诉决定的，未先概述侦查机关移送审查起诉意见书认定的事实。

我们调查了461份绝对不起诉决定书，发现有287份是依照《刑事诉讼法》第十五条第（一）项作出不起诉决定的，全部是侦查机关移送起诉的案件。其中，只有18份按规定先概述了侦查机关移送审查起诉意见书认定的犯罪事实，占3%，有97%的不起诉决定书中这部分是缺失的，问题非常突出。

根据《刑事诉讼法》第十五条第（二）项至第（六）项以及第一百七十三条第一款决定不起诉的，只需叙写检察机关审查认定的事实及证据。

【不当例】本案由北京市公安局海淀分局侦查终结，以被不起诉人张某涉嫌寻衅滋事罪，于2015年5月20日向本院移送审查起诉。

经本院依法审查查明：

2014年11月8日下午，被不起诉人张某在本市海淀区永定路×××院8楼地下停车场内，因对被害人张某某（男，54岁）的银白色名爵汽车（车牌号：京L800××）停放位置不满，用铁钉将被害人张某某车辆多处划伤，经鉴定被划伤车辆修复价值共计人民币3400元。

2014年11月12日，被不起诉人张某经公安机关电话传唤后主动投案，并如实供述了上述事实。现被不起诉人张某已赔偿被害人张某某并取得被害人谅解。

本院认为，被不起诉人张某实施了故意毁坏公私财物的行为，但情节显著轻微、危害不大，不认为是犯罪，根据《中华人民共和国刑事诉讼法》第十五条第（一）项、第一百七十三条第一款的规定，决定对张某不起诉。

【正例】北京市公安局怀柔分局移送审查起诉认定：

2014年5月28日14时30分许，犯罪嫌疑人常某某在北京市怀柔区渤海镇×××村持刀阻拦、威胁怀柔区城市管理综合行政执法监察局渤海执法监察队与渤海镇政府联合执法队对该村违章建筑进行拆除，并将联合执法队雇用的拆迁公司员工李某左前臂扎伤，后其用刀威胁联合执法队队员拆除违章建筑长达3小时之久。经北京市怀柔区公安司法鉴定中心鉴定：李某身体所受损伤程度暂定为轻微伤。

经本院依法审查查明：

被不起诉人常某某于2014年5月28日14时许，得知怀柔镇人民政府为其在渤海镇×××村其所承包林地内所建设的房屋要被怀柔区城市管理综合行政执法监察局渤海执法监察队与渤海镇政府联合执法队强制拆除，其从怀柔镇西三村赶到渤海镇×××村拆违现场，停车后快速向违建房屋方向跑。此时，受渤海镇人民政府雇用的北京迁家建筑物拆除有限公司员工李某与常某某发生身体接触，常某某用随身携带的割蜜刀将李某扎伤（无伤情鉴定）。后被不起诉人常某某到待拆违建房屋前，未听从民警劝阻将手中所持割蜜刀放下交出，并拒绝接受民警传唤其到派出所接受调查，后被强制带离现场。……

本院认为，被不起诉人常某某的上述行为，情节显著轻微、危害不大，不构成犯罪。依照《中华人民共和国刑事诉讼法》第十五条第（一）项、第一百七十三条第一款之规定，决定对常某某不起诉。

[分析] 第一个示例没有先概述侦查机关移送审查起诉意见书认定的犯罪事实，只概述了"本院依法审查查明"的事实，不当。第二个

示例则同时概述了侦查机关移送审查起诉意见书认定的犯罪事实和"本院依法审查查明"的事实，是正确的。

（二）事实表述的侧重点

绝对不起诉决定书内部又分为三个小类，即根据《刑事诉讼法》第十五条第（一）项作出不起诉决定的、根据《刑事诉讼法》第十五条第（二）至（六）项作出不起诉决定的和根据《刑事诉讼法》第一百七十三条第一款作出不起诉决定的。这三个小类的不起诉决定书均应叙明检察机关审查查明的事实，并且在叙述的过程中侧重点也应有所不同。高检院模板对此已有明确，侧重点必须结合各自的不起诉理由来叙述。调查显示，实践中这三类不起诉决定书均不同程度地存在事实表述的侧重点缺少或不明的情况。

1. 根据《刑事诉讼法》第十五条第（一）项作出不起诉决定的

根据《刑事诉讼法》第十五条第（一）项认为犯罪情节显著轻微、危害不大，不认为是犯罪而决定不起诉的，应当重点反映显著轻微的情节和危害程度较小的结果。少数不起诉决定书缺失了这一侧重点。

【不当例】经依法审查查明：

被不起诉人熊某某伙同刘某某、阚某、石某某（均另案处理），于 2014 年 4 月 22 日至 4 月 24 日零时许，在北京市东城区××园 6 号楼地下室开设赌场，以"百家乐"方式组织多人参进行赌博活动，涉案赌资共计人民币 10 万余元。后三人被当场查获。

认定上述事实的证据如下：

筹码等物证、到案经过等书证，证人石某某等人的证言，三名被不起诉人的供述和辩解，辨认笔录。

本院认为，被不起诉人熊某某的上述行为，<u>情节显著轻微、危害不大，不认为是犯罪</u>。依照《中华人民共和国刑事诉讼法》第十五条第（一）项和第一百七十三条第一款的规定，决定对熊某某不起诉。

［分析］该案被不起诉人因涉嫌开设赌场罪被侦查机关移送审查起诉。不起诉决定书的事实部分阐述了被不起诉人开设了赌场，组织多人

进行赌博活动，并且涉案赌资达人民币 10 万余元，但最后认定的结论是"情节显著轻微、危害不大，不认为是犯罪"。仅从文字表述看，已经涉嫌了开设赌场罪，看不出情节显著轻微、危害不大体现在何处。如果有显著轻微的情节，应当在事实部分重点表述出来。此例有缺失。

【正例】经依法审查查明：

被不起诉人于某某于 2014 年 10 月 12 日 18 时许，伙同赵某某、徐某、贾某某（均另案处理）等人到被害人徐某某（男，34 岁）、林某某（男，44 岁）在平谷区东高村镇西大街经营的世纪华联、华联购物中心两家超市内，采取轰顾客、堵门、言语威胁等手段勒索被害人钱财未果。

本院认为，被不起诉人于某某敲诈勒索他人财物未果，且不构成多次敲诈勒索，情节显著轻微、危害不大，不构成犯罪，依据《中华人民共和国刑事诉讼法》第十五条第（一）项和第一百七十三条第一款的规定，决定对于某某不起诉。

［分析］该案被不起诉人因涉嫌敲诈勒索罪被侦查机关移送审查起诉。不起诉决定书的事实部分表明被不起诉人在超市内"采取轰顾客、堵门、言语威胁等手段勒索被害人"，这些手段显示出情节轻微，并且表述勒索钱财"未果"，体现出危害不大，从而作出不起诉决定，这是符合逻辑的，是恰当的。

【正例】经本院依法审查查明：

2014 年 12 月 10 日 9 时 50 分许，在位于北京市昌平区西环路的北京市昌平区人民法院办公楼一层信访大厅处，看到民警对其嫂子王某某（女，50 岁）妨害公务的行为进行控制，被不起诉人宿某某推搡民警并称"警察打人了"。

本院认为，宿某某推搡民警，情节显著轻微、危害不大，不构成犯罪。依照《中华人民共和国刑事诉讼法》第十五条第（一）项和第一百七十三条第一款的规定，决定对宿某某不起诉。

［分析］该案被不起诉人因涉嫌妨害公务罪被侦查机关移送审查起诉。不起诉决定书的事实部分表述被不起诉人的犯罪情节是"推搡民警",并称"警察打人了",没有更严重的手段,体现出情节显著轻微,并且没有造成严重危害。由此下文认定其"情节显著轻微、危害不大,不构成犯罪",从而作出不起诉决定,是符合逻辑的,是恰当的。

2. 根据《刑事诉讼法》第十五条第（二）至（六）项作出不起诉决定的

行为已构成犯罪,本应当追究刑事责任,但审查过程中有《刑事诉讼法》第十五条第（二）至（六）项法定不追究刑事责任的情形,因而决定不起诉的,应当重点叙明符合法定不追究刑事责任的事实和证据,充分反映出法律规定的内容。

【不当例】经本院依法审查查明：

2015年6月26日,被不起诉人李某某驾驶车牌号为冀RTC5××的出租汽车,在本市丰台区东铁营桥西农业银行门口,趁被害人蒋某某下车取钱之机,开车将被害人蒋某某放在车内抵押给其的背包带走,包内有联想笔记本电脑一台、三星牌手机一部、华为牌手机一部、行车记录仪一部。经鉴定,上述物品共计价值人民币7660元。

本院认为,李某某的上述行为,属于依照刑法告诉才处理的犯罪,依照《中华人民共和国刑事诉讼法》第十五条第（四）项和第一百七十三条第一款的规定,决定对李某某不起诉。

［分析］该案被不起诉人因涉嫌抢夺罪被侦查机关移送审查起诉。不起诉决定书根据《刑事诉讼法》第十五条第（四）项,认为这是属于告诉才处理的犯罪,从而作出不起诉决定,但是告诉才处理的犯罪并不包括抢夺罪。该被不起诉人的行为为何属于告诉才处理的犯罪,在犯罪事实部分没有表述出来,在不起诉理由部分也没有给予说明,不当。

3. 根据《刑事诉讼法》第一百七十三条第一款作出不起诉决定的

根据《刑事诉讼法》第一百七十三条第一款没有犯罪事实而决定不起诉的,应当重点叙明不存在犯罪事实或者犯罪事实并非被不起诉人所为。实践中少数不起诉决定书缺失了这一侧重点。

【不当例】2014年9月3日19时许，北京市公安局丰台分局太平桥派出所接到电话举报，在本市丰台区六里桥东地铁站C口有人从事违法行为。该派出所民警李某全等二人赶到上述地点，在无法律依据的情况下，强行将被不起诉人潘某某带到派出所。在此过程中，被不起诉人潘某某将李某全手部抓伤、咬伤，致李某全左腕及左手背部多处皮肤破损，经法医鉴定为轻微伤。被不起诉人潘某某于2014年9月3日被北京市公安局丰台分局太平桥派出所抓获。

上述事实，有被不起诉人潘某某的供述，证人李某全、赵某某、邱某某、许某、李某红、田某某、李某霞的证言，法医学鉴定意见书，视听资料，以及相关书证为证。

本院认为，潘某某<u>没有犯罪事实，不构成犯罪</u>。依照《中华人民共和国刑事诉讼法》第一百七十三条第一款的规定，决定对潘某某不起诉。

［分析］该案被不起诉人因涉嫌妨害公务罪被侦查机关移送审查起诉。不起诉决定书根据《刑事诉讼法》第一百七十三条第一款，认为被不起诉人没有犯罪事实，作出不起诉决定。但不起诉决定书事实部分不但没有侧重叙明被不起诉人没有犯罪事实的情况，反而看起来是有犯罪事实的，因为被不起诉人在派出所民警出警过程中，将其手部抓伤、咬伤，致李某全左腕及左手背部多处皮肤破损。

【正例】经本院依法审查查明：2014年6月间裴某、王某某纠集霍某某等人（均另案处理），在本市石景山区衙门口××歌厅等地，利用开设假赌局的方式，骗取被害人秦某（男，25岁）、苏某（男，28岁）钱款。其间，被不起诉人许某某在并不知晓该赌局系裴某、王某某为骗取他人财物而设立的情况下，仅应裴某"捧场"之邀参与了赌局。

本院认为，本案并无证据证明被不起诉人事前与裴某等人通过意思联络，产生了相同的非法占有他人财物犯罪故意。故被不起诉人许某某<u>没有犯罪事实</u>。

[分析] 该案被不起诉人因涉嫌诈骗罪被侦查机关移送审查起诉。不起诉决定书的事实部分清楚地表述了被不起诉人在该案中所起到的作用，尤其值得注意的是，用了"并不知晓""仅应裴某'捧场'之邀"这类表述说明他参与赌局的缘由，凸显了被不起诉人没有犯罪事实的客观情况，事实表述比较妥当。

二、不起诉理由及依据部分

（一）不起诉依据的表述

检察机关对被不起诉人的行为作出认定或者作出不起诉决定时必须有相应的法律依据，在不起诉决定书中需要对此予以说明。绝对不起诉决定书中存在不起诉依据缺少说明的情况，集中体现在依照《刑事诉讼法》第十五条第（二）至（六）项决定不起诉的情形。这部分不起诉决定书应当重点阐明不追究被不起诉人刑事责任的理由及法律依据。我们调查了461份绝对不起诉决定书，有21份是依照《刑事诉讼法》第十五条第（二）至（六）项决定不起诉的，其中有11份在重点阐明不追究被不起诉人刑事责任的理由的时候未说明相应的法律依据，占52%。

【不当例】本院认为，孙某某的上述行为，系正当防卫，不构成犯罪。依照《中华人民共和国刑事诉讼法》第十五条第（六）项和《中华人民共和国刑法》第二十条的规定，决定对孙某某不起诉。

[分析] 这一例认定孙某某的行为系正当防卫，不构成犯罪，依据的应当是《刑法》第二十条，即"为了使国家、公共利益、本人或者他人的人身、财产和其他权利免受正在进行的不法侵害，而采取的制止不法侵害的行为，对不法侵害人造成损害的，属于正当防卫，不负刑事责任"。该条是不追究被不起诉人刑事责任的法律依据，不可或缺，应予表述。

【正例】本院认为，李某某的上述行为，属于正当防卫，根据《中华人民共和国刑法》第二十条之规定，不负刑事责任。依照《中华人民共和国刑事诉讼法》第十五条第（六）项和第一百七十三条第一款的规定，决定对李某某不起诉。

［分析］这一例说明了作出不负刑事责任的法律依据——《刑法》第二十条，并给出了不追究被不起诉人刑事责任的理由——不负刑事责任，说理更到位。

【不当例】本院认为，被不起诉人闵某某故意伤害他人身体致人轻伤的行为，因被不起诉人闵某某经司法鉴定中心鉴定为无刑事责任能力，不构成犯罪。依照《中华人民共和国刑事诉讼法》第十五条第（六）项和第一百七十三条第一款的规定，决定对闵某某不起诉。

［分析］该例中被不起诉人闵某某经司法鉴定中心鉴定为无刑事责任能力人。完全无刑事责任能力人包括两类：一类是不满14周岁的人；另一类是行为时因精神病不能辨认或者不能控制自己行为的人。本案被不起诉人属于哪种情况未予以说明，根据文意推测，既然是经司法鉴定中心鉴定的，应当是第二类情况。这种情况下作出不负刑事责任的认定依据的是《刑法》第十八条第一款："精神病人在不能辨认或者不能控制自己行为的时候造成危害结果，经法定程序鉴定确认的，不负刑事责任，但是应当责令他的家属或者监护人严加看管和医疗；在必要的时候，由政府强制医疗。"在表述中应将该法条序号引出来，并据此作出"不负刑事责任"的认定。

（二）不起诉理由表述的准确性

依据高检院模板，根据《刑事诉讼法》第十五条第（一）项和第一百七十三条第一款的规定，决定不起诉理由总结表述为"不构成犯罪"。

但《刑事诉讼法》第十五条第（一）项规定的是"情节显著轻微、

危害不大，不认为是犯罪的"。

我们调查了461份绝对不起诉决定书，有290份根据上述法律规定作出不起诉决定，有22份的不起诉理由总结表述为"不认为是犯罪"，占8%，其余多数表述为"不构成犯罪"。

我们认为，"不构成犯罪"是结论式表述；而"不认为是犯罪"则带有主观判断的色彩，是法律条文中的规定，这种表述不宜在不起诉决定书中作为行为认定的结论。一言以蔽之，依照《刑事诉讼法》第十五条第（一）项和第一百七十三条第一款的规定，决定对不起诉的，不起诉理由就应当按照高检院模板表述为"不构成犯罪"。

> 【不当例】本院认为，被不起诉人张某实施了故意毁坏公私财物的行为，但情节显著轻微、危害不大，<u>不认为是犯罪</u>，根据《中华人民共和国刑事诉讼法》第十五条第（一）项和第一百七十三条第一款的规定，决定对张某不起诉。
>
> 【正例】本院认为，郑某的上述行为，情节显著轻微、危害不大，<u>不构成犯罪</u>。依照《中华人民共和国刑事诉讼法》第十五条第（一）项和第一百七十三条第一款的规定，决定对郑某不起诉。

仅依照《刑事诉讼法》第一百七十三条第一款，认为被不起诉人没有犯罪事实的，不起诉理由应总结表述为"没有犯罪事实"，但实践中表述多有不同。我们调查了461份绝对不起诉决定书，有27例是根据《刑事诉讼法》第一百七十三条第一款没有犯罪事实而决定不起诉的，其中只有17例按规定表述为"没有犯罪事实"，有10例表述为"不构成犯罪"或"不认为是犯罪"等，差异较大。

> 【不当例】本院认为，被不起诉人孙某某客观上未采用秘密手段窃取他人财物，其行为<u>不构成盗窃罪</u>。依据《中华人民共和国刑事诉讼法》第一百七十三条第一款之规定，决定对孙某某不起诉。

【不当例】经本院审查后认为：被不起诉人方某某未实施犯罪行为，依照《中华人民共和国刑事诉讼法》第一百七十三条第一款的规定，本院决定对方某某不起诉。

【正例】本院认为，被不起诉人刘某某没有犯罪事实。根据《中华人民共和国刑事诉讼法》第一百七十三条第一款之规定，决定对刘某某不起诉。

[分析]这三例实际上均为没有犯罪事实的情况，故均根据《刑事诉讼法》第一百七十三条第一款之规定，决定对被不起诉人不起诉。但只有最后一例严格使用了该法律条文的原文表述"没有犯罪事实"，前两例分别表述为"不构成盗窃罪"和"未实施犯罪行为"，都不够严谨。

（三）不起诉理由的具体说明

依照高检院模板，根据《刑事诉讼法》第十五条第（一）项作出不起诉决定的，不起诉理由表述为："本院认为，×××（被不起诉人的姓名）的上述行为，情节显著轻微、危害不大，不构成犯罪。依照《中华人民共和国刑事诉讼法》第十五条第（一）项和第一百七十三条第一款的规定，决定对×××（被不起诉人的姓名）不起诉。"

依照高检院模板，根据《刑事诉讼法》第一百七十三条第一款没有犯罪事实而决定不起诉的，要"指出被不起诉人没有犯罪事实，再写不起诉的法律依据"。

上述两种情况均存在一个问题：是否需要对"情节显著轻微、危害不大、不构成犯罪"和没有犯罪事实进一步展开说理？高检院模板没有明确，实践中存在差异。

我们对根据《刑事诉讼法》第一百七十三条第一款没有犯罪事实而决定不起诉的98份不起诉决定书作了调查，发现有51例对犯罪事实作了说理，占52%；有47例仅概括说明"没有犯罪事实"，占48%。

此处应把握这样一个分寸：因为绝对不起诉的不起诉理由大都比较简单，所以按照高检院模板概括说明是可以的，但没达到入罪标准等特殊情况要特别说明，而不应千篇一律地照搬模板的套话表述。

【不当例】经本院依法审查查明：被不起诉人张某某伙同他人于 2014 年 3 月的一天和 6 月 21 日 11 时许，在北京市顺义区高丽营镇×××大市场内，通过言语威胁手段，先后强迫郭某某、寇某某分别以人民币 200 元、400 元的价格购买其所销售的"红花果"。

被不起诉人张某某后被查获。

本院认为，被不起诉人张某某的上述行为，情节显著轻微、危害不大，不构成犯罪。依照《中华人民共和国刑事诉讼法》第十五条第（一）项和第一百七十三条第一款的规定，决定对张某某不起诉。

[分析] 最高人民检察院、公安部《关于公安机关管辖的刑事案件立案追诉标准的规定（一）》第二十八条规定："[强迫交易案（刑法第二百二十六条）]以暴力、威胁手段强买强卖商品、强迫他人提供服务或者强迫他人接受服务，涉嫌下列情形之一的，应予立案追诉：……（三）强迫交易三次以上或者强迫三人以上交易的……"因本案强迫交易不够三次，故不予追诉。示例中需要说明这一不起诉理由。

【正例】本院认为，崔某的上述行为，没有犯罪事实。依照《中华人民共和国刑事诉讼法》第一百七十三条第一款的规定，决定对崔某不起诉。

【正例】本院认为，刘某某的上述行为，不具备伤害的故意和行为，而是制止违反法定程序拆除的行为，没有犯罪事实。依照《中华人民共和国刑事诉讼法》第一百七十三条第一款的规定，决定对刘某某不起诉。

[分析] 第一个示例，案情简单（篇幅所限，事实部分不予展示），仅概括说明"没有犯罪事实"，也是可以的。第二个示例则对没有犯罪事实的理由展开具体说明，且有对犯罪事实的具体分析，说理理由充分，事理法理衔接得恰当、准确。

第三节 相对不起诉决定书独有的问题

高检院模板规定，相对不起诉决定书不起诉理由部分表述为："本院认为，犯罪嫌疑人×××实施了《中华人民共和国刑法》第××条规定的行为，但犯罪情节轻微，具有×××情节（此处写明从轻、减轻或者免除刑事处罚具体情节的表现），根据《中华人民共和国刑法》第××条的规定，不需要判处刑罚（或者免除刑罚）。依据《中华人民共和国刑事诉讼法》第一百七十三条第二款的规定，决定对×××（被不起诉人的姓名）不起诉。"

在实践中，这部分出现的问题主要表现在以下几个方面：

一、不起诉理由部分

（一）罪名的认定

高检院模板中对被不起诉人的行为不作明确的犯罪认定，不表述为"构成……罪"等。

早在1979年《刑事诉讼法》规定的免予起诉制度是今天相对不起诉制度的前身，免予起诉制度的根本缺陷就是因为被不起诉人在被审判机关确定有罪之前即被认定为犯罪，造成了检察机关对法院审判权的侵害，违反了宪法赋予人民法院的独立审判权。相对不起诉制度实行之后，不起诉决定书中不再对被不起诉人的行为认定为犯罪，高检院模板所规定的表述应该也是这一初衷的体现。所以，相对不起诉决定书中不起诉理由部分不应当再出现明确的罪名认定结论。

目前的情况是，还有部分不起诉决定书对被不起诉人的行为作出了明确的犯罪认定，表述为"（已）构成……罪"。我们调查了1659份相对不起诉决定书，发现有164例为此类情况，占10%；其他不起诉决定书则按照高检院模板规定，不作罪名认定。

【不当例】本院认为，被不起诉人赵某某实施了《中华人民共和国刑法》第三百零七条第二款规定的行为，<u>构成帮助毁灭证据罪</u>，但犯罪情节轻微，不需要判处刑罚。依据《中华人民共和国刑事诉讼法》第一百七十三条第二款的规定，决定对赵某某不起诉。

【正例】本院认为，被不起诉人高某实施了《中华人民共和国刑法》第一百九十六条规定的行为，但犯罪情节轻微，且已退赔全部欠款，取得被害人谅解，根据《中华人民共和国刑法》第三十七条的规定，不需要判处刑罚。

[分析] 第一个示例写明了被不起诉人的行为"构成帮助毁灭证据罪"，为明确的罪名认定，是不当的。第二个示例按照高检院模板规定，没有明确认定罪名，是恰当的。

（二）从轻、减轻或者免除刑事处罚的具体情节是否可以简略说明

高检院的模板规定，对于从轻、减轻或者免除刑事处罚的具体情节要作出说明。由于从轻、减轻或者免除刑事处罚的具体情节将影响处理决定，所以应该一一说明，不可省略为"等"。但实践中，有不少不起诉决定书对该情节作了省略说明。我们调查了1659份相对不起诉决定书，有714份有各类需要考量的具体情节，其中有141例对具体情节作了省略说明，占20%。

【不当例】本院认为，郭某某实施了《中华人民共和国刑法》第二百三十四条第一款规定的行为，构成故意伤害罪，但犯罪情节轻微，且有自首、赔偿<u>等</u>情节，依据《中华人民共和国刑法》第六十七条第一款、第三十七条之规定，不需要判处刑罚。

【不当例】本院认为，被不起诉人陈某某实施了《中华人民共和国刑法》第一百九十六条第一款第（四）项规定的行为，但犯罪情节轻微，具有在公安机关立案后人民检察院提起公诉前已偿还透支本金<u>等从轻情节</u>，根据《中华人民共和国刑法》第三十七条的规

定，可以免予刑事处罚。

【不当例】本院认为，被不起诉人李某某实施了《中华人民共和国刑法》第二百三十四条第一款规定的行为，但犯罪情节轻微，具有自首、和解等法定从轻情节，根据《中华人民共和国刑法》第三十七条的规定，不需要判处刑罚。

【正例】本院认为，刘某某实施了《中华人民共和国刑法》第二百三十四条第一款、第二十五条第一款规定的行为，但犯罪情节轻微，因家庭纠纷引起，具有自首情节，且与被害人达成和解，根据《中华人民共和国刑法》第六十七条第一款、《中华人民共和国刑事诉讼法》第二百七十九条的规定，不需要判处刑罚。

[分析] 前三例均省略了法定从轻情节，表述为"等（……）情节"，不妥，应当将相关情节一一说明，不用"等"表述。"等"这个字应当与起诉书中要求的一致，均不做煞尾用，以避免和列举未尽相混淆。并且，即便是说明了具体情节，也应当说明到位。例如，第一个不当例中，不起诉理由中有"赔偿"这一情节，在说明这一情节时，如果已有得到被害人谅解的情节，就应明确说明"积极赔偿被害人损失，得到被害人谅解"，而不是用"等"将其省略。

（三）案件事实与不起诉理由部分的呼应

相对不起诉决定书是认定被不起诉人实施了相关的犯罪行为，但考虑到犯罪情节轻微，具有从轻、减轻或者免除刑事处罚的情节，所以才作出了不起诉决定。所以，在阐述法律依据时，应当指出相关刑事处罚的具体情节，并且该情节应当在事实部分作出表述，从而形成事实与结论前后呼应的严密逻辑关系。但实践中常见以下两个问题：一是认定事实部分缺少相应情节的表述，却在不起诉理由中直接认定了某情节；二是在认定事实部分有关于某情节的表述，但在不起诉理由中没有相应认定。我们随机调查了158份相对不起诉决定书，具体情况如下：

呼应情况	份数	比例
在认定事实部分有表述，在不起诉理由中也作了认定	116	73%
认定事实部分缺少表述，却在不起诉理由中直接认定	37	23%
在认定事实部分有一定情节的表述，但在不起诉理由中却没有相应认定	5	3%

该表中，第一种情况"在认定事实部分有表述，在不起诉理由中也作了认定"是正确的。第二种和第三种情况在认定事实部分或不起诉理由部分缺少了某一项而造成事实与理由部分不呼应，是不恰当的。

1. 认定事实部分缺少表述而不起诉理由中直接认定

有的不起诉决定书在不起诉理由中认定了某从轻、减轻或者免除刑事处罚的情节，但在事实部分并没有表述，造成事实部分和不起诉理由部分论述脱节。

【不当例】经本院依法审查查明：2014年10月17日17时许，被不起诉人杨某某驾驶大众牌小型轿车（车牌号：京N6QP××）由南向北行驶至北京市昌平区昌流路南流村路口处时，与王某某驾驶的"欧乐奇"牌摩托车（无号牌）发生交通事故。案发后，被不起诉人杨某某拨打电话报案。王某某经医院抢救于当日死亡。经鉴定，王某某符合颅脑损伤死亡。2014年11月21日，经昌平区交通支队认定，被不起诉人杨某某负此次事故主要责任，王某某负次要责任。现被不起诉人杨某某已赔偿被害人家属全部损失。

本院认为，杨某某实施了《中华人民共和国刑法》第一百三十三条规定的行为，但犯罪情节轻微，<u>具有积极赔偿被害人家属损失并取得谅解等情节</u>，根据《中华人民共和国刑法》第三十七条的规定，不需要判处刑罚。依据《中华人民共和国刑事诉讼法》第一百七十三条第二款的规定，决定对杨某某不起诉。

［分析］该示例中，不起诉理由部分指出被不起诉人有"具有积极赔偿被害人家属损失并取得谅解等情节"，但是事实部分却只表述了"现被不起诉人杨某某已赔偿被害人家属全部损失"，未叙明取得谅解这一细节，事实部分与不起诉理由前后不呼应。

【不当例】经本院依法审查查明：

2014年5月22日4时许，被不起诉人谢某某到北京市通州区梨园镇北京现代音乐学院E栋9楼9004号其隔壁宿舍，盗走同学丁某某（男，19岁）的一部苹果牌5S手机，经鉴定价值人民币4190元。后被查获(手机已扣押并发还)。

本院认为，谢某某实施了《中华人民共和国刑法》第二百六十四条规定的行为，但犯罪情节轻微，具有坦白情节，认罪悔罪，已退赃，且与被害人达成和解协议，获得谅解，根据《中华人民共和国刑法》第三十七条的规定，不需要判处刑罚。依据《中华人民共和国刑事诉讼法》第一百七十三条二款、第二百七十七条第一款、第二百七十九条的规定，决定对谢某某不起诉。

[分析] 该示例中，不起诉理由部分指出被不起诉人具有"坦白情节，认罪悔罪，已退赃，且与被害人达成和解协议，获得谅解"情节，但事实部分只有"手机已扣押并发还"，其余的情节，均未叙述。

【正例】经本院依法审查查明：

……被不起诉人李某某与辜某（另行处理）……2014年6月17日，被不起诉人李某某被公安机关传唤到案，后如实供述了上述犯罪事实。

2015年6月4日，被不起诉人李某某与辜某共同赔偿被害人张某某人民币280000元，并获得谅解。

本院认为，李某某实施了《中华人民共和国刑法》第二百三十四条第一款规定的行为，但犯罪情节轻微，且能够如实供述自己的罪行，已赔偿被害人损失并获得谅解，依据《中华人民共和国刑事诉讼法》第二百七十九条，第一百七十三条第二款的规定，决定对李某某不起诉。

[分析] 该示例更为适宜。不起诉理由中的"如实供述自己的罪行，已赔偿被害人损失并获得谅解"在事实部分也有详细表述。

2. 认定事实部分有一定情节的表述但不起诉理由中没有相应认定

有的不起诉决定书在事实部分表述了某从轻、减轻或者免除刑事处罚的情节，但在不起诉理由部分却没有相应认定，造成事实部分和不起诉理由部分论述脱节。

【不当例】经本院依法审查查明：

2014年5月27日22时许，被不起诉人崇某某在本市西城区上斜街与宣外大街交叉路口处，因行车问题与被害人周某发生纠纷，后伙同被不起诉人张某某对被害人周某进行殴打，致其左眼睑皮肤挫伤，结膜下小片状出血，右眼下睑皮肤挫伤，+6牙体缺损，左侧眼睑及面部软组织肿胀，左侧眼眶内壁、下壁骨折，鼻部软组织肿胀，双侧鼻骨、上颌骨额突及骨性鼻中隔骨折，经法医鉴定为轻伤一级。被不起诉人崇某某于2014年6月26日被民警查获归案，被不起诉人张某某于2014年6月27日经民警电话传唤到案。其后，被不起诉人崇某某、张某某与被害人周某达成书面和解协议，获得被害人谅解。

本院认为，张某某有故意伤害犯罪行为，但情节轻微，依法可不需要判处刑罚，依照《中华人民共和国刑事诉讼法》第一百七十三条第二款的规定，决定对张某某不起诉。

[分析] 案件事实部分，表述张某某经民警传唤到案，且与被害人达成和解协议并得到谅解，这些都是反映张某某人身危险性、主观恶性的情节，直接关系到能否认定其行为属于情节轻微，但在不起诉理由中对案件事实中的上述情节没有回应，直接认定其情节轻微，不需要判处刑罚，结论的得出说服力不强。

（四）"犯罪情节轻微"的表述

相对不起诉决定依据的是《刑事诉讼法》第一百七十三条第二款："对于犯罪情节轻微，依照刑法规定不需要判处刑罚或者免除刑罚的，人民检察院可以作出不起诉决定。"

"犯罪情节轻微"是一个独立于"不需要判处刑罚或者免除刑罚"

的构成要件，即只有同时具备"犯罪情节轻微"和"不需要判处刑罚或者免除刑罚"的案件，检察机关才享有不起诉裁量权，才有权依据该条作出相对不起诉决定。①而且相对不起诉决定书不起诉理由部分，高检院模板中"但犯罪情节轻微，具有×××情节（此处写明从轻、减轻或者免除刑事处罚具体情节的表现）"的表述，也体现出了"犯罪情节轻微"是作出不起诉决定的必备要素和前提条件。因此，在阐明不起诉理由时，"犯罪情节轻微"这一表述是必须有的。

实践中，相对不起诉决定书在说明不起诉理由时，有的就缺少了"犯罪情节轻微"的说明，包括不需要判处刑罚和免除刑罚，是不当的。我们调查到的表述情况如下：②

表述项		频次	比例	
说明"犯罪情节轻微"		1594	94%	100%
未说明"犯罪情节轻微"	不需要判处刑罚	32	2%	
	免除处罚	61	4%	6%

【不当例】本院认为，被不起诉人左某杰、左某琪共同实施了《中华人民共和国刑法》第二百三十四条第一款的行为，但与被害人达成刑事和解，取得了被害人谅解，根据《中华人民共和国刑法》第三十七条的规定，不需要判处刑罚。

【不当例】本院认为，被不起诉人张某某实施了《中华人民共和国刑法》第三百三十八条规定的行为，已构成污染环境罪，鉴于被不起诉人张某某案发后投案自首，协助所在单位采取措施积极消除污染、赔偿损失，根据《中华人民共和国刑法》第三十七条、第六十七条第一款的规定，可以免除刑罚。依据《中华人民共和国刑事诉讼法》第一百七十三条第二款的规定，决定对张某某不起诉。

【正例】本院认为，被不起诉人邹某某实施了《中华人民共和国

---

① 宋英辉、吴宏耀：《不起诉裁量权研究》，载《政法论坛》2000年第5期。关于这一问题，学界有不少争议，但我们还是倾向于支持这一观点。

② 该数据是调查了1659份相对不起诉决定书得到的。

刑法》第二百三十四条第一款规定的行为，构成故意伤害罪，但犯罪情节轻微，已对被害人进行赔偿并自愿达成和解，另被不起诉人犯罪后自动投案，并如实供述自己的罪行，具有自首情节，根据《中华人民共和国刑法》第六十七条第一款的规定可以免除刑罚。依据《中华人民共和国刑事诉讼法》第一百七十三条第二款、第二百七十九条的规定，决定对邹某某不起诉。

【正例】本院认为，被不起诉人史某某实施了《中华人民共和国刑法》第二百六十四条规定的行为，但犯罪情节轻微，且系从犯，根据《中华人民共和国刑法》的规定，不需要判处刑罚。

［分析］作为相对不起诉的理由，必须要有"犯罪情节轻微"这一要件。前两例均缺少了"犯罪情节轻微"这一表述，不当；后两例均有该表述，是恰当的。

（五）"犯罪情节轻微"与"不需要判处刑罚"的关系

有人认为"犯罪情节轻微就可以成为不需要判处刑罚的条件"。[①] 根据这一观点，属于不需要判处刑罚的案件的不起诉决定书，不起诉理由部分只写明"犯罪情节轻微"也是足够的。但全国人大常委会办公厅则明确指出，"可以免予刑事处罚"必须同时具备以下两个条件：

1. 犯罪情节轻微。也就是说，行为人的行为虽已构成犯罪，但犯罪的性质、情节及危害后果都很轻。

2. 不需要判处刑罚。也就是说，行为人的犯罪情节轻微，并且其已经认罪、悔罪，对其没有判处刑罚的必要。只有在既犯罪情节轻微，又不需要判处刑罚的情况下，对行为人才可以免予刑事处罚。对免予刑事处罚的行为人，可以根据案件的不同情况，采用不同的非刑罚方法

---

① 陈光中、[德]汉斯－约格·阿尔布莱希特主编：《中德不起诉制度比较研究》，中国检察出版社2002年版，第101页。樊崇义、冯中华、刘建国主编：《刑事起诉与不起诉制度研究》，中国人民公安大学出版社2007年版，第266页。徐静村主编：《刑事诉讼前沿研究（第4卷）》，中国检察出版社2005年版，第183页。

处理。①

综上，犯罪情节轻微与不需要判处刑罚共同作为可以免除刑事处罚的条件。因此，该类不起诉决定的理由除了要写明"犯罪情节轻微"之外，还必须写明达到了不需要判处刑罚的标准。

我们调查了1659份相对不起诉决定书，发现有153份根据《刑法》第三十七条作出不需要判处刑罚的认定，其中有18份的不起诉理由部分只说明了"犯罪情节轻微"，约占12%。

【不当例】本院认为，被不起诉人庹某实施了《中华人民共和国刑法》第一百三十三条规定的行为，但犯罪情节轻微，根据《中华人民共和国刑法》第三十七条的规定，不需要判处刑罚。依据《中华人民共和国刑事诉讼法》第一百七十三条第二款的规定，决定对庹某不起诉。

【正例】本院认为，被不起诉人闫某实施了《中华人民共和国刑法》第二百三十四条第一款规定的行为，但具有自首、赔偿被害人经济损失取得谅解的情节，根据《中华人民共和国刑法》第三十七条的规定，犯罪情节轻微，不需要判处刑罚。依据《中华人民共和国刑事诉讼法》第一百七十三条第二款的规定，决定对闫某不起诉。

［分析］这两个示例都是认为被不起诉人的行为符合《刑法》第三十七条的规定，犯罪情节轻微，不需要判处刑罚，最终作出不起诉决定的。但是第一个示例只说明"犯罪情节轻微"，没有说明不需要判处刑罚的理由，说理不足。第二个示例除了说明"犯罪情节轻微"之外，还说明"具有自首、赔偿被害人经济损失取得谅解的情节"，体现出了不需要判处刑罚的理由。

犯罪情节轻微指的是犯罪行为本身，不包括犯罪后的表现，如自首、立功、认罪悔罪态度等。但因为犯罪嫌疑人是否认罪悔罪，是检察

---

① 全国人大常委会办公厅、全国人大常委会法制工作委员会组织编写：《刑法问答（总则）》，中国民主法制出版社2001年版，第71页。

机关考虑是否实行酌定不起诉的条件，检察机关不应当对不认罪的犯罪嫌疑人作出相对不起诉的决定，① 所以犯罪嫌疑人如有自首、立功等情节都要在说明犯罪情节轻微之后具体说明。实践中，犯罪后的自首、立功等情节，包括与被害人达成刑事和解、取得被害人谅解、积极赔偿或已返还等大部分情节都在不起诉决定书中作了说明。

【正例】本院认为，王某某实施了《中华人民共和国刑法》第二百三十四条第一款规定的行为，但犯罪情节轻微，具有自首情节，且与被害人达成和解，获得谅解，根据《中华人民共和国刑法》第三十七条的规定，不需要判处刑罚。

[分析]本例犯罪情节轻微，根据《刑法》第三十七条的规定，不需要判处刑罚。不起诉决定书在说明了"犯罪情节轻微"之后，还说明了"具有自首情节"，是恰当的。

除了犯罪后的表现，其他一些情节也会成为起诉与否的考量因素，所以，也有必要说明。

【正例】本院认为，被不起诉人张某某实施了《中华人民共和国刑法》第二百三十四条第一款规定的行为，但犯罪情节轻微，系初犯、偶犯，明知他人报警在现场等候，到案后如实供述所犯罪行，系自首，且已对被害人进行民事赔偿并取得了被害人的谅解，被害人对本案的发生存在重大过错，根据《中华人民共和国刑法》第三十七条、第六十七条第一款的规定，不需要判处刑罚。

【正例】本院认为，被不起诉人熊某苍实施了《中华人民共和国刑法》第二百三十四条第一款规定的行为，但犯罪情节轻微，其系初犯、偶犯，与被害人熊某英系亲姐弟关系，根据《中华人民共和国刑法》第三十七条之规定，不需要判处刑罚。

[分析]上述第一例为根据《刑法》第三十七条、第六十七条第一

---

① 陈光中、[德]汉斯-约格·阿尔布莱希特主编：《中德不起诉制度比较研究》，中国检察出版社 2002 年版，第 100 页。

款的规定不需要判处刑罚的情形，不起诉理由部分除了说明犯罪情节轻微之外，还说明了系初犯、偶犯，有自首情节，且已对被害人进行民事赔偿并取得了被害人的谅解，被害人对本案的发生存在重大过错，说理更充分。上述第二例中"系初犯、偶犯，与被害人熊某英系亲姐弟关系"，对犯罪情节轻微作了进一步阐释，说理更充分。

二、法律依据部分

（一）认定不需要判处刑罚（或者免除刑罚）的法律依据

1. "不需要判处刑罚"与"免除刑罚"未区分

正如我们在第一章中阐述的那样，不需要判处刑罚的，根据的是《刑法》第三十七条；免除刑罚，根据的是《刑法》的相应条款以及相应的司法解释的规定。实践中出现的问题是免除刑罚和不需要判处刑罚的法律依据相混淆。例如，在调查到的23份免除刑罚的不起诉决定书中，有6份法律依据援引错误，错引了《刑法》第三十七条的规定，占26%。

> 【不当例】本院认为，李某某实施了《中华人民共和国刑法》第二百八十条第一款之规定的行为，但犯罪情节轻微，根据《中华人民共和国刑法》第三十七条的规定，可以免除刑罚。
>
> 【不当例】本院认为，被不起诉人陈某某实施了《中华人民共和国刑法》第二百三十四条一款规定的行为，但犯罪情节轻微，具有积极赔付被害人，并取得被害人谅解的酌定从轻处罚情节，根据《中华人民共和国刑法》第三十七条的规定，可以免除刑罚。

［分析］上述两例均为犯罪情节轻微，均应根据《刑法》第三十七条认定不需要判处刑罚，却都根据这一条款作出了"免除刑罚"的认定，这是不当的。因为《刑法》中"免除刑罚"是针对一些特殊情节作出的规定，如预备犯、从犯等。

> 【正例】本院认为，被不起诉人刘某某实施了《中华人民共和国刑法》第二百三十四条、第二十五条第一款规定的行为，但犯罪情节轻微，具有自首情节，根据《中华人民共和国刑法》第六十七条第一款的规定，可以免除刑罚。
>
> 【正例】本院认为，被不起诉人左某杰、左某琪共同实施了《中华人民共和国刑法》第二百三十四条第一款的行为，但与被害人达成刑事和解，取得了被害人谅解，根据《中华人民共和国刑法》第三十七条的规定，不需要判处刑罚。

[分析]《刑法》第六十七条第一款是有关自首情节的规定，属于可以免除刑罚的情节，所以第一个示例援引该法条得出"可以免除刑罚"的结论是正确的。《刑法》第三十七条是"不需要判处刑罚"的规定，所以第二个示例援引该法条得出"不需要判处刑罚"的结论是正确的。

2. 法律依据交代得不完整

实践中，有些不起诉决定书认定不需要判处刑罚（或者免除刑罚），却未说明法律依据。

> 【不当例】本院认为，被不起诉人金某某实施了《中华人民共和国刑法》第二百三十四条规定的行为，但犯罪情节轻微，双方当事人已达成谅解协议，并具有自首情节，不需要判处刑罚。依照《中华人民共和国刑事诉讼法》第一百七十三条第二款的规定，决定对金某某不起诉。
>
> 【不当例】本院认为，被不起诉人张某的上述行为，情节轻微，不需要判处刑罚。依照《中华人民共和国刑事诉讼法》第一百七十三条第二款的规定，决定对张某不起诉。
>
> 【正例】本院认为，被不起诉人阎某某实施了《中华人民共和国刑法》第二百六十四条的行为，但犯罪情节轻微，且赔偿被害人损失，取得了被害人谅解，根据《中华人民共和国刑法》第三十七条的规定，不需要判处刑罚。依据《中华人民共和国刑事诉讼法》第一百七十三条第二款的规定，决定对阎某某不起诉。

［分析］前两个示例均未说明作出不需要判处刑罚决定的法律依据，不妥当。最后一例表述完整，是妥当的。

3. 援引法律依据不当

（1）援引法律条文不当

不需要判处刑罚的法律依据应当是《刑法》第三十七条。有些不起诉决定书认定不需要判处刑罚的依据却是《刑事诉讼法》第二百七十九条，是不当的。我们调查了1659份相对不起诉决定书，发现有48份存在这一问题，占3%。

【不当例】本院认为，张某某实施了《中华人民共和国刑法》第二百三十四条规定的行为，但其犯罪情节轻微，被害人已经对其表示谅解。根据《中华人民共和国刑事诉讼法》第二百七十九条的规定，不需要判处刑罚。依据《中华人民共和国刑事诉讼法》第一百七十三条第二款的规定，决定对张某某不起诉。

【不当例】本院认为，被不起诉人史某某实施了《中华人民共和国刑法》第二百三十四条规定的行为，构成故意伤害罪，但双方已达成和解，情节轻微，根据《中华人民共和国刑法》第三十七条、《中华人民共和国刑事诉讼法》第二百七十九条的规定，不需要判处刑罚。依据《中华人民共和国刑事诉讼法》第一百七十三条第二款的规定，决定对史某某不起诉。

【不当例】本院认为，被不起诉人左某某故意伤害他人身体的行为，触犯了《中华人民共和国刑法》第二百三十四条第一款，构成故意伤害罪，但犯罪情节轻微，具有自首情节，且向被害人赔偿损失、赔礼道歉，获得被害人谅解，达成和解协议，根据《中华人民共和国刑事诉讼法》第二百七十七条、第二百七十九条的规定，不需要判处刑罚。根据《中华人民共和国刑事诉讼法》第一百七十三条第二款的规定，决定对左某某不起诉。

【正例】本院认为，被不起诉人李某某实施了《中华人民共和国刑法》第二百六十四条规定的行为，但其系初犯、偶犯，犯罪情节轻微，确有悔罪表现，根据《中华人民共和国刑法》第三十七条的规定，不需要判处刑罚。依据《中华人民共和国刑事诉讼法》第一百七十三条第二款的规定，决定对李某某不起诉。

[分析]第一例仅依据《刑事诉讼法》第二百七十九条的规定认定不需要判处刑罚，第二例同时依据《刑法》第三十七条、《刑事诉讼法》第二百七十九条的规定认定不需要判处刑罚，第三例依据《刑事诉讼法》第二百七十七条、第二百七十九条认定不需要判处刑罚。其中，《刑事诉讼法》第二百七十九条是作出不起诉决定的法律依据，援引该条认定不需要判处刑罚是不当的。最后一例依据《刑法》第三十七条认定不需要判处刑罚，是恰当的。

（2）援引司法解释的顺序不合适

不起诉决定书作出不需要判处刑罚的决定通常只援引法律规定即可，即《刑法》第三十七条。不过，根据2016年1月《最高人民检察院司法解释工作规定》的要求，在起诉书、抗诉书、检察建议书等法律文书中援引法律规定和司法解释也是可以的，但顺序上应当是先援引法律后援引司法解释。

【不当例】本院认为，被不起诉人刘某某实施了《中华人民共和国刑法》第三百零三条第一款规定的行为，但被不起诉人刘某某在共同犯罪中起辅助作用，系从犯，且其未从中领取高额固定工资，故依据最高人民法院、最高人民检察院和公安部《关于办理利用赌博机开设赌场案件适用法律若干问题的意见》第七条及《中华人民共和国刑事诉讼法》第一百七十三条第二款的规定，决定对刘某某作不起诉处理。

【不当例】本院认为，被不起诉人王某某实施了《中华人民共和国刑法》第二百六十四条规定的行为，但犯罪情节轻微，到案后如实供述自己的罪行，根据《中华人民共和国刑法》第六十七条第三款之规定，可以从轻处罚；同时其窃取赃物已全部退赔被害人并取得被害人谅解，根据最高人民法院、最高人民检察院《关于办理盗窃刑事案件适用法律若干问题的解释》第七条之规定，可以不起诉或者免予刑事处罚。故依据《中华人民共和国刑事诉讼法》第一百七十三条第二款、第二百七十九条之规定，决定对王某某不起诉。

【正例】本院认为，被不起诉人康某实施了《中华人民共和国刑法》第一百三十三条规定的行为，但犯罪情节轻微，系初犯、偶犯，犯罪以后自动投案，如实供述自己的罪行，系自首，且积极救助被害人，已赔偿被害人近亲属损失并取得了被害人近亲属谅解，根据《中华人民共和国刑法》第三十七条、第六十七条第一款、《最高人民法院关于贯彻宽严相济刑事政策的若干意见》第十五条、《最高人民检察院关于在检察工作中贯彻宽严相济刑事司法政策的若干意见》第八条、第十三条的规定，不需要判处刑罚。

[分析] 第一个不当例中同时援引了法律规定和司法解释，但是先援引了司法解释后援引了法律规定，与《最高人民检察院司法解释工作规定》的"先援引法律，后援引司法解释"的规定相悖。第二个不当例中，对被不起诉人王某某认定"可以不起诉或者免予刑事处罚"的依据是最高人民法院、最高人民检察院《关于办理盗窃刑事案件适用法律若干问题的解释》第七条之规定，没有引用相关的法律规定，不适当。第三个示例先援引了法律后援引司法解释等规定，顺序是恰当的。

（二）作出不起诉决定的法律依据

依照高检院模板，作出不起诉决定的表述为"依据《中华人民共和国刑事诉讼法》第一百七十三条第二款的规定，决定对×××（被不起诉人的姓名）不起诉"。《刑事诉讼法》第二百七十九条也规定了可以作出不起诉决定的相关内容，也可以在援引第一百七十三条第二款的同时援引，但是不能只援引第二百七十九条。

我们调查了1659份相对不起诉决定书，发现绝大多数按照高检院模板只援引了《刑事诉讼法》第一百七十三条第二款，但也有不少不起诉决定书同时还援引了《刑事诉讼法》第二百七十九条，达14%，也是可以的。此外，获得谅解的案件，有3%除援引《刑事诉讼法》第一百七十三条（或同时援引《刑事诉讼法》第二百七十九条）之外，还援引了《刑事诉讼法》第二百七十七条第一款①，同样也可以。

援引法条情况	次数	频率
只援引《刑事诉讼法》第一百七十三条第二款	1321	80%
只援引《刑事诉讼法》第二百七十九条	23	1%
同时援引了《刑事诉讼法》第一百七十三条第二款和第二百七十九条	224	14%
除了上述两条之外还援引了《刑事诉讼法》第二百七十七条第一款	58	3%
其他	33	2%
合计	1659	100%

【不当例】本院认为，被不起诉人李某某实施了《中华人民共和国刑法》第二百三十四条第一款规定的行为，但犯罪情节轻微，且双方已达成和解，根据《中华人民共和国刑法》第三十七条的规定，不需要判处刑罚。依据《中华人民共和国刑事诉讼法》第二百七十九条之规定，决定对李某某不起诉。

【正例】本院认为，谢某某实施了《中华人民共和国刑法》第二百六十四条规定的行为，但犯罪情节轻微，具有坦白情节，认罪悔罪，已退赃，且与被害人达成和解协议，获得谅解，根据《中华人民共和国刑法》第三十七条的规定，不需要判处刑罚。依据《中华人民共和国刑事诉讼法》第一百七十三条第二款、第二百七十七条第一款、第二百七十九条的规定，决定对谢某某不起诉。

---

① 《刑事诉讼法》第二百七十七条第一款规定，因民间纠纷引起，涉嫌刑法分则第四章、第五章规定的犯罪案件，可能判处三年有期徒刑以下刑罚的公诉案件，犯罪嫌疑人、被告人真诚悔罪，通过向被害人赔偿损失、赔礼道歉等方式获得被害人谅解，被害人自愿和解的，双方当事人可以和解。

【正例】本院认为，被不起诉人张某实施了《中华人民共和国刑法》第一百九十六条第一款第（四）项规定的行为，但犯罪情节轻微，且积极退赔赃款，并得到被害单位的谅解。根据《中华人民共和国刑法》第三十七条的规定，不需要判处刑罚。<u>依据《中华人民共和国刑事诉讼法》第一百七十三条第二款的规定，决定对张某不起诉。</u>

【正例】犯罪后自动投案，且已对被害人进行赔偿，取得被害人谅解，根据《中华人民共和国刑法》第三十七条的规定，不需要判处刑罚。<u>依据《中华人民共和国刑事诉讼法》第一百七十三条第二款、第二百七十九条的规定，决定对王某某不起诉。</u>

[分析]第一个不当例只援引了《刑事诉讼法》第二百七十九条作出了不起诉决定，少援引了第一百七十三条第二款的规定；第一个正例被不起诉人有获得谅解的情节，所以该不起诉决定书除了援引《刑事诉讼法》第一百七十三条第二款、第二百七十九条之外，还援引了第二百七十七条第一款，是合适的；第二个正例仅援引了第一百七十三条第二款，是恰当的；第三个正例援引了第一百七十三条第二款和第二百七十九条，也是恰当的。

三、决定事项部分

（一）不需要判处刑罚的认定

犯罪情节轻微的，根据《刑法》第三十七条可以免予刑事处罚。因此，有犯罪情节轻微不需要判处刑罚的，应当根据《刑法》第三十七条作出"不需要判处刑罚"的明确认定。

实践中有部分不起诉决定书叙明了犯罪情节轻微，且一并说明具有的其他情节，但未根据《刑法》第三十七条作出不需要判处刑罚的认定。我们调查了1659份相对不起诉决定书，有291份是犯罪情节轻微、有自首情节的情况，其中43份存在问题，占21%。

【不当例】本院认为，宋某某实施了《中华人民共和国刑法》第二百三十四条规定的行为，但犯罪情节轻微，且有自首情节，并与被害人和解，依据《中华人民共和国刑事诉讼法》第一百七十三条第二款、第二百七十九条的规定，决定对宋某某不起诉。

【不当例】本院认为，被不起诉人张某某、孙某某实施了《中华人民共和国刑法》第二十五条、第二百三十四条第一款规定的故意伤害行为，且系共同犯罪。但犯罪情节轻微，存在自首情节，又系初次犯罪，且对被害人进行积极赔偿，获得被害人的谅解，依据《中华人民共和国刑法》第三十七条、《中华人民共和国刑事诉讼法》第一百七十三条第二款、第二百七十九条之规定，决定对张某某、孙某某不起诉。

【正例】本院认为，被不起诉人连某某实施了《中华人民共和国刑法》第二百三十四条的行为，但犯罪情节轻微，有自首情节，且与被害人达成和解，获得被害人谅解。根据《中华人民共和国刑法》第三十七条的规定，不需要判处刑罚。依据《中华人民共和国刑事诉讼法》第二百七十九条的规定，决定对连某某不起诉。

[分析] 第一个示例未对犯罪情节轻微、有自首等情节结合法律条文给予认定，不妥。第二个示例虽对犯罪情节轻微、有自首等情节提出了认定的法律依据，但也没有给出确切的认定结论——不需要判处刑罚，只是在作出不起诉决定的同时一并提及该法律依据，不够明确。第三个示例为正例。

(二) 关于认定结论的表述

关于认定结论，高检院模板中的表述为"不需要判处刑罚（或者免除刑罚）"："本院认为，犯罪嫌疑人×××实施了《中华人民共和国刑法》第××条规定的行为，但犯罪情节轻微，具有×××情节（此处写明从轻、减轻或者免除刑事处罚具体情节的表现），根据《中华人民共和国刑法》第××条的规定，不需要判处刑罚（或者免除刑罚）。依据《中华人民共和国刑事诉讼法》第一百七十三条第二款的规定，决定对×××（被不起诉人的姓名）不起诉。"

关于犯罪情节轻微的，《刑法》第三十七条的规定是"免予刑事处罚"："对于犯罪情节轻微不需要判处刑罚的，可以免予刑事处罚，但是可以根据案件的不同情况，予以训诫或者责令具结悔过、赔礼道歉、赔偿损失，或者由主管部门予以行政处罚或者行政处分。"

关于如实供述构成自首的，《刑法》第六十七条第一款的规定是"免除刑罚"："犯罪以后自动投案，如实供述自己的罪行的，是自首。对于自首的犯罪分子，可以从轻或者减轻处罚。其中，犯罪较轻的，可以免除处罚。"

关于从犯，《刑法》第二十七条的规定是"免除刑罚"："对于从犯，应当从轻、减轻处罚或者免除处罚。"

立法条文中关于上述犯罪情节的认定结论表述不一致，且与高检院模板的表述也不统一，导致实践中出现了三种认定表述："不需要判处刑罚""免除刑罚"和"免予刑事处罚"。

我们调查了1659份相对不起诉决定书，有该情节认定结论的有1412份，其中有1154份表述为"不需要判处刑罚"，占82%；有236份表述为"免除刑罚"，占17%；有22份表述为"免予刑事处罚"，占2%。

表述的原则应当是：如果有明确的法律规定，按法律规定写明处罚结论，否则按照高检院模板表述。

【不当例】本院认为，被不起诉人王某实施了《中华人民共和国刑法》第三百零三条第二款开设赌场罪的行为，但处于从属地位，且认罪悔罪，属于犯罪情节轻微，根据《中华人民共和国刑法》第三十七条的规定，不需要判处刑罚。

【正例】本院认为，被不起诉人刘某实施了《中华人民共和国刑法》第二百九十三条规定的行为，但犯罪情节轻微，具有坦白情节，根据《中华人民共和国刑法》第二十七条的规定，犯罪情节轻微不需要判处刑罚的，可以免予刑事处罚。

【不当例】本院认为，郭某实施了《中华人民共和国刑法》第二百三十四条第一款规定的行为，但具有自首并赔偿被害人损失获得谅解等情节，根据《中华人民共和国刑法》第三十七条的规定，可以免除刑罚。

[分析] 第一例"不需要判处刑罚"与援引的《刑法》第三十七条"免予刑事处罚"的规定不一，虽是高检院模板里的表述，也不妥当，应与法律规定表述一致。第二例"免予刑事处罚"的表述是《刑法》第三十七条的原文表述，虽与高检院模板规定不一，但是正确的。第三例"免除刑罚"与《刑法》第三十七条表述不一致，与模板表述也不一致，为不规范表述。

第四节 存疑不起诉决定书独有的问题

高检院模板中存疑不起诉的事实和不起诉理由是合为一段表述的："×××（侦查机关名称）移送审查起诉认定……（概括叙述侦查机关认定的事实），经本院审查并退回补充侦查，本院仍然认为×××（侦查机关名称）认定的犯罪事实不清、证据不足（或本案证据不足）（应当概括写明事实不清、证据不足的具体情况），不符合起诉条件。依照《中华人民共和国刑事诉讼法》第一百七十一条第四款的规定，决定对×××（被不起诉人的姓名）不起诉。"

一、事实部分

（一）对认定事实的具体机关的表述

存疑不起诉决定书的事实部分要表述的是侦查机关移送审查起诉认定的事实。这样才便于后面作出存疑不起诉认定时，针对侦查机关移送审查认定的事实说明存疑的理由。

实践中，绝大部分存疑不起诉决定书概述的是移送审查起诉机关认定的事实，不论是侦查机关移送的还是检察机关移送的，少数不起诉决定书则只概述了检察机关审查查明的事实。我们调查了1362份存疑不起诉决定书，发现有203份不起诉决定书概述的是"经本院依法审查查明"的事实，即检察机关审查查明的事实，占15%，其中有两份不起诉决定书还同时概述了侦查机关认定的和"本院"审查查明的事实。

【不当例】本案由北京市公安局朝阳分局侦查终结，以被不起诉人刘某某涉嫌介绍卖淫罪，于2014年9月26日向本院移送审查起诉。本院受理后，于同年9月28日已告知被不起诉人有权委托辩护人，依法讯问了被不起诉人，审查了全部案件材料。本院于2014年10月29日第一次退回补充侦查，侦查机关于同年11月27日补查重报；2015年1月8日第二次退回补充侦查，侦查机关于2015年2月3日补查重报，其间，三次延长审查起诉期限各十五日。经本院依法审查查明：

被不起诉人刘某某于2014年6月21日在北京市朝阳区石佛营×××嘉华KTV5555包间内，使用黑色三星牌移动电话向赵某某发送介绍卖淫短信，内容为"客电话1371496×××，六千，十一点到客酒店"，后赵某某与嫖客彭某某取得联系，并前往东城区××酒店1147号房间从事卖淫活动，并获取嫖资人民币6000元。被不起诉人刘某某于同年6月22日被抓获归案。

本院认为，北京市公安局朝阳分局认定的犯罪事实不清、证据不足，不符合起诉条件。依照《中华人民共和国刑事诉讼法》第一百七十一条第四款的规定，决定对刘某某不起诉。

【不当例】本案由北京市公安局石景山分局侦查终结，以被不起诉人付某某涉嫌犯强奸罪，于2015年1月21日向本院移送审查起诉。本院于2015年3月6日退回公安机关补充侦查一次；于2015年2月22日、2015年4月28日分别延长审查起诉期限二次。

公安机关认定的犯罪事实：

2014年5月20日至22日间，付某某在本市石景山区××街青年公寓2单元1306号房间内，采用语言威胁及殴打的暴力手段，强行与被害人韩某某多次发生性关系，后被民警抓获。

经本院依法审查查明：

2014年5月20日，韩某某通过丰台区××社区家政中介公司的介绍，来到本市石景山区××街青年公寓2单元1306号付某某家中当保姆，双方约定月工资为3000元。同日晚10时许，二人自愿发生性关系一次，付某某使用手机将该过程录音。同年5月22日，韩某某提出离开的要求遭到付某某拒绝。同日17时许，韩某某在××街青年公寓小卖部内，请求他人帮助离开付某某后报警，后民警在家中将付某某抓获。

本院认为，现有证据可以证实付某某与韩某某发生性关系时韩某某系自愿，且证明付某某曾在此之后违背妇女意志、采用语言威胁及暴力手段与韩某某再次发生性关系的证据不足。经本院审查并退回补充侦查，本院仍然认为北京市公安局石景山分局认定的犯罪事实不清、证据不足，不符合起诉条件。

【正例】本案由北京铁路公安处侦查终结，以被不起诉人张某某涉嫌犯非法携带枪支危及公共安全罪，于2014年8月25日向本院移送审查起诉。本院受理后，于同年8月25日已告知被不起诉人有权委托辩护人，依法讯问了被不起诉人，审查了全部案件材料。因事实不清、证据不足，退回侦查机关补充侦查一次（2014年9月25日至同年10月21日）。

北京铁路公安处移送审查起诉认定：2014年2月18日10时许，被不起诉人张某某伙同马某某（男，20岁，天津市人）将在××××购买的枪支一把、BB弹102颗放在拉杆箱内，准备乘火车前往河北涉县，在北京西站北广场二楼进站口进站安全检查时被当场查获。经本院审查并退回补充侦查，本院仍然认为北京铁路公安处认定的犯罪事实不清、证据不足，现有证据不能证明该拉杆箱为该被不起诉人所有，不符合起诉条件。依照《中华人民共和国刑事诉讼法》第一百七十一条第四款的规定，决定对张某某不起诉。

【正例】本案由北京市人民检察院第二分院侦查终结，以被不起诉人孙某某涉嫌滥用职权罪，于2013年11月14日移送北京市人民检察院第三分院审查起诉。其间，因事实不清、证据不足，退回侦查机关补充侦查两次（2013年12月29日至2014年1月12日；同年3月13日至同年4月10日）。北京市人民检察院第三分院于2014年8月13日将本案交由本院审查起诉。

北京市人民检察院第二分院移送审查起诉认定：被不起诉人孙

> 某某与时任中国扶贫开发服务中心主任刘某某（另案处理）合谋，违反国家法律法规强制性规定，擅自决定中国扶贫开发服务中心以向其他企业借款160万元的形式对外投资成立公司，二人的行为违反农业部规定、未履行报批程序，亦未经扶贫中心班子会研究讨论，更未向国务院扶贫办上级主管领导汇报。随后，孙某某、刘某某二人合谋，以扶贫中心的名义擅自签订160万元的资金归还承诺书，导致扶贫中心160余万元国家财产的损失。本案经北京市人民检察院第二分院侦查终结后，在审查起诉期间，经两次补充侦查，本院仍认为被不起诉人孙某某涉嫌国有事业单位人员滥用职权罪证据不足，不符合起诉条件。依照《中华人民共和国刑事诉讼法》第一百七十一条第四款的规定，决定对孙某某不起诉。

［分析］第一个不当例是侦查机关移送审查起诉的案件的不起诉决定书，事实部分写的是"本院"依法审查查明的事实，应写侦查机关移送审查起诉认定的事实。第二个不当例也是侦查机关移送审查起诉的案件的不起诉决定书，事实部分既写了侦查机关认定的事实，又写了"本院依法审查查明"的事实，后者多余。第一个正例是侦查机关移送审查起诉的案件的不起诉决定书，事实部分写的是侦查机关移送审查认定的事实，是恰当的。第二个正例是北京市人民检察院第二分院的自侦案件，之后移送北京市人民检察院第三分院，又由该院移送到"本院"审查起诉。事实部分写的是北京市人民检察院第二分院移送审查起诉认定的事实，也是恰当的。

（二）全篇表述结构——是否划分段落

依照高检院模板，存疑不起诉决定书的不起诉理由、法律依据和决定事项部分为一个段落，无须各自成段。实践中，很多不起诉决定书在不起诉理由部分的内部划分了段落，即侦查机关移送审查起诉认定部分与本院审查并退回补充侦查后认定的结论部分划分了段落。我们调查了1362份存疑不起诉决定书，发现有957份存在该情况，占70%。

【示例】北京市公安局通州分局移送审查起诉认定：

北京市通州区马驹桥镇×××小区物业与业主间因停车问题存在纠纷，犯罪嫌疑人朱某某作为物业副经理授意其助手闫某某划车警告业主，后犯罪嫌疑人闫某某授意保安队长张某某划车，犯罪嫌疑人张某某又授意保安员范某某划车。2014年2月6日凌晨1时许，犯罪嫌疑人范某某用铁丝将李某某等16名业主停放在小区路面上的车辆划伤。经鉴定：宋某某等13名业主被毁坏轿车估价共计价值人民币5.235万元。

经本院审查并退回补充侦查，本院仍然认为北京市公安局通州分局认定的犯罪事实不清、证据不足，不符合起诉条件。依照《中华人民共和国刑事诉讼法》第一百七十一条第四款的规定，决定对朱某某不起诉。

【示例】北京市公安局顺义分局移送审查起诉认定：2014年3月18日，犯罪嫌疑人范某某、余某某误将六氯硅酸镁当作食用盐运送到北京市顺义区牛栏山镇党校工地食堂使用，致110余名工人胃疼、呕吐、身体不适，造成恶劣影响。

经本院审查并二次退回补充侦查，本院仍然认为北京市公安局顺义分局认定的犯罪事实不清、证据不足，不符合起诉条件。依照《中华人民共和国刑事诉讼法》第一百七十一条第四款的规定，决定对范某某不起诉。

【示例】北京市公安局移送审查起诉认定：被不起诉人王某某于2007年7月间，利用担任×××公司副总经理、绿×公司董事的职务便利，采取倒签《房屋产权分配协议书》的方式，隐瞒霸州市×××有限公司受中冶安顺达公司委托代持绿×公司35%股权事实等手段，获取了绿×公司（北京市通州区）名下世纪龙都国际公寓20套房屋的产权，并通过法院诉讼方式，将暂存于中都国际拍卖公司（北京市朝阳区）账上的拍卖绿×公司的剩余资金575万余元，强制执行到由王某某实际控制的霸州市×××有限公司在工商银行霸州支行的账户中，非法占有使用。经本院审查并退回补充侦查，本院仍然认为北京市公安局认定的事实不清、证据不足，

> 在案证据无法得出排他性结论，不符合起诉条件。依照《中华人民共和国刑事诉讼法》第一百七十一条第四款的规定，决定对王某某不起诉。

［分析］遇到案情复杂的情况，划分段落更易于表达清楚。所以，是否划分段落，不应拘泥于高检院模板，可根据具体情况灵活处理。处理的原则是：案情简单、易于表述的，尽量不划分段落，以保持行文的连贯；反之，案情复杂、不易表述的，应通过划分段落来区别不同事实或案情。

二、不起诉理由部分

（一）侦查机关名称的表述

存疑不起诉决定书是针对侦查机关移送检察院审查起诉的案件作出的不起诉决定。所以，在说明不起诉理由的时候，应写明认为哪一个侦查机关认定的犯罪事实不清、证据不足（或本案证据不足），而不能对侦查机关的名称不予说明或笼统地写作"公安机关"。我们调查了1362份存疑不起诉决定书，发现其中有175份存在该问题，占13%。这部分不起诉决定书有的没有写明具体的侦查机关的名称，直接表述为"侦查机关""公安机关"，有的干脆不提是谁认定的事实。这一做法，严格来说不够规范，虽然从上下文来看，读者可以理解这里的认定事实就是指上文提到的侦查机关认定的事实。

> 【不当例】经本院审查并退回补充侦查，本院仍然认为<u>侦查机关</u>认定的犯罪事实不清、证据不足，不符合起诉条件。
> 【不当例】经本院审查并两次退回补充侦查，本院仍然认为<u>公安机关</u>认定郝某某贩卖毒品的犯罪事实不清、证据不足，不符合起诉条件。
> 【不当例】经本院审查并退回补充侦查，本院仍然认为该案认定的犯罪事实不清、证据不足，不符合起诉条件。

> 【不当例】经本院审查并退回补充侦查，本院仍然认为：现有证据不足以认定霍某某的行为构成犯罪，不符合起诉条件。
>
> 【不当例】本院经审查后认为：被不起诉人林某某涉嫌盗窃罪一案，事实不清、证据不足，经过两次退回侦查机关补充侦查，仍然证据不足，不符合起诉条件。
>
> 【不当例】经本院审查并退回北京市公安局朝阳分局补充侦查后，本院认为认定被不起诉人实施犯罪的事实不清、证据不足，不符合起诉条件。
>
> 【正例】经本院审查并退回补充侦查，本院仍然认为<u>北京市公安局门头沟分局</u>认定的犯罪事实不清、证据不足，因现有证据之间存在明显矛盾，无法确定持刀扎伤程某某的直接行为人，主要事实不清，证据不足，不符合起诉条件。

［分析］前两个不当例笼统地写了"侦查机关"或"公安机关"，没有写明具体名称，不妥。后面四个不当例均未提侦查机关，更是不妥。最后一个是正例，写明了侦查机关的具体名称，更严谨。

（二）对事实不清、证据不足具体情况的说明

存疑不起诉决定的理由是侦查机关认定的事实不清、证据不足。通过调查发现，实践中存疑不起诉决定书对这一理由的说明存在很多问题。

1. "事实不清"与"证据不足"之间标点符号的使用

"事实不清"与"证据不足"为并列关系的两个短语，在存疑不起诉理由的表达中，这两个短语并列在一起说明理由，所以二者之间应为表示并列关系的顿号。实践中，有不少人将顿号用为逗号，割裂了二者之间的紧密联系，甚至有的还会造成句意表达不当。我们调查了1362份存疑不起诉决定书，有54份在这两个短语中间用了逗号，占4%。

【不当例】经本院审查后认为：被不起诉人张某某涉嫌强奸一案，事实不清，证据不足，经二次退回补充侦查后现仍事实不清，证据不足，不符合起诉的条件。

【不当例】经本院审查并退回补充侦查，本院仍然认为本案事实不清，证据不足，不符合起诉条件。

【不当例】其间，因部分事实不清，证据不足退回侦查机关补充侦查两次。

【正例】经本院审查并退回补充侦查，本院仍然认为北京市公安局昌平分局认定的事实不清、证据不足，现有证据无法认定张某某主观上存在伤害他人的故意，不符合起诉条件。

［分析］"事实不清""证据不足"之间结合紧密，用了逗号有时反而会影响句意的表达。这在第三个不当例中表现得尤为明显。"部分事实不清，证据不足"是退回补充侦查的原因。在"因部分事实不清，证据不足退回侦查机关补充侦查两次"这个并不长的句子中，作为"因"的成分与"退回侦查机关补充侦查两次"相结合，"部分事实不清"与"证据不足"内部结构关系非常紧密，但用了逗号之后，便割裂了二者之间的关系，造成整个句子结构关系的改变，成了逗号前后两个分句的结合，影响了句意的表达。

2. 对事实不清、证据不足具体情况的概括说明

存疑不起诉的理由是侦查机关认定的犯罪事实不清、证据不足，如高检院要求的，应当概括写明事实不清、证据不足的具体情况。这是不起诉决定书说理的具体体现，也是重要体现，不可或缺。但绝大多数不起诉决定书缺少了这一部分。我们抽样调查了1315份存疑不起诉决定书，发现只有69份不起诉决定书概括写明了事实不清、证据不足的具体情况，仅占5%。大多数不起诉决定书没有具体说明不起诉的理由，仅使用套话"事实不清、证据不足"，导致所有的存疑不起诉决定千篇一律、呆板机械，没有真正说理。如无论什么案件，均表述为"经本院审查并退回补充侦查，本院仍然认为×××（侦查机关名称）认定的犯罪事实不清、证据不足，不符合起诉条件。依照《中华人民共和

国刑事诉讼法》第一百七十一条第四款的规定，决定对×××（被不起诉人的姓名）不起诉"。其中划线部分就像填空一样被机械地替换为不同内容，导致存疑不起诉决定书千文一面，让不起诉决定书说理成为空谈。

【不当例】经本院审查并退回补充侦查，本院仍然认为北京市公安局顺义分局认定沈某涉嫌犯诈骗罪的犯罪<u>事实不清、证据不足</u>，不符合起诉条件。

【不当例】经本院审查并退回补充侦查，本院仍然认为北京市公安局石景山分局认定的犯罪<u>事实不清、证据不足</u>，不符合起诉条件。

【正例】经本院审查并退回补充侦查，本院仍然认为，北京市公安局认定的犯罪事实不清、证据不足，<u>现有证据无法认定被害人刘某某的鼓膜穿孔是否在6周内自行愈合，北京市公安局西城分局认定的犯罪证据不足</u>，不符合起诉条件。

【正例】经本院审查并退回补充侦查，本院仍然认为北京市公安局认定的犯罪事实不清、证据不足，<u>不能证实被害人李某某的脑损伤和肝脏损伤系李某造成</u>，不符合起诉条件。

[分析]两个不当例均未具体阐释什么事实不清、哪些证据不足，理由阐释不到位、说理不清。后面两个正例则均对事实不清、证据不足的具体情况作了说明（见划线部分），说理更充分。

存疑不起诉决定书在对事实不清、证据不足的具体情况进行概括时，应当注意概括说明要把握尺度，虽不可缺少，但也不必说明得过于具体、阐述得过细。

3. 对事实不清、证据不足具体情况的概述方式

高检院模板要求概括写明事实不清、证据不足的具体情况，但具体如何写明，未作明确。我们调查了1362份存疑不起诉决定书，发现绝大多数未按要求概述事实不清、正确不足的具体情况，有69份按要求概述具体情况的不起诉决定书中主要有两种处理方式：（1）按照模板

要求表述，先说明本院仍然认为侦查机关名称认定的犯罪事实不清、证据不足（或本案证据不足），后补充说明如何事实不清、证据不足。这样处理的有 56 份不起诉决定书，占 69 份的 81%。（2）不按模板要求表述，直接写明事实不清、证据不足的具体情况。这样处理的有 13 份不起诉决定书，占 69 份的 19%。

为了便于阅读理解，在概述事实不清、证据不足的具体情况时，宜先概括说明，再具体说明。

【示例】经本院审查并退回补充侦查，本院仍然认为北京市公安局顺义分局认定的<u>犯罪事实不清、证据不足，现有证据无法认定张某某主观上存在寻衅滋事的故意</u>，不符合起诉条件。

【示例】经本院审查并退回补充侦查，本院仍然认为北京市公安局海淀分局认定的<u>犯罪事实不清、证据不足。客观方面，证明高某某向中国建筑装饰集团有限公司虚构事实、隐瞒真相的主要证据之间存在直接矛盾且不能排除；主观方面，证明高某某对 500 万元保证金具有非法占有故意的证据不足</u>，不符合起诉条件。

【示例】经本院审查并退回补充侦查，本院认为，<u>因王某某盗窃的部分物品系试用装，无法估价，故王某某所盗窃物品的数额无法确定</u>。北京首都国际机场公安分局认定的犯罪证据不足，不符合起诉条件。

［分析］前两个示例都是按照高检院模板表述，先说明侦查机关认定的事实不清、证据不足，再进一步说明具体情况，清晰易懂。第三个示例则是不拘泥于模板的要求，直接说明事实不清、证据不足的具体情况，客观来说并无不妥，但先概括说明"事实不清、证据不足"，然后再展开说明具体情况，会更清晰明白。

4. 对"不符合起诉条件"的认定

《刑事诉讼法》第一百七十一条第四款规定，"对于二次补充侦查的案件，人民检察院仍然认为证据不足，不符合起诉条件的，应当作出不起诉的决定"，意为"对于二次补充侦查的案件，人民检察院仍然认为证据不足"要达到"不符合起诉条件"标准的，才作出不起诉决定。

因此，存疑不起诉决定书不起诉理由部分在说明事实不清、证据不足的具体情况之后，需有"不符合起诉条件"这一认定。我们调查了1362份存疑不起诉决定书，发现有40份缺少这一表述，占3%。

> 【不当例】现经我院审查，认为认定刘某某故意毁坏他人财物的事实不清、证据不足，依照《中华人民共和国刑事诉讼法》第一百七十一条第四款的规定，决定对刘某某不起诉。
>
> 【正例】经本院审查并退回补充侦查，本院仍然认为北京市公安局丰台分局认定的犯罪事实不清、证据不足。现有证据无法证实被不起诉人张某某主观上明知其接受的涉案增值税发票系虚开，<u>不符合起诉条件</u>。依照《中华人民共和国刑事诉讼法》第一百七十一条第四款的规定，决定对张某某不起诉。

[分析] 前一示例未总结不起诉理由，没有说明"不符合起诉条件"，不妥。后一示例作出了明确说明，论证的逻辑链条完整，比较适当。

三、法律依据部分

存疑不起诉决定书的法律依据部分存在的主要问题是作出存疑不起诉决定所引用的法律条文不当或者多余。

高检院模板要求，作出存疑不起诉决定的法律依据是《刑事诉讼法》第一百七十一条第四款，但实践中有些存疑不起诉决定书反映出作出该决定所依据的是《人民检察院刑事诉讼规则（试行）》的相关规定。我们调查了1362份存疑不起诉决定书，发现有20份存在该问题，占1%；还有些存疑不起诉决定所依据的是《刑事诉讼法》第一百七十一条第四款和《人民检察院刑事诉讼规则（试行）》的相关规定，有150份，占11%。

作出存疑不起诉决定的依据应当是《刑事诉讼法》的相应规定，如果《人民检察院刑事诉讼规则（试行）》也有规定的，可以同时援引，但不能只援引后者。

《人民检察院刑事诉讼规则（试行）》第四百零三条规定："人民检察院对于二次退回补充侦查的案件，仍然认为证据不足，不符合起诉条件的，经检察长或者检察委员会决定，应当作出不起诉决定。人民检察院对于经过一次退回补充侦查的案件，认为证据不足，不符合起诉条件，且没有退回补充侦查必要的，可以作出不起诉决定。"

第四百零四条规定："具有下列情形之一，不能确定犯罪嫌疑人构成犯罪和需要追究刑事责任的，属于证据不足，不符合起诉条件：（一）犯罪构成要件事实缺乏必要的证据予以证明的；（二）据以定罪的证据存在疑问，无法查证属实的；（三）据以定罪的证据之间、证据与案件事实之间的矛盾不能合理排除的；（四）根据证据得出的结论具有其他可能性，不能排除合理怀疑的；（五）根据证据认定案件事实不符合逻辑和经验法则，得出的结论明显不符合常理的。"

【不当例】本院经审查后认为：被不起诉人程某某涉嫌盗窃罪一案，事实不清、证据不足，经过两次退回侦查机关补充侦查，仍然证据不足，不符合起诉条件，依照《人民检察院刑事诉讼规则（试行）》第四百零三条的规定，本院决定对程某某不起诉。

[分析] 该例作出存疑不起诉决定依据的是《人民检察院刑事诉讼规则（试行）》的相关规定，而无《刑事诉讼法》的相关规定，不当。

【正例】经本院审查并退回补充侦查，本院仍然认为北京市公安局西城分局认定被不起诉人芦某某涉嫌犯非法经营罪的事实不清、证据不足，现有证据不能证明芦某某为非法经营，不符合起诉条件。依照《中华人民共和国刑事诉讼法》第一百七十一条第四款、《人民检察院刑事诉讼规则（试行）》第四百零三条、第四百零四条的规定，决定对芦某某不起诉。

[分析] 该例作出存疑不起诉决定所援引的法律依据是《刑事诉讼法》第一百七十一条第四款和《人民检察院刑事诉讼规则（试行）》的相关规定，是正确的。

【正例】经本院审查并退回补充侦查，本院仍然认为北京市公安局门头沟分局认定的犯罪事实不清、证据不足。本案中，执法人员从北京×××环境科技有限公司门头沟再生水厂西门北侧的污水井内提取样本的方法，无法证明北京市环境保护局检测中心出具的CC140××号检测报告的样本与韩某某倾倒的生产废水具有同一性，以至于证明韩某某倾倒的生产废水的pH值是否达到1.01的事实不清。综上，根据本案证据得出的结论具有其他可能性，不能排除合理怀疑，不符合起诉条件，<u>依照《中华人民共和国刑事诉讼法》第一百七十一条第四款的规定</u>，决定对韩某某不起诉。

[分析] 该存疑不起诉决定所援引的法律依据是《刑事诉讼法》第一百七十一条第四款的规定，是正确的。

第四章　不起诉决定书的说理

绝对不起诉、相对不起诉和存疑不起诉，均是对案件审查的一种结果，是从实体上对公民是否涉嫌犯罪或其犯罪是否应负刑事责任的一种认定。因此，作为这一决定的载体——不起诉决定书，具有相对终止诉讼程序的效力，无论是对被不起诉人、被害人还是侦查机关，都应当就作出这一决定的理由予以说明。

2011 年 8 月 9 日，《最高人民检察院关于加强检察法律文书说理工作的意见（试行）》出台，从检察法律文书说理的意义到工作原则，到说理的案件范围，再到说理的主体和对象乃至说理的形式、基本要求等方面都作了具体的要求。

2014 年 10 月 1 日，为了推进司法规范化和检察信息化建设，切实保障人民群众对检察工作的知情权、参与权和监督权，为了进一步规范执法、公正司法，推进检务公开，增强执法办案的透明度，高检院发布《人民检察院案件信息公开工作规定（试行）》，开通案件信息公开网，重要的法律文书上网公开，其中就包括不起诉决定书。

2017 年，为认真落实党的十八大和十八届三中、四中、五中、六中全会精神，根据中共中央办公厅、国务院办公厅《关于实行国家机关"谁执法谁普法"普法责任制的意见》的要求，高检院对 2011 年 8 月印发的《最高人民检察院关于加强检察法律文书说理工作的意见（试行）》进行了修订，制定了《最高人民检察院关于加强检察法律文书说理工作的意见》（以下简称《意见》），2017 年 7 月 4 日经最高人民检察院第十二届检察委员会第六十六次会议审议通过，并印发给全国各省、自治区、直辖市人民检察院，解放军军事检察院，新疆生产建设兵团人民检察院，要求各地结合实际贯彻实施。① 《意见》强调了公诉工作中作出不起诉决定的这种涉及案件终局处理的检察法律文书应当着重进行说理。《意见》还提出了检察法律文书说理的基本要求：要准确说明人民检察院认定的案件事实及相关证据，对证据的客观性、合法性和关联性进行必要分析，说明采信和不采信的理由。还要阐明事实，即："要结合法律文书的具体内容和结论，对人民检察院所作决定依据的法律、司法解释条文的具体内容予以列明，解释法律适用的理由和依据。""说理时要针对焦点问题，充分阐释决定的理由和依据。""语言规范，表达准确，逻辑清晰，通俗易懂。"

不起诉决定书应重视说理这一问题，一直为业内人士所呼吁②，但时至今日仍然存在很大问题，要么根本不说理，要么说了也白说，强词夺理，要么随便说一说，似理非理。③ 为了适应新形势的要求，加强不起诉决定书的说理工作，我们将结合前文调查现状，具体分析目前不起诉决定书在说理方面存在的不足，并有针对性地提出改进意见。

第一节 不起诉决定书说理概述

一、不起诉决定书说理过程中的事理、法理与哲理

不起诉决定建立在对案件事实的分析认定的基础上，案件事实的表述可以说是不起诉决定的支撑和基础。因此，不起诉决定书的说理从事实部分开始，即从说事理开始，包括证据的表述。说明事理之后，更为关键的是作出不起诉决定所依据的法律、法规、司法解释以及法学理论

---

① 载最高人民检察院网站，http://www.spp.gov.cn/zdgz/201707/t20170726_196843.shtml，2017年7月26日访问。

② 李笑楠、李睿杰：《不起诉决定书不可缺"理"》，载《检察日报》2014年7月25日；戴佳、冯怡：《每一份文书都要过重重关卡江苏太仓："三阅三校"机制提升法律文书质量》，载《检察日报》2014年8月3日；丁晶、王文萍：《文书的三个说理要素》，载《检察日报》2012年6月1日；谢财能：《不起诉决定书说理待增强》，载《检察日报》2012年12月25日；陈伟东、盛婧：《相对不起诉决定书制作现状分析及改进建议》，载《法制与社会》2009年第28期。

③ 徐慎炜、邢强：《浅析公诉法律文书的说理》，载《河南法制报》2016年6月2日；杜晓伟：《不起诉决定书应增加说理内容》，载《人民检察》2016年第12期。

等，这便是法理的说明，是不起诉决定书说理的核心部分，简单说就是摆事实讲道理。

不起诉决定书的说理虽然涉及事实、证据、法律条文等，但并不仅仅是把证据简单罗列、堆砌在对事实的认定中，也不仅仅是把法律条文引到文书当中即可，而是需要充分地摆事实，将事实与证据之间很好地关联起来，并在事实与证据的基础上，恰当地结合法律规定，分析被不起诉人的行为，准确地适用法律条款，说明不起诉的理由与依据，最终作出不起诉决定。

从事理到证据到法理，前后呼应、一脉相承，逻辑上应该是环环相扣、步步为营，全篇说理浑然一体，从而体现出检察官的思辨方式及过程，这是不起诉决定书除了讲事理和法理之外也讲哲理的体现。检察官对案件的处理结果通过不起诉决定书这一载体表现出来，它应当在事实的叙述、证据的列明、法律条文的援引和解读等方面，通过语言的运用、结构的组织、篇章的构建，将分析判断的推理过程反映出来。不起诉决定书的哲理应该是从字里行间渗透出来的检察官的思想理念、思想方法、思维过程、价值取向，以及对法律的理解与驾驭，能够反映检察官的综合素质。

二、不起诉决定书说理的受众视角

不起诉决定书说理必须从受众角度去考虑其可接受性，要让受众更易接受，而不能自说自话、高高在上，更不能敷衍了事。司法作为将正义从天堂带到人间的"天使"，司法工作者要履行好其所应尽的职责，才能满足一直无助又"无知"的芸芸众生的期待。[①] 要让他们看见正义，而正义必须呈现出生动形象的外表，否则人们就看不见它。作为终局性法律文书——不起诉决定书，它的正义就是通过受众能够接受的语言形式摆事实讲道理，让不起诉决定获得认可、得到理解，最终被接受。

---

① 舒国滢：《从司法的广场化到司法的剧场化——一个符号学的视角》，载《政法论坛》1999年第3期。

在亚里士多德的修辞学理论中，受众（听众）被置于举足轻重的位置。他的政治言说、诉讼言说和典礼言说这三种言说类型，就是根据受众种类的不同而划分的。① 新修辞学理论兴起后，佩雷尔曼的受众理论再次将受众的位置推至高位，他认为，论证是人文学科的基础且重要的方法，论证的目的就是引起或增强受众对某一论题的认同。② 所以，不起诉决定书要紧密围绕不起诉决定这一中心论点，向受众摆事实讲道理，要重视受众的地位。随着不起诉决定书的公开上网，不起诉决定书的受众面在逐步扩大，这就对不起诉决定书的说理提出了更高的要求，就是如何让这些"口味"不同的受众能够最大限度地接受不起诉决定。这是新时期新形势下不起诉决定书制作面临的新挑战。

三、不起诉决定书的文体特点

不起诉决定书的说理通过事实部分和不起诉理由部分实现，虽然这两部分要形成严密的逻辑系统，但是也各有特点。

事实部分，就是叙述案件事实。这里的叙述有别于一般文学体裁的叙述。这里的叙述讲求的是把事情说清楚，说清前因后果，说清事件过程的来龙去脉，并不需要华丽词藻的修饰，不需要各种句式的变换以增添色彩，也不需要刻意使用倒叙、插叙等各种手段丰富表达。这里的叙述只要求用朴实平白的语言，采用平铺直叙的方法，但应繁简得当，一切以说清事实为主旨。事实叙述要紧密围绕犯罪构成展开，重点叙述与确定当事人权利义务关系有密切联系的情节，和对犯罪嫌疑人的定罪量刑有密切联系的情节。

证据部分在事实部分之后，为事实表述提供佐证。当然，不是所有的不起诉决定书都需要列明证据。

不起诉理由部分重在论证，更像是议论文体，有理有据，最后提出中心论点，即作出不起诉决定。这部分先是承接上文的事实与证据，对关键事理作出高度概括，然后引出所适用的法律规定，加以分析，最终

---

① ［古希腊］亚里士多德：《修辞学》，罗念生译，上海世纪出版集团2006年版，第28页。
② 转引自廖义铭：《佩雷尔曼之新修辞学》，唐山出版社1997年版，第49页。

提出不起诉决定意见。这部分应注意的是：说理要言之有物，不能用套话代替，不能用结论代替；法律依据援引还要准确到位，这也是说理透彻的体现；说理要客观，不能带有主观感情色彩。

我们在前述调查分析的基础上，对不起诉决定书制作中有关说理的问题进行集中讨论，所以下文分析中涉及的调查数据大都在前文相应部分有具体说明与解释，将不再赘述。

第二节　三种不起诉决定书普遍存在的说理问题

一、事实

作出不起诉决定要有理由，理由有法理也有事理。事理部分就涉及案件事实，不起诉决定书的案件事实表述非常重要。因法律文书不同于文学创作的叙事那样可以舒缓而进、娓娓道来，而应讲求简洁、凝练，要在有限的篇幅内高度概括地说清楚案件事实，而很多案件事实又比较复杂，涉及的人物、事物众多，或相互间关系复杂，所以，在事实表述上，如果制作人员不重视，如果不花时间打磨、推敲和斟酌，匆匆制作出来的不起诉决定书，事实部分的撰写容易出现顾此失彼的问题。

（一）事实表述的对象

不起诉决定书哪种类型需要表述侦查机关移送审查时认定的事实和证据，哪种类型需要表述检察机关审查后认定的事实和证据，哪种类型需要将两个机关认定的事实和证据都表述清楚，这一问题涉及的是事实表述的结构，反映的是深层说理的逻辑关系。

高检院模板要求，"绝对不起诉决定书应当先概述侦查机关移送审查起诉意见书认定的犯罪事实（如果是检察机关的自侦案件，则这部分不写），然后叙写检察机关审查认定的事实及证据"。从我们调查的样本来看，只有3%的绝对不起诉决定书对两个机关认定的事实均作了表述，其余97%只表述了检察机关审查认定的事实。高检院模板要求，

"相对不起诉决定书将检察机关审查后认定的事实和证据写清楚，不必叙写侦查机关移送审查时认定的事实和证据"。从我们调查的样本来看，相对不起诉决定书均只叙写了检察机关审查认定后的事实。高检院模板要求，存疑不起诉决定书应当只概述侦查机关认定的事实。从我们调查的样本来看，有15%的存疑不起诉决定书只概述了检察机关审查认定的事实，而未概述侦查机关认定的事实。

上述调查结果显示，在制作绝对不起诉和存疑不起诉决定书时，对到底概述哪个机关认定的事实似乎并不很清楚，尤其是绝对不起诉决定书，只有个别文书遵照要求概述了侦查机关和检察机关认定的事实。这一问题导致说明事理时逻辑结构上的不明晰。总体上，文书制作人缺乏对每种不起诉决定书说理特点的把握，在制作不起诉决定书时呈现随意状态。

（二）事实表述的侧重点

三种不起诉决定书中，存疑不起诉是对侦查机关移送审查起诉认定的事实作出"犯罪事实不清、证据不足"的认定，所以，不起诉决定书中的事实部分仅转述侦查机关移送审查起诉认定的事实即可，故而事实部分并不涉及不起诉决定的事理的说明。绝对不起诉和相对不起诉决定书，根据《刑事诉讼法》的相关规定，都有侧重考虑的法理依据。事理应当与此相应、有所侧重地体现出来。所以，事实表述并不是平铺直叙、面面俱到，而应当重点突出。在抽样调查的80份不起诉决定书中，有17份不起诉决定书存在事理没有侧重的问题，占总数的21%，反映出说理的严重不足，应当引起重视。

绝对不起诉决定书，如果是根据《刑事诉讼法》第十五条第（一）项即侦查机关移送起诉认为行为构成犯罪，经检察机关审查后认定行为情节显著轻微、危害不大，不认为是犯罪而决定不起诉的，应重点反映显著轻微的情节和危害程度较小的结果。如果是因行为已构成犯罪，本应当追究刑事责任，但审查过程中有《刑事诉讼法》第十五条第（二）至（六）项规定的法定不追究刑事责任的情形，因而决定不起诉的，应当重点叙明符合法定不追究刑事责任的事实和证据，充分反映出法律规定的内容。

【正例】经本院依法审查查明：被不起诉人张某某于2015年4月1日13时许，在北京市顺义区仁和地区×××二区20-1-1003北侧卧室内，强行将武某某推倒在床上，隔着武某某衣服抚摸其胸部，武某某予以反抗并推开张某某，在开卧室门时，张某某又隔着衣服抚摸武某某臀部。被不起诉人张某某后被查获。

本院认为，张某某的上述行为，情节显著轻微、危害不大，不构成犯罪。依照《中华人民共和国刑事诉讼法》第十五条第（一）项和第一百七十三条第一款的规定，决定对张某某不起诉。

[分析] 这是一份绝对不起诉决定书的事实部分和结论部分。被不起诉人的行为最终被认定为"情节显著轻微、危害不大，不构成犯罪"，依据的是《刑事诉讼法》第十五条第（一）项。高检院模板要求，依据这一规定作出不起诉决定的不起诉决定书，事实部分应重点反映显著轻微的情节和危害程度较小的结果。上述事实表述中"隔着武某某衣服抚摸其胸部""武某某予以反抗并推开张某某""又隔着衣服抚摸武某某臀部"的表述体现出了情节的显著轻微，反映出了危害不大，事理充分、重点突出、说理到位。

【不当例】被不起诉人路某于2014年8月25日8时许，在北京市朝阳区×××一区24号楼105号其家中，使用自己的移动电话在"聚点娱乐"微信群中，发布信息"我朋友的朋友是公安口的，说东突已有人进入北京，准备十一弄个大动作，大家注意点"，后被不起诉人路某被抓获归案。

本院认为，路某的上述行为，情节显著轻微、危害不大，不构成犯罪。依照《中华人民共和国刑事诉讼法》第十五条第（一）项和第一百七十三条第一款的规定，决定对路某不起诉。

[分析] 这也是一份绝对不起诉决定书的事实部分和结论部分。认定被不起诉人犯罪情节显著轻微、危害不大，不构成犯罪，依据的也是《刑法》第十五条第（一）项的规定。但事实表述部分没有重点反映出显著轻微的情节和危害程度较小的结果。如微信群内有多少人，是否有

人相信并再次转发，是否造成恐慌等。因此，事理说明不够充分、重点不够突出，使得认定结论的理由不够充足。

相对不起诉决定是在肯定了被不起诉人的行为构成犯罪的基础上，只因其犯罪情节轻微，依照刑法规定，认为不需要判处刑罚或者免除刑罚而作出的，因此，在事实、罪与非罪的认定上一般与侦查机关之间不存在分歧，但在从轻、减轻或者免除刑事处罚的具体情节的认定上存在分歧，易引起侦查机关的复议、复核及被害人和被不起诉人的申诉。在制作这一类型的不起诉决定书时一定要写清案件事实，重点写明被不起诉人具有的法定情节和检察机关酌情作出不起诉决定的具体理由。

【正例】2013年8月18日，被不起诉人孙某某在本市海淀区××酒店8610房间内，窃取其女朋友马某某（女，21岁）价值人民币4116.8元的苹果牌iPhone5 16G型手机一部、价值人民币3027.84元的9.12克黄金（足金）项链一条、价值人民币1294.8元的3.9克黄金（足金）戒指一枚及现金人民币500余元。后孙某某返还马某某戒指一枚，赔偿马某某损失现金人民币2000元、苹果牌iPad-mini一部，马某某对孙某某表示谅解。

被不起诉人孙某某于2015年3月2日被民警抓获归案，如实供述了上述事实。

本院认为，被不起诉人孙某某实施了《中华人民共和国刑法》第二百六十四条规定的行为，但犯罪情节轻微，且能够如实供述自己的罪行，已赔偿被害人损失并获得谅解，依照《中华人民共和国刑法》第三十七条、第六十七条第三款之规定，不需要判处刑罚。根据《中华人民共和国刑事诉讼法》第一百七十三条第二款之规定，决定对被不起诉人孙某某不起诉。

[分析] 这是一份相对不起诉决定书的事实部分和结论部分，通过描述窃取物的价值体现出情节轻重，对于赔偿被害人损失并获得谅解、如实供述这几个不起诉理由均有突出叙述，事理表述合理、到位。

【不当例】2014年6月27日22时许，被不起诉人王某某在北京市通州区土桥城铁站外的京津公路南侧辅路上，因琐事与吕某某（男，33岁，河南省人）发生争执，后互殴。互殴中，被不起诉人王某某将吕某某面部打伤，致其鼻骨粉碎性骨折，<u>经鉴定为轻伤二级</u>。后被不起诉人王某某被查获。

本院认为，被不起诉人王某某实施了《中华人民共和国刑法》第二百三十四条第一款规定的行为，<u>但犯罪情节轻微，到案后如实供述，并与被害人达成和解</u>。依据《中华人民共和国刑事诉讼法》第二百七十九条、第一百七十三条第二款的规定，决定对王某某不起诉。

[分析] 本例中，被害人被鉴定为轻伤二级，却认定被不起诉人犯罪情节轻微，缺少说理部分，认定简单，令人不解。

总之，事实部分在叙述上有所侧重，既遵循了不起诉决定书制作的经济原则，又便于读者抓住重点，理解不起诉决定的事理，为说明不起诉决定的法理做好铺垫。

（三）事实表述的细节

案件事实表述应清楚地呈现出案件事实的来龙去脉，让读者容易理解。在事实表述上以下几点需要特别注意。

1. 对同案人的说明

有的案件有同案人，甚至有多位同案人。表述事实时，第一次提及被不起诉人时，其姓名前应当先冠以"被不起诉人"作为称谓，之后为了表述的方便可以直接称其姓名。为了让读者更清楚地厘清案件人物的关系，同案人的表述应当有别于被不起诉人。如果案情较为简单，同案人的作用较易说清，并且无须反复提及的，就用"他人"来表述同案人即可，如"被不起诉人张三伙同他人"。如果案情较为复杂，同案人的作用不易说清（如涉及同案人，还涉及同案人的父亲的），或者需要反复提及的，就表述为"王某""刘某"等，名字作隐匿处理。如果同案人已经到案，则可以写明姓名，其他如"在逃"等说明则没有必要。

实践中还有对同案人冠以"犯罪嫌疑人"的，这也是不恰当的。这种情况多出现于转述侦查机关移送审查起诉认定的事实部分，在概述这部分事实时，有的直接照搬侦查机关移送审查认定结论，并照搬其中对同案人的称谓。因为一份不起诉决定书就是针对一位"犯罪嫌疑人"的，这名在侦查机关移送审查认定中的"犯罪嫌疑人"在相应的不起诉决定书中身份就转换为"被不起诉人"了，不能再称为"犯罪嫌疑人"，同案人也要相应转换，也不能称为"犯罪嫌疑人"。有的不起诉决定书照搬侦查机关移送审查起诉认定书里一些称谓，导致了事实表述中的人物关系混乱。如"北京市公安局朝阳分局移送审查起诉认定：2014年9月24日3时许，犯罪嫌疑人邵某伙同犯罪嫌疑人闫某某（该二人在押）、毕某某、田某、谢某某（该三人被取保候审）在北京市朝阳区三间房乡山城辣妹子餐厅内酒后滋事，并将服务员刘某某（女，28岁，重庆市人）打伤"。经查，这份不起诉决定书的被不起诉人是田某，其余人为同案人。而上述事实表述中除了对被不起诉人没有明确标记为"被不起诉人"之外，对同案人的称谓混乱，导致人物关系表述混乱，影响了表达效果。

2. 对涉案物的说明

有的案件涉及关键事物，对此就要结合案件情况详细说明，不能模棱两可或指代不明。例如，一起涉嫌强迫交易罪案中，被不起诉人强迫被害人以人民币200元、400元的价格购买"红花果"。"红花果"为该案的关键事物，而该物为何物、价值几何（到底值不值200元或400元）等，都没有予以详细说明，导致案件事实表述不清，影响了对案件性质的基本判断。

3. 对涉案人物、事物间关系的说明

涉案人物、事物关系复杂时，表述起来难度较大，还要尽量考虑语言简洁。实践中，不起诉决定书的事实部分大量使用代词"其"，或者前后用不同的方式表述同一事物或人物，其中有一个是详细的，其余为简略称谓，以此来关联上下文之间人物、事物间的关系。这一方法有效地解决了相当一部分问题，使得事实表述凝练又富逻辑性。但是，也有不少不起诉决定书因为这些词语使用不当，导致了事实表述不清，甚至混乱。如："经本院依法审查查明：2014年7月25日9时许，于某某（男，31岁）因要上班未带自家房门钥匙，后让被不起诉人石某某帮其看管北京市昌平区×××村81号207室暂住地的房门。当日12时许，被不起诉人石某某趁于某某家中无人的情况下，从其家床头柜内，拿走绿色手包一个，内装金项链、金戒指、金耳钉等物品。后被民警查获。"这里，"自家房门"与"让被不起诉人石某某帮其看管北京市昌平区×××村81号207室暂住地的房门"，以及与下文的"从其家床头柜内，拿走绿色手包一个"的"其家"是否同指，并不明确，导致事实表述不清。再如："北京市公安局海淀分局移送审查起诉认定杜某某与他人共同采取挂靠的方式，<u>为三人办理了非京籍毕业生生源的接收函，共收取张某13.5万元，收取王某13万元，收取乔某11.9万元。</u>"张某、王某、乔某是否就是杜某某为其办理非京籍毕业生生源的接收函的"三人"，从表述上也不很明晰。以上两个例子中问题的共性在于第一次提及涉案人物或事物时没有具体说明，反而是第二次提及时作了详细说明，这不符合通常的表述习惯。通常情况是第一次提及人物或事物时作详细说明，之后略写。如果第一次略写了，之后再作详细说明，会让人误解为又有一个新的人物或事物出现。上述第一例中，如果"自家房门"与"北京市昌平区×××村81号207室暂住地的房门"为同指的话，就应当在第一次提及该房门时作详细说明，可以在"自家房门"后加括注解释，第二次提及时表述为"该房门"，这样逻辑结构就清楚了。上述第二例中在事实表述中第一次提及三位被害人时，应当说明为"张某""王某""乔某"，即"为张某、王某、乔某办理了非京籍毕业生生源的接收函"，第二次提及时表述为"这三人"，如"分别收取这三人13.5万元、13万元、11.9万元"。适当时候用指示代词"这"也可以很好地帮助表达上下文人物或事物之间的逻辑关系。

多人共同犯罪，甚至被害人为多人时，案件复杂、人物关系复杂，在表述人物之间的关系时，应格外注意要表述清楚，尤其是前后关联要明确。一个操作方法是写完这部分，再从一个读者的角度反复阅读、检查、修改。

4. 对主线的表述

有的案件涉及多名被不起诉人，要对他们分别制作不起诉决定书，而该案事实只有一个，所以，很多制作人在叙写案件事实的时候只写一份，然后拷贝到不同的不起诉决定书的事实部分去，这样方便快捷。但这实在是个投机取巧的办法。因为虽然案件只是一个，但是每一份不起诉决定书都是对相应的被不起诉人单独制作的，该被不起诉人在这份不起诉决定书中就应该是主角。所以，在这份不起诉决定书的事实部分，应当以该被不起诉人为话题，以他为主线，讲述他在案件中的所作所为，哪怕他只是一个不起眼的只负责望风的从犯。只有这样，事实部分的表述才能与全篇不起诉决定书的表述体系一致，都是以该被不起诉人为主线，最后对该被不起诉人作出不起诉决定。事实部分存在的简单粘贴复制现象，既影响了不起诉决定书事理的说明，也影响了不起诉决定书制作工作的严肃性。

事实表述另一个需要注意的问题是括注的使用。括注是通过括号的形式在行文中注释某一个字词句。不起诉决定书的事实表述部分需要叙述的主线明晰，所以，一些对主要事实加以额外说明又无关事实主线的信息宜用括注的形式体现出来。如果是案件事实中的关键信息，则应当放到主文中表述，而不宜通过括注体现出来，例如鉴定意见等。鉴定意见包括涉案物品价值、故意伤害罪被害人的伤情等，这些意见是被不起诉人行为后果的一个体现，对于案件事实的性质、危害程度的判定和犯罪情节的认定乃至是否支持不起诉的认定都有重要意义。所以，此类信息应在主文中表述，即不应以括注的形式表现出来。

5. 对逻辑关系的表述

事实部分要讲清楚案件事实的来龙去脉，这就是叙事，叙事要讲究逻辑，清楚地呈现事实的逻辑关系。汉语里有很多表达逻辑关系的关联词语或特殊词语。关联词语如"先""后""不但""而且""还""又""并且""就"等，表示关联关系的特殊词语如"同时""随后"等。恰当运用这些词语对叙事的逻辑性有很大帮助。

【正例】2013年12月30日23时许，被不起诉人冯某某在北京市门头沟区永定镇×××园项目部办公室，因琐事与该项目部工作人员王某某、张某某发生口角，后冯某某用水杯将王某某面部打伤，致王某某面部多发软组织创口（累计长度6.8cm），经法医学人体损伤程度鉴定，王某某身体所受损伤为轻伤二级。

[分析] 上例中运用了"因""后""致""经"等词语表达逻辑关系，使得事实表述脉络分明、结构清晰。

汉语没有形态变化，是典型的屈折语。语义关系常常通过虚词标明，上述表达关联关系的连词就是虚词的一个小类，就起到了这一作用。此外，在动词谓语句里，可以用特定的介词标明动词与名词之间或动作与事物之间的种种语义关系或格关系。典型例子如下：

我［按要求］［在晚上］［用车子］［把行李］［给他］送＜到车站＞。
　　　方式　　时间　　工具　　受事　　对象　　　　处所

其中，加点词均为虚词里的介词，其将一连串的实词连接起来，表达出了清楚的语义关系。所以，在不起诉决定书的事实表述部分，合理使用这些虚词也有利于表达逻辑关系。

【正例】2014年4月25日17时许，被不起诉人于某某经杨某（另案处理）纠集，伙同高某等人，在北京市东城区永外大街路东侧铁路桥附近，将途经此处的北京市第十一中学分校学生张某某、商某某、于某洋、郑某某拦截，谎称使用而索要手机，后将张某某的苹果牌4S型手持电话机（价值人民币1752元）、商某某的小米牌红米型手持电话机（价值人民币528元）强行占有。

[分析] 本例中的"经""伙同""在""将"为介词，连接了一系列的实词或短语，清楚地表达了它们之间的语义关系，显示出了事件的脉络关系。

相反，错误使用这些表达逻辑关系的词语，会导致逻辑混乱。

【不当例】2013年12月30日21时许，张某某驾驶一辆福田欧曼牌货车（冀HP42××，内乘被不起诉人赵某某）行驶至顺焦路北京市顺义区木林镇魏家店村北侧，以暴力方法阻碍国家机关工作人员依法执行职务。其间，被不起诉人赵某某一直在该车内，但未作假证明包庇张某某。

［分析］最后一个句子里用到了转折关系的关联词语"但"，应当表达转折关系，但是从事实上看，"赵某某乘坐在车内"与"没有包庇"之间不存在转折关系，应当为并列关系，共同构成一个完整的事实。所以，在这两个分句之间不应当使用转折关系的关联词语"但"，用了反而给人以赵某某在车内理应包庇货车司机的错误认识。

该用关联词语而未用的，有时候也会使逻辑表达不清晰，给读者理解造成障碍。当然，汉语表达也有很多不用关联词语的意合法，但是意合法多用于辅助交际手段丰富的口语中，书面语中还是应当多用关联法。

6. 其他

还有一些其他问题，虽属个别，但一旦出现，问题还是比较严重的，所以也应当引起注意。

如有的不起诉决定书在事实部分全然不出现本案的被不起诉人姓名信息，或许是用涉案人"等人"一词将被不起诉人省略掉了。

【不当例】北京市公安局昌平分局移送审查起诉认定：

2014年6月29日下午，被不起诉人周某某、葛某某、芦某某、李某、王某某等人，在北京市昌平区×××区14号楼1单元501室内，以丁某某（男，27岁）、于某某（男，30岁）抢其公司房源为由，采用暴力、言语威胁等手段，强行向丁某某、于某某索要现金人民币共计16000元。2014年7月17日5名被不起诉人被抓获，2014年7月25日被不起诉人周某某的家属赔偿两名被害人损失，两名被害人对5名被不起诉人均表示谅解。

经本院审查并退回补充侦查，本院仍然认为北京市公安局昌平分局认定闫某某涉嫌敲诈勒索罪的犯罪事实不清、证据不足，不符合起诉条件。依照《中华人民共和国刑事诉讼法》第一百七十一条第四款的规定，决定对闫某某不起诉。

［分析］这份不起诉决定书的最后一段出现被不起诉人闫某某，但事实部分看不到他的名字，主要涉案人员里没有闫某某这种情况比较极端，却是不可忽视的硬伤。

有的不起诉决定书表述不清，该说明的未说明，关键事实没有表述到位，导致读者理解困难。

【不当例】2013年5月，被不起诉人谢某福代表北京×××服装服饰有限公司与刘某欣、胡某签订了服装买卖合同。合同约定由北京×××服装服饰有限公司定制各类款式羽绒棉服11.5万件，每件服装70元，每件服装填充物的分量要控制在商议的重量范围（注：以kg为单位，长款和男款每件混合纤维不低于1kg，1kg的重量误差为70g左右）。为保证填充物的分量，谢某福提议羽绒棉不打散直接填充，并得到刘某欣、胡某认可。后北京×××服装服饰有限公司分别与杨某飞、杨某森、天津××服装服饰有限公司签订了半成品委托加工合同，共同完成这批服装加工业务。

2013年7月21日至8月10日，刘某欣、胡某陆续到北京×××服装服饰有限公司提货43000余件，并支付谢某福货款289万余元。

被不起诉人谢某福为刘某欣、胡某加工羽绒棉服的行为，客观上对刘某欣、胡某实施诈骗犯罪起到一定帮助作用，但其主观上既没有非法占有他人财产的故意，也缺乏明知他人在实施犯罪的认知。其依据合同约定收取的价款是合法所得。

［分析］本例中最终认定"被不起诉人谢某福为刘某欣、胡某加工羽绒棉服的行为，客观上对刘某欣、胡某实施诈骗犯罪起到一定帮助作用"，即认定了被不起诉人谢某福有为刘某欣、胡某加工羽绒服的行为，并认定这一行为客观上对这二人实施诈骗起到帮助作用。首先，从上述事实部分看，被不起诉人谢某福只是代表公司与刘、胡二人签订羽绒服加工合同，并没有以个人名义为刘、胡二人加工羽绒服；其次，刘、胡通过加工羽绒棉服实施诈骗，从事实部分看不出来，更无法搞清被不起诉人谢某福的行为性质。事实部分，事理说明不够，导致整篇不

起诉决定书令人费解。

还有的不起诉决定书事实表述时逻辑关系表达错误，造成事实表述混乱。如"采取摸乳房、扒衣服等手段，强行与马某某发生性关系"。"摸乳房、扒衣服等"与"强行与马某某发生性关系"是并行的两种行为，前者并非后者的手段，所以应表述为"实施摸乳房、扒衣服等行为，（并）强行与马某某发生性关系"。在"强行"前可以加"并"字，意合为并列关系。

（四）事实表述的繁简

案件起因的表述，总的原则是：客观地叙写案件起因，因为这往往涉及案件的定性；能够反映出不起诉决定理由的起因也应当写明，例如因家境困难盗窃等；对于与定案没有关系的则不写。

案件经过的表述，总的原则是：结合犯罪构成要件对细节进行取舍，对行为性质和情节轻重认定有影响的应写清楚，不可省略。例如聚众斗殴、故意伤害案件，首要分子的积极参与、纠结他人的细节要写；双方斗殴时，有无持械情况、有无伤害后果等要写，过程则无须赘述。此外，归案的态度、与被害人和解等涉及情节认定的要说明。总之，不应面面俱到，应有归纳概括，但不能带有主观色彩。

无论是案件起因还是案件经过，落实到纸面上，都要通过语言表达出来，除了从原则上把握详略的度之外，还要注意语言选用应尽量简洁、凝练，做到干净、利落，没有废话。当然，语言简洁、凝练的另一方面，也要该繁则繁，不能过于吝啬笔墨，要确保事实表述清楚，必要的因素要表述到位。如某不起诉决定书事实部分仅表述为"被不起诉人俞某在北京市顺义区宜宾小区以向乔某某借钱为由，诈骗乔某某人民币17000元"，对怎么诈骗的以及其行为与普通借钱有何区别等细节都没有说清楚，应当具体表述如何借的钱，例如以非法占有为目的，没有归还意图等。

二、证据

证据部分应当重点注意的是该列明证据的要列明，并且列举的证据名称要尽量具体，避免仅列举证据种类。

（一）该列明的证据要列明

不起诉决定书的类型不同，对证据表述的要求不同。高检院模板要求，绝对不起诉决定书（根据《刑事诉讼法》第一百七十三条第一款没有犯罪事实而决定不起诉的除外）和相对不起诉决定书都要写明检察机关审查认定的事实及证据，而存疑不起诉决定书以及绝对不起诉决定书根据《刑事诉讼法》第一百七十三条第一款没有犯罪事实而决定不起诉的，不要求写明证据。

相对不起诉是认为被不起诉人实施了《刑法》规定的行为，但犯罪情节轻微，具有从轻、减轻或者免除刑事处罚具体情节的表现，根据《刑法》相关规定，不需要判处刑罚或者免除刑罚。所以，"在事实部分中表述犯罪情节时应当以犯罪构成要件为标准，还要将体现其情节轻微的事实及符合不起诉条件的特征叙述清楚。叙述事实之后，应当将证明'犯罪情节'的各项证据一一列举，以阐明犯罪情节如何轻微"。①列举证据是用来支撑"犯罪情节轻微"这一结论的，缺少了证据，在论证逻辑上就缺少了重要的一环，即从事实论述到下结论中间缺少了列举证据，违背了人类思维活动的规则，违背了说理所要遵循的基本原则。缺少了证据，会给读者以说理不够充分的观感。

如果是根据《刑事诉讼法》第一百七十三条第一款没有犯罪事实而决定不起诉的，绝对不起诉决定书自然不必列明证据。但如果是根据《刑事诉讼法》第十五条第（一）项即侦查机关移送起诉认为行为构成犯罪，经检察机关审查后认定行为情节显著轻微、危害不大，不认为是犯罪而决定不起诉的，则不起诉决定书应当先概述侦查机关移送审查起诉意见书认定的犯罪事实（如果是检察机关的自侦案件，则这部分不写），然后叙写检察机关审查认定的事实及证据，重点反映显著轻微的情节和危害程度较小的结果。此时的证据是用来支撑情节显著轻微和危害程度小的结论的，是对检察机关所认定的事实的必要补充和作出不起诉决定的必要支撑。如果是行为已构成犯罪，本应当追究刑事责任，但

---

① 这是高检院模板的要求。

审查发现有《刑事诉讼法》第十五条第（二）至（六）项法定不追究刑事责任的情形，因而决定不起诉的，不起诉决定书应当重点叙明符合法定不追究刑事责任的事实和证据，充分反映出法律规定的内容。列举证据是用来说明被不起诉人的行为属于《刑事诉讼法》第十五条第（二）至（六）项法定不追究刑事责任的哪些情形，从而说明其行为符合法定不追究刑事责任的条件。如果缺少了证据列举这一环，就会让下文引出的法律依据架空，缺乏支撑。例如，如果认定被不起诉人或被告人具有《刑事诉讼法》第十五条第（五）项"犯罪嫌疑人、被告人死亡的"这一情形的，就必须列出被不起诉人或被告人的死亡证明。

总之，该列明证据的要列明，以使不起诉决定书的论证逻辑完整、说理到位。但不该列明证据的，如果列举了，则违背了不起诉决定书说理的正常逻辑思路，使得逻辑混乱，反倒给人以不清楚的印象。例如，存疑不起诉决定书既然是对侦查机关移送审查的案件表示存疑，就意味着尚不能证明被不起诉人有罪，所以，没有必要列举证据。

（二）证据名称要具体

证据作为事实陈述的证明，在绝对不起诉决定书（根据《刑事诉讼法》第一百七十三条第一款中的没有犯罪事实而决定不起诉的除外）和相对不起诉决定书中都应当列明。在列举证据的时候，应当列举证据名称，如"证人王某某的证言"，而不应当列举证据种类，如"证人证言"等，并且证据列举应当尽量穷尽，不轻易省略记作"等"。否则，会让证据列举流于空泛，过于概括，影响了说理的透彻性。

三、不起诉理由及依据

这部分是对案件事实作出评判，并给出所依据的法律规定，是不起诉理由的核心。

对案件事实的评判，不可生搬套话，避免使用"情节显著轻微、危害不大，不构成犯罪"，应结合具体案情作具体表述。评判应当充分到位，当然这种充分与到位是与相应的法律适用相衔接的。比如，犯罪情节中法律规定有相应处罚的，应当将这些情节说清楚，不能遗漏。

法律适用应当表述严谨。第一，援引法律应当准确。第二，法律依据不可或缺。法律依据不说明会影响到不起诉决定作出的可靠性与说服力。没有说明所依据的法律规定，那么所下的结论不可避免地就会带上个人主观色彩，权威性受到减损，从而影响到不起诉的说理。第三，法律规定还应当援引到位，该引到款的就引到款，该引到项的就引到项。第四，其他相关表述也应注意要规范和统一，尤其是法律规定的条款项序号的数字用法。目前突出的问题在于数字用汉字小写数字还是阿拉伯数字比较混乱。法律条文规定中采用的都是汉字小写的形式表述数字的，如"第二十三条"，并且，在高检院不起诉决定书制作说明中给出的示例也都用的是汉字小写形式。因此，不起诉决定书引用相应的法律条款时也宜统一写作汉字小写数字。这种统一规范的要求体现了法律文书制作的严谨性和严肃性，也有利于提高法律文书说理的可接受性。

四、认定结论

不起诉决定书在叙述事实、证据之后，对被不起诉人的行为或需要考量的特殊情节要作出说明，并准确提出相应的法律依据，最后一定要给出认定结论，即作出怎样的决定。这几个环节环环相扣，构成完整的逻辑链条，每个环节都不可或缺。但是有些不起诉决定书在针对某个情节援引了刑法的某项规定之后，并未给出诸如"不需要判处刑罚""免除刑罚""免予刑事处罚"的结论，而是将《刑法》和《刑事诉讼法》的法律规定一并列举，最终作出不起诉决定。甚至有的不起诉决定书干脆连《刑法》的规定也一并省略了，在列举被不起诉人的各种特殊情节之后，直接援引《刑事诉讼法》的相关规定作出了不起诉决定。这些环节的缺失，暴露出论证逻辑的不严密，严重影响了不起诉决定书的说理。

有些不起诉决定书在对某一个或某一些情节给出认定结论的时候，结论的表述也存在混乱的问题。如"不需要判处刑罚""免除刑罚""免予刑事处罚"表述的混用。在立法表述有区别的情况下，最严谨的做法是就采用立法中的相应表述。

此外，为了使案件处理取得良好的法律效果和社会效果，达到诉讼过程和结果的和谐，实现案件的政治效果、法律效果、社会效果，其他一些事项如关于查封、扣押、冻结涉案款物的处理情况和对被不起诉人、被害人告知诉讼权利等也应当交代清楚。

《人民检察院刑事诉讼规则（试行）》第四百零八条第二款规定，不起诉决定书的主要内容包括查封、扣押、冻结的涉案款物的处理情况。这是为了保护公民、法人和其他组织的合法权益。写明查封、扣押、冻结涉案款物的处理情况也是说理到位的一个重要因素。为了增强不起诉决定书的规范性，查封、扣押、冻结涉案款物的处理情况宜按照高检院的要求统一放到不起诉理由、法律依据以及不起诉决定之后。

关于对被不起诉人和被害人诉讼权利的告知，要写明向哪个人民检察院提出申诉和向哪个人民法院提起自诉，并且无须具体表述被不起诉人、被害人、被害单位的名字（名称）。

五、全篇的论证逻辑

不起诉决定书还应当从整篇文书的逻辑上考虑为作出不起诉决定说理，这是一条主线，无论是事实部分还是不起诉理由及依据部分，应当贯穿始终，并且要有严密的逻辑论证关系。事实要为决定服务，决定要有事实为依据。从事实如何得出不起诉决定，要论证清楚。

【不当例】被不起诉人张某在2012年6月至2014年6月间，在北京市公安局东城分局租赁其位于本市东城区××大街34号房屋的过程中，因未按合同约定及时将楼层调换给北京市公安局东城分局使用，造成北京市公安局东城分局租金损失人民币31万余元。

本院认为，张某的上述行为，情节显著轻微、危害不大，不构成犯罪。依照《中华人民共和国刑事诉讼法》第十五条第（一）项和第一百七十三条第一款的规定，决定对张某不起诉。

[分析] 该案系公安机关认为被不起诉人涉嫌诈骗罪而移送审查起诉的。不起诉决定书事实部分表明被不起诉人的行为造成被害单位损失

人民币 31 万余元，却认为其行为情节显著轻微、危害不大。分析该案，检察机关可能是认为被不起诉人的行为只是合同违约行为，属于民事纠纷范围，并不属于刑事犯罪，所以认为其没有犯罪事实，才作出了不起诉决定。但无论是何种情况，该不起诉决定书从事实到不起诉理由及依据乃至不起诉结论的得出，都缺乏严密的逻辑论证链条，导致说理不通，令人费解。

【正例】北京市公安局房山分局移送审查起诉认定：

2015 年 8 月 11 日 2 时许，被不起诉人常某纠集同事王某某、邱某某、温某、赵某至北京市房山区×××镇×××施工河道，无故对被害人张某程（女，35 岁）及其丈夫高某（男，37 岁）进行殴打，并将高某驾驶的一辆黑色帕萨特轿车砸毁，将张某程、高某的手机及行车记录仪等物拿走。经北京市房山区价格认定中心鉴定，被拿走的两部手机及千足金项链共计人民币 13083 元。经北京市房山区公安司法鉴定中心鉴定，张某程、高某身体所受损伤程度均属轻微伤。被不起诉人常某的行为涉嫌寻衅滋事罪。

经本院依法审查并退回补充侦查，本院认为被不起诉人常某同王某某、邱某某、温某、赵某为报复被害人张某耕（男，39 岁），将其所属项目部经理谭某某（男，34 岁）打成重伤，将张某耕家所占地上种植物铲掉。在此过程中，常某、邱某某、赵某三人对阻拦的张某程、高某进行殴打，并损毁相关物品，被不起诉人常某的行为涉嫌故意伤害和故意毁坏财物，但其故意伤害行为未造成轻伤以上后果，情节显著轻微、危害不大，不构成犯罪；其故意毁坏财物的行为，根据在案证据，能认定损毁张某程手机一部，价值人民币 783 元，其他毁损物品无价值鉴定，故故意毁坏财物事实不清、证据不足，不符合起诉条件。分别依照《中华人民共和国刑事诉讼法》第十五条第（一）项、第一百七十三条第一款和第一百七十一条第四款的规定，决定对常某不起诉。

[分析] 该案被不起诉人被公安机关以涉嫌寻衅滋事罪移送审查起诉。但检察机关依法审查之后发现了新的犯罪事实，并且认定被不起诉

人涉嫌的罪名与公安机关认定的不同，是故意伤害罪和故意毁坏财物罪。同时，认为其中的故意伤害行为未造成轻伤以上后果，情节显著轻微、危害不大，不构成犯罪，并且其涉嫌的故意毁坏财物罪也因事实不清、证据不足，不符合起诉条件，从而对其作出不起诉决定。该不起诉决定书对检察机关新发现的事实作了完整表述，并且具体分析了被不起诉人涉嫌的两个罪名，给出了详细的认定理由。全篇论证逻辑严密，思路清晰，语言表达到位。虽然内容复杂，但是为读者呈现出来的说理过程非常清晰。

第三节　三种不起诉决定书各自存在的特殊问题

一、绝对不起诉决定书

绝对不起诉决定书在阐述不起诉理由时还存在这样几个问题：

第一，不起诉依据有缺失。我们说，不起诉理由一定要有明确的法律依据。但是有些不起诉决定书在案件涉及正当防卫、行为人无刑事责任能力，认定其不负刑事责任或不构成犯罪等时，应当给出相应的法律依据而未给出，导致论证链条不完整。

第二，在表述不起诉理由的时候，认定被追诉人的行为到底是不构成犯罪、不认为是犯罪、未达到入罪标准，还是未实施犯罪行为等，表述上有混乱之嫌，理由表述不准确。同类行为，认定结论的表述不同，甚至引用相同条款的法律规定，得出的结论也有上述分歧。这些表述之间有着或大或小的区别，应区分使用。

"不认为是犯罪"与"不构成犯罪"含义不同。所谓"情节显著轻微，危害不大，不认为是犯罪"可理解为被不起诉人的行为其实已属犯罪的范畴，只是因其显著轻微且对社会危害性较小，故不以构成犯罪处理。该行为应在刑法的调整范围之内，已不是一般违法行为了。"不构成犯罪"可理解为不属于刑法调整范围，其行为的严重程度远不及犯罪行为，只属于一般违法范畴。① 具体案件中，几种相似表述应当根据具体情况审慎选择，以期表达准确、说理精准。如果是说明所援引的法律规定，就应当采用相应的法律规定的表述。

第三，不起诉理由的表述不够具体，未体现出不起诉决定书对个案的针对性。一些不起诉决定书缺乏个性，成了千篇一律的形式文书。因为这些不起诉决定书一般都是按照文书范本进行填空式的书写，结构固定，内容机械，未对千变万化的个案进行全面剖析。程式化的不起诉决定书缺乏针对性，普遍适用于所有案件。这样的不起诉决定书放之四海而皆可适用，何谈针对具体案件说理呢？为了杜绝这种现象，在不起诉理由的表述上应具体，体现个案的针对性。

例如，根据《刑事诉讼法》第一百七十三条第一款没有犯罪事实而决定不起诉的，在阐述不起诉理由的时候，不应千篇一律地套用"没有犯罪事实"这一格式化表述，有时候还需要做简要说明。这在目前的司法实践中，有一半的不起诉决定书做到了。

二、相对不起诉决定书

（一）对被不起诉人的罪名认定

相对不起诉决定书到底是否认定被不起诉人有罪？诉讼法学界普遍认为，相对不起诉认定了被不起诉人的行为已经构成了犯罪。② 或许正是这一原因，很多相对不起诉决定书的理由部分，写作"本院认为，某某某实施了《中华人民共和国刑法》第××条第××款规定的行为，构成……罪"，即对被不起诉人的行为作出了有罪认定。

高检院模板的表述是"本院认为，犯罪嫌疑人×××实施了《中华人民共和国刑法》第××条规定的行为，但犯罪情节轻微，具有×××情节……"，并不对被不起诉人的行为进行罪名的明确认定。其

---

① 江必新主编：《国家赔偿法指导案例评注》，中国法制出版社2010年版，第48页。
② 樊崇义、冯中华、刘建国主编：《刑事起诉与不起诉制度研究》，中国人民公安大学出版社2007年版，第265页。傅强、宋迎新、黄福涛：《刍议刑事实体法视野下的相对不起诉》，载孙力、王振峰主编：《不起诉实务研究》，中国检察出版社2010年版，第41页。

中，"但犯罪情节轻微"中的"犯罪"一词，应当是来源于《刑事诉讼法》第一百七十三条第二款："对于犯罪情节轻微，依照刑法规定不需要判处刑罚或者免除刑罚的，人民检察院可以作出不起诉决定。"

仅从高检院模板和《刑事诉讼法》的字面表述上来看，是否认定被不起诉人有罪似乎是不明确的。不过有人认为相对不起诉并不是对被不起诉人作出有罪认定。"这只是检察机关对案件的单方认识，由此只能产生一种程序性权力——人民检察院据此享有对案件提起公诉的权力，因而具有了起诉与不起诉的裁量空间，而不具有实体法上确定有罪的价值，更不能据此认为被不起诉人'已经构成了犯罪'。换句话来说，尽管立法以'犯罪情节轻微'来表述酌定不起诉的适用条件，但并不等于说，检察机关决定酌定不起诉时，被不起诉人在事实上就确实犯了罪；而只是表明，检察机关已经尽己所能查清了案件事实并认为案件已经达到了法定的起诉条件。"① 并且相对不起诉与免予起诉的本质区别就在于前者不具有有罪认定的实体法律效力。

我们认为，相对不起诉制度的初衷就是不再对被不起诉人的行为是否构成犯罪作出裁判，高检院模板的表述应该也是这一初衷的体现，因此，相对不起诉决定书中不应当再出现明确的罪名认定结论。

（二）从轻、减轻或者免除刑事处罚具体情节的说明

相对不起诉是认定被不起诉人实施了《刑法》规定的行为，但犯罪情节轻微，具有从轻、减轻或者免除刑事处罚具体情节，所以依据《刑事诉讼法》的规定，决定对其不起诉。既然认定了被不起诉人实施了《刑法》规定的行为，但最后却作出了不起诉决定，这中间的理由就显得尤为重要。所以，被不起诉人犯罪情节如何轻微，具有哪些从轻、减轻或者免除刑事处罚的具体情节，在说理的过程中，是不可或缺且至关重要的。我们调查了1653份相对不起诉决定书，其中有150份在不起诉理由部分简单地模式化地表述为"犯罪情节轻微，根据《中华人民共和国刑法》第××条的规定，不需要判处刑罚/可以免除刑事处罚"，即便是写明了从轻、减轻或者免除刑事处罚具体情节的，也存

---

① 樊崇义、吴宏耀：《酌定不起诉是有罪认定吗？》，载《人民检察》2001年第8期。

在叙写不充分的问题，有的只在列举了一些情节后用"等"来代替。以上问题严重影响了相对不起诉决定书的说理。从轻、减轻或者免除刑事处罚的具体情节不但要说明，而且应当尽量详细说明。

（三）案件事实与不起诉理由之间的呼应

不起诉理由的说明包括事理的说明和法理的说明。事理的说明就是指案件事实的说明。把案件事实说清楚，再结合法理进行具体分析，最终得出不起诉结论，这是一个完整的逻辑论证链条。在这个链条里，不仅关键的案件事实要说清楚，所适用的法理要说清楚、说到位，而且事理到法理之间通常也要呼应、紧密结合。具体体现为，法理上要考量的情节，在事实部分应当有所说明，另外，事实部分叙述的一些定案应当考量的情节，在说理部分也应说明考量的情况。但实践中，案件事实与不起诉理由脱节或缺少呼应的情况时有出现。正如前文所述，主要表现为两种情况：第一种情况是在认定事实部分缺少说明，而在不起诉理由部分直接作了认定。第二种情况是在认定事实部分有一定情节的说明，但在不起诉理由中却没有给予认定。

（四）"犯罪情节轻微"的表述

相对不起诉是认为被不起诉人的行为属于《刑法》规定的犯罪行为，只是考虑到其犯罪情节轻微具有从轻、减轻或者免除刑事处罚的具体情节，才作出的不起诉决定。"犯罪情节轻微"是作出不起诉决定的重要理由，所以，在阐述不起诉理由的时候，这一要素不可或缺。缺失了这一要素，就缺失了不起诉理由的核心。

（五）"犯罪情节轻微"与"具有×××情节"的关系

作出相对不起诉决定的理由，除了考虑到被不起诉人犯罪情节轻微之外，还应考虑到某些从轻、减轻或者免除刑事处罚的情节。所以，在说理时，对于被不起诉人的其他特殊情节需要考量的，也必须说明，包括前科、犯罪后的自首、立功以及与被害人达成的和解、赔偿等。

(六) 表述格式

目前的不起诉决定书制作格式普遍遵循高检院模板，问题是有时过于拘泥于模板的要求，反倒让不起诉决定书看起来千篇一律，甚至像是填空，即格式化有余而个性化欠缺。很多实践部门的同志也都意识到了这个问题。无论是从当事人还是其他读者的角度来说，一份不起诉决定书应当是针对某个个案的，是具体的。为此，不起诉决定书在格式上，可以遵照模板的要求叙明要件，但在具体细节上应适当地有针对性地展开。比如，相对不起诉决定书在不起诉理由部分可以就犯罪情节如何轻微，以及具有的从轻、减轻或者免除刑事处罚情节的具体表现等适当展开，做具体的概括说明。

三、存疑不起诉决定书

存疑不起诉是对侦查机关移送审查起诉的或本院自侦的案件经退回补充侦查，仍然认为犯罪事实不清、证据不足，不符合起诉条件，从而作出不起诉决定。在叙写不起诉理由的时候，存疑不起诉决定书存在一些问题，影响了不起诉决定的说理。

(一) 对"事实不清、证据不足"的论证

存疑不起诉是检察机关经审查认为侦查机关移送审查的案件事实不清、证据不足，才作出不起诉决定的，事实不清又多是因证据不足导致，所以存疑不起诉决定书说理时对证据不足的论证是核心，说理时不能仅仅停留在套用"事实不清、证据不足"这一表述上，还要对"事实不清、证据不足"展开进一步的概括说明。即在论证证据不足时，要结合具体案情说明属于《人民检察院刑事诉讼规则（试行）》第四百零四条规定的证据不足的哪种情况，让读者明了，当然，也不需说明得很细致。实践中存在的问题，一方面是仅仅使用"事实不清、证据不足"这一套话，缺少进一步说明，反映出存疑不起诉决定书目前说理的严重不足；另一方面是进一步说明不充分、不到位，突出表现在没有结合具体案情说明属于哪种证据不足的情况。这都影响到存疑不起诉的

说理。

（二）论证的周延

《刑事诉讼法》第一百七十一条第四款规定："对于二次补充侦查的案件，人民检察院仍然认为证据不足，不符合起诉条件的，应当作出不起诉的决定。"这是存疑不起诉的法律依据。其中的几个要素，相互之间构成逻辑链条，即"对于二次补充侦查的案件，人民检察院仍然认为证据不足""不符合起诉条件""应当作出不起诉的决定"三个要素之间的关系是：二次补充侦查后的案件，仍然认为证据不足的，要达到不符合起诉条件，才应当作出不起诉决定。这涉及对"证据不足"的理解。证据不足并不是对证据数量和种类的简单评判，而是指案件的现有证据不足以使检察人员认定被不起诉人的确有罪。

所以，不起诉的理由不仅是证据不足，而且还要达到不符合起诉条件，这个论证的逻辑链条缺了哪个环节都不行。实践中有些存疑不起诉决定书在说理时只说明证据不足，没有说明不符合起诉条件，便依据《刑事诉讼法》的规定作出了不起诉决定。这种情况，从轻处说是论证不充分，严重了说则是没有严格按照法律规定作出的不起诉，因为证据不足到底是否达到了符合不起诉条件这一点未可知。

针对上述问题，实践中应加强不起诉决定书功能定位的认识，增强说理意识，并注意说理在不起诉决定书中各个部分的体现，应区分不同不起诉决定书的说理特点有针对性地制作文书。只有摸清了不起诉决定书说理存在的问题，才能有针对性地改进，进而提高不起诉决定书的制作质量，一定程度上也有助于推动法治文明的进程。

第五章 不起诉决定书制作范例及专家点评

第一节 不起诉决定书制作范例

结合前面的规范意见,我们在现有的不起诉决定书语料库中,精心挑选出制作较好的三类不起诉决定书呈现给读者。在原文书基础上,我们结合规范意见都作了适当修改,尽管不能说是标准文书,但是从总体上来说,基本都遵循了规范要求。但对于一些原文书存在的不规范问题,例如缺少对查封、扣押、冻结涉案款物处理情况的,我们未作补充,只是在相应位置作出了说明。

一、绝对不起诉决定书

绝对不起诉有三个小类,分别是:根据《刑事诉讼法》第十五条第(一)项即侦查机关移送起诉认为行为构成犯罪,经检察机关审查后认定行为情节显著轻微、危害不大,不认为是犯罪而决定不起诉的;行为已构成犯罪,本应当追究刑事责任,但审查过程中有《刑事诉讼法》第十五条第(二)至(六)项法定不追究刑事责任的情形,因而决定不起诉的;根据《刑事诉讼法》第一百七十三条第一款中的没有犯罪事实而决定不起诉的。三种绝对不起诉决定书在制作上要求不同。

（一）根据《刑事诉讼法》第十五条第（一）项作出不起诉决定的

北京市东城区人民检察院
不起诉决定书

京东检公诉刑不诉〔2014〕1号[①]

被不起诉人熊某某（绰号："小熊"），男，1985年11月20日出生，公民身份号码41272719851120××××，汉族，初中文化程度，农民，出生地河南省周口市，户籍所在地河南省周口市川汇区许湾乡××村230号，住北京市东城区天坛南里×区20楼1单元101号。因涉嫌开设赌场罪，于2014年4月24日被北京市公安局东城分局刑事拘留，经北京市公安局东城分局决定，于同5月30日被取保候审，同年11月7日本院决定继续取保候审。

辩护人王某，北京市东元律师事务所律师。

本案由北京市公安局东城分局侦查终结，以被不起诉人熊某某涉嫌开设赌场罪，于2014年11月6日移送本院审查起诉。本院受理后，于同年11月7日已告知被不起诉人有权委托辩护人，依法讯问了被不起诉人，审查了全部案件材料。其间，因案情复杂，延长审查起诉期限一次（2014年12月10日至同年12月18日）。

经依法审查查明：被不起诉人熊某某伙同石某某等人（均另案处理），于2014年4月22日至4月24日零时许，在北京市东城区×××园6号楼地下室开设赌场，以"百家乐"方式组织多人进行赌博活动，涉案赌资共计人民币10万余元。后被当场查获，涉案赌资已被依法收缴。

认定上述事实的证据如下：

1. 物证：筹码；2. 证人证言：石某某等五人证言；3. 被不起诉人熊某某的供述和辩解；4. 辨认笔录；5. 其他证据材料：到案经过。

[①] 不起诉决定书范例中的人民检察院名称、文书名称和文书编号均为虚构。

本院认为，被不起诉人熊某某的上述行为，情节显著轻微、危害不大，不认为是犯罪。依照《中华人民共和国刑事诉讼法》第十五条第（一）项和第一百七十三条第一款的规定，决定对熊某某不起诉。

（原文此处缺少查封、扣押、冻结的涉案款物的处理情况，应补充。）

被不起诉人如不服本决定，可以自收到本决定书后七日内向本院申诉。

北京市东城区人民检察院
2014 年 12 月 18 日

（二）根据《刑事诉讼法》第十五条第（六）项作出不起诉决定的

北京市人民检察院第三分院
不起诉决定书

京三分检公诉刑不诉〔2014〕2 号

被不起诉人李某某，男，1989 年 11 月 17 日出生，公民身份号码 23090419891117××××，汉族，初中文化程度，农民，出生地黑龙江省七台河市，户籍所在地黑龙江省七台河市茄子河区铁山×××村 9 组 20 号，住北京市通州区永顺镇×××工地生活区。因涉嫌故意伤害罪，于 2013 年 12 月 8 日被北京市公安局通州分局刑事拘留；经本院批准，于 2014 年 1 月 11 日被北京市公安局通州分局逮捕。

辩护人游某某，北京市逸峰律师事务所律师。

本案由北京市公安局通州分局侦查终结，以被不起诉人李某某涉嫌故意伤害罪，于 2014 年 4 月 10 日向本院移送审查起诉。本院受理后，已于同年 4 月 11 日依法告知被不起诉人有权委托辩护人，告知被害人、附带民事诉讼的当事人及其法定代理人有权委托诉讼代理人，依法讯问了被不起诉人，听取了辩护人、被害人、附带民事诉讼当事人及其诉讼代理人的意见，审查了全部案件材料。其间，因部分事实不清、证据不足,退回公安机关补充侦查两次(2014年1月3日至同年2月3日、同年2月25日至同年3月25日),因案情复杂,延长审查起诉期限两次(2014年4月3日至同年4月17日、同年5月4日至同年5月18日)。

经本院依法审查查明：

被不起诉人李某某与张某某、马某某(均另案处理)于2013年12月4日15时许,步行经过本市通州区马驹桥镇一街村百姓饺子馆北侧路边,遭到醉酒的被害人吴某某(男,25岁)等人的无故寻衅及殴打。李某某为摆脱吴某某等人的追打,用现场捡起的铁管击打吴某某面部一下,致吴某某受伤,经鉴定属轻伤二级。

认定上述事实的证据如下：

1. 证人证言：付某某等人证言；2. 被害人吴某某陈述；3. 被不起诉人李某某的供述和辩解；4. 鉴定意见：人体损伤程度鉴定书；5. 现场勘验笔录；6. 视听资料：通州区马驹桥镇顺通旅馆监控视频；7. 其他证据材料：到案经过。

本院认为,被不起诉人李某某为免受正在进行的不法侵害而致人轻伤,根据《中华人民共和国刑法》第二十条第一款,属于正当防卫,其不负刑事责任。本院依据《中华人民共和国刑事诉讼法》第十五条第(六)项、第一百七十三条第一款,决定对李某某不起诉。

(原文此处缺少查封、扣押、冻结的涉案款物的处理情况,应补充。)

被不起诉人如不服本决定,可以自收到本决定书后七日内向本院申诉。

被害人如不服本决定,可以自收到本决定书后七日以内向北京市人民检察院申诉,请求提起公诉；也可以不经申诉,直接向北京市第三中级人民法院提起自诉。

北京市人民检察院第三分院
2014年9月30日

(三）根据《刑事诉讼法》第一百七十三条第一款作出不起诉决定的

北京市怀柔区人民检察院
不起诉决定书

京怀检公诉刑不诉〔2015〕3号

被不起诉人刘某某，男，1966年12月30日出生，公民身份号码13252719661230××××，汉族，高中文化程度，农民，出生地河北省张家口市怀安县，户籍所在地河北省张家口市怀安县左卫镇×××村××巷16号，住北京市怀柔区杨宋镇×××村。因涉嫌过失致人死亡罪，于2015年1月8日经北京市公安局怀柔分局决定，被取保候审，于同年6月11日经本院决定被取保候审。

本案由北京市公安局怀柔分局侦查终结，以被不起诉人刘某某涉嫌过失致人死亡罪，于2015年6月8日向本院移送审查起诉。本院受理后，于同年6月8日已告知被不起诉人有权委托辩护人，于同日已告知被害人近亲属有权委托诉讼代理人，依法讯问了被不起诉人，听取了被害人近亲属的意见，审查了全部案件材料。

经本院依法审查查明：

被不起诉人刘某某于2015年1月7日15时许，在本市怀柔区杨宋镇×××村216号其所租屋内，为与其同居的被害人王某某（女，26岁）接生，后王某某于当日死亡。经鉴定，王某某符合分娩过程中造成外阴及子宫颈撕裂创伤致急性失血性休克死亡。被不起诉人刘某某于同年1月7日向公安机关自动投案，后如实供述了上述事实。

本院认为，被不起诉人刘某某没有犯罪事实。根据《中华人民共和国刑事诉讼法》第一百七十三条第一款之规定，决定对刘某某不起诉。

（原文此处缺少补充查封、扣押、冻结的涉案款物的处理情况，应补充。）

被不起诉人如不服本决定，可以自收到本决定书后七日以内向本院申诉。

被害人近亲属如不服本决定，可以自收到本决定书后七日以内向北京市人民检察院第三分院申诉，请求提起公诉；也可以不经申诉，直接向北京市怀柔区人民法院提起自诉。

北京市怀柔区人民检察院
2015 年 7 月 6 日

二、相对不起诉决定书

北京市怀柔区人民检察院
不起诉决定书

京怀检公诉刑不诉〔2015〕4 号

被不起诉人孙某琳（曾用名：孙某美），女，1979 年 6 月 1 日出生，公民身份号码 34062119790601××××，汉族，初中文化程度，农民，出生地安徽省濉溪县，户籍所在地安徽省濉溪县五沟镇五沟村×××78 号，住北京市怀柔区×园 212 号。因涉嫌开设赌场罪，于 2015 年 5 月 13 日被北京市公安局怀柔刑事拘留，于同年 6 月 19 日经本院批准被怀柔分局逮捕。

本案由北京市公安局怀柔分局侦查终结，以被不起诉人孙某琳涉嫌开设赌场罪，于 2015 年 7 月 8 日向本院移送审查起诉。本院受理后，于同年 7 月 8 日已告知被不起诉人有权委托辩护人。依法讯问了被不起诉人，并审阅了全部案件材料，核实了案件事实与证据。其间，因事实不清、证据不足，退回侦查机关补充侦查一次（2015 年 7 月 28 日至同年 8 月 27 日）。

经本院依法审查查明：

被不起诉人孙某琳于 2014 年 3 月初至同年 5 月 13 日，在北京市怀柔区××212 号出租房内，接受童某某（另案处理）雇用，负责经营管理童某某设置的麻将机 10 台、捕鱼机 3 台，组织赌博活动。经鉴定，麻将机 10 台、捕鱼机 3 台为具有赌博功能的电子游戏设施设备。后被不起诉人孙某琳被查获归案,到案后如实供述了上述犯罪事实,涉案麻将机、捕鱼机已依法查封。

认定上述事实的证据如下:

1. 物证:麻将机、捕鱼机;2. 书证:受案登记表;3. 证人证言:证人童某某等四人证言;4. 被不起诉人孙某琳的供述和辩解;5. 鉴定意见;6. 其他证据材料:到案经过。

本院认为,被不起诉人孙某琳实施了《中华人民共和国刑法》第三百零三条第二款规定的行为,但鉴于其犯罪情节轻微,到案后能如实供述自己的罪行,根据《中华人民共和国刑法》第三十七条的规定,不需要判处刑罚。依据《中华人民共和国刑事诉讼法》第一百七十三条第二款之规定,决定对孙某琳不起诉。

(原文此处缺少查封、扣押、冻结的涉案款物的处理情况,应补充。)

被不起诉人孙某琳如果对不起诉决定不服,可以自收到本决定书后七日以内向本院申诉。

北京市怀柔区人民检察院
2015 年 9 月 22 日

三、存疑不起诉决定书

北京市房山区人民检察院
不起诉决定书

京房检公诉刑不诉〔2015〕5 号

被不起诉人黄某某(又名董某某),女,1974 年 7 月 21 日出生,公民身份号码42213019740721××××,汉族,小学文化程度,出生地湖北省黄梅县,户籍所在地湖北省黄梅县小池镇×××村六组,住北京市房山区城关街道管道局××院 9 号楼 5 单元 101 号。因涉嫌盗窃罪,于 2014 年 6 月 19 日被北京市公安局房山分局刑事拘留;经本院批准,于同年 7 月 23 日被北京市公安局房山分局逮捕。

辩护人贾某某,北京市开创律师事务所律师。

本案由北京市公安局房山分局侦查终结，以被不起诉人黄某某涉嫌盗窃罪，于2014年9月18日向本院移送审查起诉。本院受理后，于同年9月19日已告知被不起诉人有权委托辩护人，同日已告知被害人有权委托诉讼代理人，依法讯问了被不起诉人，听取了被害人张某某、刘某某的意见，审查了全部案件材料。因部分事实不清、证据不足，退回侦查机关补充侦查两次（2014年10月17日至同年11月14日、同年12月29日至2015年1月28日）；因案情复杂，延长审查起诉期限两次（2014年12月12日至同年12月26日、2015年2月28日至同年3月13日）。

北京市公安局房山分局移送审查起诉认定：

2014年4月30日17时许，被不起诉人黄某某单独窜至北京市房山区城关街道××街被害人张某某（男，39岁）、刘某某（女，38岁）所经营的废品收购站，以零钱换整钱的方法，从换出去的零钱中趁人不备盗取20元面值的现金2000元人民币。同年6月18日，黄某某到房山东大街体育场桥头一废品摊再次准备实施此类案件时被发现抓获。

经公安机关互联网上比对取证，2014年4月22日10时许，北京市延庆县延庆镇××村废品收购站被黄某某以同样的方法盗窃兑换出去现金1900元人民币。

经本院审查并退回补充侦查，本院仍然认为北京市公安局房山分局认定的犯罪事实不清、证据不足，现有证据无法证实被不起诉人黄某某如何取得钱款，不符合起诉条件。依照《中华人民共和国刑事诉讼法》第一百七十一条第四款的规定，决定对黄某某不起诉。

随案移送的人民币5109.5元退回北京市公安局房山分局处理。

被不起诉人如不服本决定，可以自收到本决定书后七日内向本院申诉。

被害人如不服本决定，可以自收到本决定书后七日以内向北京市人民检察院第二分院申诉，请求提起公诉；也可以不经申诉，直接向北京市房山区人民法院提起自诉。

北京市房山区人民检察院

2015年3月13日

第二节　不起诉决定书专家点评

为了让读者对不起诉决定书的撰写有一个整体感知,我们从北京市检察系统文书库中分别挑选出比较优秀的绝对不起诉决定书、相对不起诉决定书、存疑不起诉决定书各一篇,请资深检察官进行点评,同时也按照本书的研究结论,作出法律语言层面的点评。为保留点评的原汁原味,呈现不同的不起诉决定书的撰写视角,我们原文保留了点评意见,也是尊重点评专家的差异性,请读者自行取舍。

一、绝对不起诉决定书

北京市××院
不起诉决定书

京××检刑不诉〔2014〕0011号

被不起诉人曲某某,男,1963年3月6日出生,身份证号码:×××10319630306××××,汉族,初中文化程度,无业,户籍所在地北京市朝阳区××××27号楼1门601号。因涉嫌故意杀人罪,于2013年6月28日被北京市公安局朝阳分局刑事拘留,同年7月1日至10月10日因作精神病鉴定停止计算羁押期限,同年10月19日经本院批准被北京市公安局逮捕,现羁押于北京市安康医院。

辩护人何某、于某某,北京市××律师事务所律师。

本案由北京市公安局侦查终结,以被不起诉人曲某某涉嫌故意杀人罪,于2013年12月19日移送本院审查起诉。本院受理后,已依法告知被告人有权委托辩护人,已告知被害人近亲属有权委托诉讼代理人,依法讯问了被告人,听取了辩护人、被害人近亲属的意见,审查了全部案件材料。依法延长审查起诉期限一次,退回补充侦查一次。其间,自2014年2月8日至同年8月27日因作精神病鉴定依法停止计算羁押期限。

经本院依法审查查明:被不起诉人曲某某与被害人李某某系邻居关系。

2013年6月28日10时许，曲某某在本市朝阳区十里堡××小区28号楼前用刀刺切李某某颈、胸腹及上肢数刀，致李某某左颈静脉破裂、肝脏破裂致失血性休克死亡。案发后曲某某主动报警并在家中被抓获归案。

另查明，被不起诉人曲某某有既往精神异常病史，曾于1990年在北京安定医院治疗，被诊断为心因性精神病、酒精依赖综合症。案发后经依法鉴定，曲某某被诊断为精神分裂症和酒精依赖综合症，2013年6月28日实施违法行为时评定为无刑事责任能力。

本院认为，曲某某在造成上述危害后果时不能辨认和控制自己的行为，经鉴定为无刑事责任能力，依据《中华人民共和国刑法》第十八条第一款，不负刑事责任。依据《中华人民共和国刑事诉讼法》第十五条第（六）项、第一百七十三条第一款，决定对其不起诉。

被不起诉人如不服本决定，可以自收到本决定书后七日内向本院申诉。

被害人如果不服本决定，可以自收到本决定书后七日以内向北京市人民检察院申诉，请求提起公诉；也可以不经申诉，直接向北京市第三中级人民法院提起自诉。

二〇一四年九月十日

点评意见

点评人：刘晶，北京市西城区人民检察院金融犯罪检察处处长

曲某某故意杀人案是一起由于犯罪嫌疑人患精神疾病导致的法定不起诉案件。对于这类不起诉决定书，实践中我们往往遵循格式规范、要素齐备、内容简明、避免歧义的原则进行写作。本篇文书较好地体现了上述写作特点，具有如下优点：

一是形式规范。该篇不起诉决定书较好地遵循了高检院关于绝对不起诉决定书制作的相关标准。文书各部分的格式、用语规范、严谨。

二是内容要素较为完备。在内容方面，本篇不起诉决定书基本叙明了此类文书所必需的内容要素。委托辩护人情况、被不起诉人申诉权告知等在绝对不起诉决定书制作过程中容易被忽略的问题，也均按规范写明了。

三是论述重点简明扼要。本案不起诉的原因在于曲某某的刑事责任能力。承办人在文书写作中紧紧围绕这一核心，叙明证据、援引法条，并展开必要论述，利用有限的篇幅，言简意赅地叙明了检察机关作出不起诉决定的事实和法律依据。

当然，从点评的角度，本篇不起诉决定书还存在以下问题需要注意：

1. 被不起诉人基本情况叙写部分尚存在瑕疵

首先，根据起诉书、不起诉决定书的制作规范，对案件当事人"居民身份证号"的称谓已经统一为"公民身份号码"，而本文仍然采用了"身份证号码"的表述，没有采用规范的称谓。

其次，根据高检院不起诉决定书制作规范要求，在被不起诉人的基本情况部分除了户籍地和住址外，还应当写明被不起诉人的出生地，而本篇文书对此有所忽略。

最后，在对被不起诉人案发前职业的记述部分，对于其没有正当职业的情况，规范性表述应当为"无职业"。本篇文书在写作时使用"无业"，略显失范。

2. 对于延长审查期限和退回补充侦查的叙写不够完备

该案在审查过程中存在延长审查期限和退回补充侦查的情况。承办人在不起诉决定书中只记明了延长审查期限和退回补充侦查的次数，而没有叙明延长审查期限的理由及起止时间、退回补充侦查的理由及退回时间和重新移送审查的时间。严格来讲，这是不符合写作规范要求的。起诉书、不起诉决定书是检察机关经过审查后制作的重要的、公开的法律文书，从文书写作规范和便于接受监督的角度，均需对诉讼程序有相对完备的叙明，以便阅读者更好地了解诉讼程序、维护自身权益。这一点，我们在文书制作时要特别关注。

3. 文书中未列明主要证据

根据高检院关于绝对不起诉决定书制作的规范要求，在叙述审查查明的事实之后，应当如起诉书般分类列明审查依据的主要证据。而本篇文书没有严格执行该规范要求。

4. 申诉权人的称谓不够精准

本案中，被害人已经死亡。在文书的诉讼经过部分，承办人叙明了向被害人近亲属告知诉讼权利的情况。然而在文末申诉权的告知部分，承办人却套用文书模板，表述为"被害人如果不服本决定，可以自收到本决定书七日以内向北京市人民检察院申诉"。对于被害人已经死亡的案件，这一表述显然不够精准。因此，点评人建议类似情况应采用"被害人近亲属或法定代理人"的表述方法。

5. 文书尾部未署审查机关名称

根据高检院不起诉决定书模板，在不起诉决定书尾部应当署明作出不起诉决定的检察机关的名称，并用院印。本篇不起诉决定书仅有决定作出时间，不符合文书模板的要求。

6. 其他值得商榷的问题

除了上述规范性问题之外，点评人认为关于本篇文书还有以下两点值得关注：

（1）关于案件起因等事实要素的记述问题

本案是一起因精神疾病导致的绝对不起诉案件，根据不起诉决定书制作的基本要求，只需要在简明记述事实的基础上，着重对被不起诉人不负刑事责任的原因和相关证据、法律依据进行叙明即可。我们注意到，在审查事实部分承办人仅仅对案件发生的时间、地点、刺杀工具、手法和死亡原因等要素进行了说明，而没有提及案件的起因、动机等其他事实要素。对此，点评人认为，从完善文书质量的角度看，对曲某某刺死邻居的起因、动机以及其在行为时的精神状态等事实要素有必要进行简单说明。因为这些要素往往对判断案件性质、行为人的精神状态等具有重要的参考意义，叙明这些要素可以帮助被害方、被不起诉方作出正确判断，更好地支撑检察机关的审查结论。

（2）关于凶器等赃证物的处理问题

根据高检院不起诉决定书模板，在检察院审查结论之后，应当叙明查封、扣押、冻结涉案款物的处理情况。从本篇不起诉决定书的内容看，被不起诉人作案后自行报案，并在家等待，警方应当能够调取、扣押作案刀具等物证。而点评人注意到，文书中并未对相关涉案款物的处理情况进行说明。如确有款物在案，承办人需要对此予以关注。

虽然稍有瑕疵，但总体来说，本篇不起诉决定书规范性较好、内容要素较为完备、说理简明清晰。有些写作差异和瑕疵应该是采用了不同的文书模板所致。

点评人： 张彦，中国政法大学人文学院副教授

这是一份绝对不起诉决定书，按照高检院的要求，其撰写从形式到内容大都比较规范，语言精练。不足的地方有几点：

1. 被不起诉人的身份证号码宜表述为"公民身份证号码"，且后面不加冒号。

2. 被不起诉人的职业表述为"案发前无职业"更为妥当。

3. 有几处将被不起诉人表述为"被告人"，不规范。

4. "依法延长审查起诉期限一次，退回补充侦查一次"，这两个法律程序均未说明具体时间，不够严谨。

5. 事实叙写之后缺少对证据的说明，使得不起诉理由的说明缺少关键环节，影响了说理的效果。

6. 文书末尾未署检察院名。

7. 落款时间宜用阿拉伯数字。

二、相对不起诉决定书

北京市××院

不起诉决定书

京××检刑不诉〔2013〕　号

被不起诉人韩某，男，1978年11月9日出生，身份证号码：×××32419781109××××，汉族，××××物产集团有限公司商务部外贸合同经理，住北京市海淀区××××园5号楼4单元3B室

（户籍所在地：江苏省××县××镇人民南路31号）。因涉嫌犯走私普通货物罪，于2012年7月2日被北京海关缉私局刑事拘留，同年7月30日被北京海关缉私局取保候审。2012年12月28日被本院取保候审。

本案由北京海关缉私局侦查终结，以被不起诉人韩某涉嫌走私普通货物罪，于2012年12月26日移送本院审查起诉。本院受理后，因部分事实不清、证据不足，于2013年2月4日、4月19日两次将案件退回侦查机关补充侦查。

经本院依法审查查明：

被不起诉人韩某于2011年任××××物产集团有限公司商务部外贸合同经理期间，在进口思科品牌视频会议系统过程中，为逃避海关监管，达到偷逃进口环节税的目的，明知进口货物的真实价格，仍采用制作虚假报关发票、合同等手段，将海关要求单独申报并存在进口关税的摄像头、麦克风等部件的价格低报，将总计10票货物从北京首都机场口岸走私进口，偷逃应缴税款共计人民币71万余元。案发后，已补缴抵押金，弥补国家税款损失。

本院认为，被不起诉人韩某实施了《中华人民共和国刑法》第一百五十三条第一款第（一）项、第二款、第三款规定的行为，但犯罪情节轻微，具有认罪态度好，积极退赃情节，根据《中华人民共和国刑法》第三十七条的规定，可予免除刑罚。依据《中华人民共和国刑事诉讼法》第一百七十三条第二款的规定，决定对韩某不起诉。

被不起诉人如不服本决定，可以自收到本决定书后七日内向本院申诉。

二〇一二年十二月二十六日

点评意见

点评人：纪丙学，北京市人民检察院刑事审判监督部副主任

相对不起诉，又称酌定不起诉，是检察机关裁量权的重要体现。即对犯罪情节轻微，不需要判处刑罚的犯罪嫌疑人，检察机关可以决定不将其提交审判，在检察机关终结诉讼程序。应该说，相对不起诉能够体现一定的负面评价，但又通过审前分流避免使犯罪嫌疑人背负"前科劣迹"，有利于其更好地回归社会。

因此，从相对不起诉的功能看，韩某走私普通货物案的不起诉决定书整体是一份比较不错的法律文书。表现在：格式规范，基本符合高检院关于相对不起诉决定书的规范要求；行文流畅，事实归纳、法律依据表述清楚。但也有几点需要进一步完善：

一是在叙写审查认定的犯罪事实后，情节轻微的内容再完善一些会更有说服力，比如，罪前、罪中、罪后有何从轻情节。

二是建议对证明犯罪情节轻微的证据进行逐一列举，这是情节轻微的依据，也是高检院规范化的要求。

三是个别措辞可以进一步修正。比如，"可予免除刑罚"，如果修改为"不需要判处刑罚"更妥当。

点评人：张彦，中国政法大学人文学院副教授

这是一份相对不起诉决定书，对照高检院的制作要求来看，从形式到内容，基本上都是很规范的。形式上，格式规范，文字精练，表达清楚。尤其是案件事实部分的叙写，言简意赅，逻辑清晰，涉案人、事、物间关系分明，巧妙地使用了几组表示关联关系的词语，清楚地写明了案件事实的来龙去脉："被不起诉人韩某于……期间，在……过程中，为……目的，明知……，仍采用……手段，将……，将……，偷逃税款共计……元。"内容上，除了没有列明证据之外，其他要件齐备。

但叙明事实之后没有列举证据是一大缺憾。此外，还有如下问题：

1. 被不起诉人的身份证号码宜表述为"公民身份证号码"，且后

面不加冒号。

2. 户籍所在地也是被不起诉人的基本信息,其说明不需要加括号,应放入正文中。

3. 说明案件退回补充侦查时,因有两次退回补充侦查,所以表述为"本院受理后,因部分事实不清、证据不足,退回补充侦查两次(2013年2月4日、4月19日)"会更精练。

4. 在案由及案件来源部分,缺少对被不起诉人诉讼权利告知的说明,应当在"本院受理后"之后加上"于×年×月×日已告知被不起诉人有权委托辩护人"。

5. 不起诉理由部分说明了量刑情节有"认罪态度好,积极退赃",事实部分缺少相应体现,只是说"案发后,已补缴抵押金,弥补国家税款损失",这是案发后的退赃情节,认罪态度如何以及退赃是否积极,缺少体现。这就造成了事实与认定的脱节。

6. "根据《中华人民共和国刑法》第三十七条的规定,可予免除刑罚"中的"可予免除刑罚"应改为"不需要判处刑罚"。

7. 文书末尾未署检察院名。

8. 落款时间宜用阿拉伯数字。

三、存疑不起诉决定书

北京市××院
不起诉决定书

京××检刑不诉〔2014〕13号

被不起诉人邓某某,男,1966年2月25日出生,身份证号码:×××10819660225×××,彝族,北京×××有限公司总经理、北京××公司法定代表人、董事长。住北京市海淀区×××12号楼1806号。因涉嫌犯合同诈骗罪,于2011年12月2日被北京市公安局刑事拘留;经北京市人民检察院第一分院批准,于2012年1月7日被北京市公安局逮捕；本院于2013年2月26日对其取保候审。

本案由北京市公安局侦查终结，以被不起诉人邓某某涉嫌犯合同诈骗罪移送本院审查起诉。本院于2013年1月8日受理案件后，已告知被告人有权委托辩护人，依法讯问了被告人，审查了全部案件材料。因事实不清、证据不足，两次将案件退回侦查机关补充侦查。

北京市公安局移送审查起诉认定：

2011年四五月间，邓某某伙同费某、缪某某，对×××有限公司法人孙某某，隐瞒香港×××上市集团经营现状，以收购河北××、×××及山东××金矿作为上市资产为名，并夸大上述金矿远景储量用于担保为手段，以该集团实际控制的北京×××有限公司先后两次与北京×××公司签订合作合同，共诈骗×××公司2.8亿元人民币。

经本院审查并退回补充侦查，本院仍然认为北京市公安局认定的邓某某犯罪事实不清、证据不足，在案证据不足以证明其主观上具有非法占有他人财物的故意，亦不足以证明其客观上具有伙同他人实施合同诈骗的犯罪行为，不符合起诉条件。依照《中华人民共和国刑事诉讼法》第一百七十一条第四款的规定，决定对邓某某不起诉。

被不起诉人如不服本决定，可以自收到本决定书后七日内向本院申诉。

被害人如不服本决定，可以自收到本决定书后七日以内向北京市人民检察院申诉，请求提起公诉；也可以不经申诉，直接向北京市第一中级人民法院提起自诉。

二〇一四年三月十三日

点评意见

点评人：魏建，北京市丰台区人民检察院公诉部主任

该份不起诉决定书基本符合高检院不起诉决定书模板的格式要求，基本包含了模板要求的全部具有诉讼意义的要素，在不起诉论证中，简要概述了本案作出不起诉的理由。但其中尚有些许问题可以进一步完善。

1. 体例格式

（1）案由及案件的审查过程

《刑事诉讼法》《人民检察院刑事诉讼规则（试行）》规定，不起诉决定书主文包括被不起诉人基本情况、案由及案件来源、案件事实、不起诉理由及结论、涉案财物处置、权利告知。高检院模板也只根据上述规定，仅要求撰写案由、案件来源，以及退回补充侦查的情况。2014年，高检院要求不起诉决定书网上公开，接受社会公众监督，原有的不起诉决定书撰写方式已经无法满足公开的要求。不起诉决定书作为终结意义的文书，其审查过程，更应作为监督对象予以公开。本案检察官在撰写这部分时，在陈述案由和案件来源之外，还表述了权利告知情况。这是值得赞赏的。对于这部分的撰写，建议参照高检院起诉书模板"案由及案件的审查过程"部分的要求，详细表述审查起诉的过程。

（2）被不起诉人称谓的表述

在该份不起诉决定书第二部分，可能由于笔误，将"被不起诉人"写成了"被告人"。由于高检院不起诉决定书对称谓没有作出明确说明，建议对被不起诉人称谓加以规范：被不起诉人基本情况、案由及案件的审查过程部分，均使用"被不起诉人"；公安机关认定的事实应原文摘录起诉意见书的内容，因此其称谓也应使用"犯罪嫌疑人"；不起诉理由部分使用"被不起诉人"，不起诉结论部分可以不带任何称谓，直接使用姓名；权利告知部分使用"被不起诉人"。

2. 不起诉理由

高检院不起诉决定书模板要求，在不起诉理由部分要结合证据概述事实不清、证据不足的情况。该份不起诉决定书陈述了本案存疑的理由是行为人主观无非法占有故意，客观无合同诈骗行为。但这种表述方式只是结论式的展示，并未进行任何论证。阅读者依然无法了解检察机关为何否定了公安机关认定的事实。高检院2017年7月颁布《关于加强检察法律文书释法说理工作的意见》，不起诉决定书作为叙述性质的文书，理应进行释法说理。当然，说理不是面面俱到地说，而是要在不起诉理由中将影响定罪的关键证据存疑情况或者存在争议的情况论述清楚。回到本案，不起诉理由的论证首先要对公安机关认定的事实予以回应，要结合证据，简要说明如何判断行为人主观不具有非法占有故意，其行为因何不能认定为合同诈骗行为。

点评人：张彦，中国政法大学人文学院副教授

这是一份存疑不起诉决定书，对照高检院的制作要求来看，格式规范，要件基本齐备。语言也比较精练，表达清晰。说理没有简单照搬套话"事实不清、证据不足"，而是具体说明"在案证据不足以证明其主观上具有非法占有他人财物的故意，亦不足以证明其客观上具有伙同他人实施合同诈骗的犯罪行为，不符合起诉条件"。美中不足之处在于：

1. 被不起诉人的身份证号码宜表述为"公民身份证号码"，且后面不加冒号。
2. 被不起诉人的基本信息里缺少了户籍所在地信息。
3. 有几处将被不起诉人称作"被告人"，应属笔误，不该出现。
4. "两次将案件退回侦查机关补充侦查"缺少具体时间的说明。
5. 文书末尾未署检察院名。
6. 落款时间宜用阿拉伯数字。

附　录

一、专家审稿意见

本书付梓之际，我们邀请了两位专家对本书进行了审稿和把关，一位是检察系统的前辈北京市人民检察院原副检察长方工，另一位是北京市海淀区人民检察院原检察长王振峰。二位专家在百忙之中认真审阅了我们这近 20 万字的书稿，提出了非常宝贵的、中肯的、宏观的和具体的意见和建议。我们认真吸纳了二位专家的意见和建议并作了修改。在此附上他们对书稿作出的总体评价。

北京市人民检察院原副检察长方工：

2014 年 10 月，北京市人民检察院与中国政法大学法律语言研究中心联合开展了"公诉法律文书规范化实证研究"课题研究，这是一项对检察工作十分有益、对法治建设很有帮助的研究项目。在课题研究启动以来，"起诉书制作"的子课题于 2017 年初已经取得喜人成果，出版了专著《检察机关起诉书制作要义》。这次"不起诉决定书制作"的子课题又告完成，形成这本《不起诉决定书制作要义》成果。有幸承蒙本书主要负责人张彦副教授允我先期阅读书稿，享受了先睹为快和受益匪浅的愉悦。

这本书，经过张彦副教授与课题组成员们的呕心沥血、精心磨勘，实在是来之不易。我认为本书具有"实、准、全、细、精"的突出特点。所谓"实"是体现了求真务实的精神，立论扎实，资料翔实，在对大量不起诉决定书抽样调查的基础上，实事求是地归纳出共性失范现象，理据充分地提出了规范意见；所谓"准"，是研究方向的选择准确，分析问题的对象准确，论述观点依据准确，始终言之有据、规范严谨；所谓"全"是分析对象涵盖了不起诉决定书的所有种类和文本的各个部分；所谓"细"，是论述的问题不是大而化之、空洞议论，而是具体而微、巨细无遗，即使是标点符号及数字上的误用也认真对待；所谓"精"，是找出的问题精确，主张的观点精当，使用的语言精到，避免了含混模糊、模棱两可以致误导读者的缺陷。这样的特点，在保证本书质量的同时，加强了本书内容的可行性和指导性。

可以说，自从立法确定了检察机关可以对案件作不起诉处理的司法制度以后，对这项制度的研究就蓬勃开展起来，文章及专著汗牛充栋。但专门从不起诉决定书的文字制作方面，针对存在的问题做翔实分析、提出规范表述意见的专著，在我有限的阅读范围内，这还是第一部。应该说这本书正适合检察机关的需要，对落实司法为民宗旨、提高检察业务水平、制作高质量不起诉决定书的实践具有指导意义，尤其值得从事审查起诉工作的检察官们重视和学习。

把每份不起诉决定书都制作成高质量的检察文书，是对检察机关理所当然、极有必要的现实要求。在检察机关的审查起诉业务中，作不起诉决定处理的案件比例很大，以北京市检察机关为例，每年这类案件占到所受理的审查起诉案件的近10%。并且因为作不起诉处理的案件具有相对终局性的特征，对当事人会产生很现实的影响，所以不起诉案件的质量，直接关系检察机关的履职水平和检察机关的公信度。而不起诉案件的质量既包括结案环节的不起诉决定书的质量，也会通过不起诉决定书体现，或者说，不起诉决定书与不起诉案件实为一体，并互为保证质量的条件。即公正的不起诉案件，是不起诉决定书具有高质量的基础，而高质量的不起诉决定书，则保证了不起诉案件最终能够全面实现公正。

"坚持公正司法，努力让人民群众在每一个司法案件中，都能感受到公平正义"，是检察机关的义务和职责。尽职尽责保证检察案件实现公平正义的实际行动，除了确保案件程序和实体依法公正不枉不错，还须制作好高质量的法律文书。如王洁教授在《检察机关起诉书制作要义》一书的前言中所说，"法律和语言的关系是内容和形式的关系，内容决定形式，一定的语言形式为一定的法律内容服务"，不起诉决定书和所用文字的关系，也是检察实务层面形式和内容的关系。不起诉决定书要实现高质量，就要有符合检察文书规范、思维逻辑原则和语言规则习惯的严谨文字。

长期以来，检察机关高度重视办案质量，同时一直强调必须保证检察文书的制作质量，最高人民检察院制定了检察文书格式样本，在多种措施作用下，这项工作成效显著。但是，也毋庸讳言，在制作的不起诉决定书中，仍存在不尽如人意、不应出现的各种问题。对这些问题万不可不以为意、掉以轻心、轻描淡写。如果不起诉决定书语言文字不佳，重者可能使办理不起诉案件的公正努力前功尽弃，轻者也会使案件的公正性、公信度大打折扣。试想，当案件当事人拿到及当关注案件的公众看到一份存在事实叙述不清、法律依据引用不当、语句不通、文字错讹等毛病的不起诉决定书后，怎么会相信案件承办人有公正态度、敬业精神和称职能力呢？怎么会相信案件的处理是合法公正的呢？这种情形下，检察机关公信力又怎能不受到损害呢？

"大事必作于细。"对案件中的犯罪嫌疑人作出不起诉决定，既事关法律的正确适用和当事人的人权、利益，也事关检察机关的形象声誉和民众对法治的信任尊重，当然是大事。这件大事中的关键一环，即不起诉决定书的意义也非同一般，当然必须实事求是地"作于细"。一名有为民情怀、敬畏宪法法律和尊重检察职业的检察官，对不起诉案件中每一个环节的工作，都理应兢兢业业、精益求精，在制作不起诉决定书中应认真推敲每句话、每个字乃至每个标点符号，保证对事实、证据、法律依据乃至文字表达完整、准确、清晰，不应出现降低文书质量的问题。

在这里，还想套用我在《检察机关起诉书制作要义》序言中曾经说过的话：不起诉决定书的制作是对检察官思维理念、工作态度、基本技能和办案质量诸方面的综合检验。做到把每份不起诉决定书都制作成文通字顺，符合客观、规范、文明、理性、准确等要求的高质量法律文书，是检察官应有的追求和能力。为此，以公正执法为本的公诉工作检察官，不仅需要提高政治觉悟、法治精神和思想境界，也应该在平时坚持不懈地学习，通过广泛学习必要的知识和技能，充实和提高自身包括语言文字表达能力在内的多方面素质。这本《不起诉决定书制作要义》，正可以起到这样的指导和帮助作用。

俗话说，师傅领进门，修行在个人。不起诉决定书的制作也一样。检察官面对这本精心研究和撰写的《不起诉决定书制作要义》，如果能够高度重视和认真学习，在实践中就能够运用书中知识，避免对书中所列举的问题重蹈覆辙，制作出能体现案件办理准确性、公正性，能表现自己最佳业务能力和水平，能反映检察机关良好形象，能达到当事人和公众认可乃至满意的检察文书，有益如此，何乐而不为！

作为曾任职检察员的本书读者，十分感谢为检察工作提供这么好教材的王洁教授、张彦副教授以及所有参与这一有益工作、创造这一有效成果的成员。

北京市海淀区人民检察院原检察长王振峰：

司法文书是司法公正、司法权威性的体现。

我在检察机关工作期间，特别关注检察文书的制作，我发现以起诉书、不起诉决定书为主的检察文书的质量存在叙事不清、繁简不分、说理不足、针对性弱、文字粗糙、事与理的衔接不够紧密等不足，有的问题较为普遍和突出。虽然最高人民检察院对检察法律文书的制作有统一的要求和规范标准，但是在检察实践中很少有人深入、细致地研究检察文书中的语言、文字、文法、语体、释法说理等理论与实务中的问题。

自2014年起，中国政法大学法律语言研究中心的老师们和北京市人民检察院的检察官们，为了进一步规范执法、公正司法、推进检务公开，增强执法办案的透明度，开展了"公诉法律文书规范化实证研究"，使规范检察机关的司法文书有了突破性的进展。

理论与实践结合使检察机关法律文书制作的内容丰富、完善起来，为检察机关起诉类的法律文书提供了范本，提高了制作标准。

中国政法大学法律语言研究中心的老师们在该课题的研究过程中，翻阅了几千份起诉书、不起诉决定书，梳理了一个又一个共通的、个性化的问题，辨析了无数个句子、词组、汉字、标点符号，得出正确的示例，使研究成果更严谨、实用、有说服力。他们深刻理解《中共中央关于全面深化改革若干重大问题的决定》中提出的"增强法律文书说理性"的要求，准确把握《最高人民检察院关于加强检察文书说理工作的意见》提出的原则、重点、方式、要求，坚持检察机关的宪法职能定位，充分运用法律人的思维、法律语言专家学者的专业能力，富有成效地完成了课题研究，这是一种"工匠精神"，这份课题成果是"工匠精神"的硕果。我作为一名老检察官，感谢为检察事业、规范执法、公正司法做出辛勤工作的"工匠们"。

中国政法大学法律语言研究中心的老师们的研究成果为检察官制作规范、说理的法律文书提供了标准、范本,希望检察官也能以"工匠精神"精益求精地完成每一份检察法律文书的制作。

二、法律及规范性文件中关于刑事不起诉决定书制作的规定

(一)《刑事诉讼法》的相关规定

第十五条 有下列情形之一的,不追究刑事责任,已经追究的,应当撤销案件,或者不起诉,或者终止审理,或者宣告无罪:

(一)情节显著轻微、危害不大,不认为是犯罪的;

(二)犯罪已过追诉时效期限的;

(三)经特赦令免除刑罚的;

(四)依照刑法告诉才处理的犯罪,没有告诉或者撤回告诉的;

(五)犯罪嫌疑人、被告人死亡的;

(六)其他法律规定免予追究刑事责任的。

第一百七十一条 人民检察院审查案件,可以要求公安机关提供法庭审判所必需的证据材料;认为可能存在本法第五十四条规定的以非法方法收集证据情形的,可以要求其对证据收集的合法性作出说明。

人民检察院审查案件,对于需要补充侦查的,可以退回公安机关补充侦查,也可以自行侦查。

对于补充侦查的案件,应当在一个月以内补充侦查完毕。补充侦查以二次为限。补充侦查完毕移送人民检察院后,人民检察院重新计算审查起诉期限。

对于二次补充侦查的案件,人民检察院仍然认为证据不足,不符合起诉条件的,应当作出不起诉的决定。

第一百七十三条 犯罪嫌疑人没有犯罪事实,或者有本法第十五条规定的情形之一的,人民检察院应当作出不起诉决定。

对于犯罪情节轻微,依照刑法规定不需要判处刑罚或者免除刑罚的,人民检察院可以作出不起诉决定。

人民检察院决定不起诉的案件,应当同时对侦查中查封、扣押、冻结的财物解除查封、扣押、冻结。对被不起诉人需要给予行政处罚、行政处分或者需要没收其违法所得的,人民检察院应当提出检察意见,移

送有关主管机关处理。有关主管机关应当将处理结果及时通知人民检察院。

（二）《人民检察院刑事诉讼规则（试行）》的相关规定

第四百零一条 人民检察院对于公安机关移送审查起诉的案件，发现犯罪嫌疑人没有犯罪事实，或者符合刑事诉讼法第十五条规定的情形之一的，经检察长或者检察委员会决定，应当作出不起诉决定。

对于犯罪事实并非犯罪嫌疑人所为，需要重新侦查的，应当在作出不起诉决定后书面说明理由，将案卷材料退回公安机关并建议公安机关重新侦查。

第四百零三条 人民检察院对于二次退回补充侦查的案件，仍然认为证据不足，不符合起诉条件的，经检察长或者检察委员会决定，应当作出不起诉决定。

人民检察院对于经过一次退回补充侦查的案件，认为证据不足，不符合起诉条件，且没有退回补充侦查必要的，可以作出不起诉决定。

第四百零四条 具有下列情形之一，不能确定犯罪嫌疑人构成犯罪和需要追究刑事责任的，属于证据不足，不符合起诉条件：

（一）犯罪构成要件事实缺乏必要的证据予以证明的；

（二）据以定罪的证据存在疑问，无法查证属实的；

（三）据以定罪的证据之间、证据与案件事实之间的矛盾不能合理排除的；

（四）根据证据得出的结论具有其他可能性，不能排除合理怀疑的；

（五）根据证据认定案件事实不符合逻辑和经验法则，得出的结论明显不符合常理的。

第四百零五条 人民检察院根据刑事诉讼法第一百七十一条第四款规定决定不起诉的，在发现新的证据，符合起诉条件时，可以提起公诉。

第四百零六条 人民检察院对于犯罪情节轻微，依照刑法规定不需要判处刑罚或者免除刑罚的，经检察长或者检察委员会决定，可以作出不起诉决定。

第四百零八条 人民检察院决定不起诉的，应当制作不起诉决定书。

不起诉决定书的主要内容包括：

（一）被不起诉人的基本情况，包括姓名、性别、出生年月日、出生地和户籍地、身份证号码、民族、文化程度、职业、工作单位及职务、住址，是否受过刑事处分，采取强制措施的情况以及羁押处所等；如果是单位犯罪，应当写明犯罪单位的名称和组织机构代码、所在地址、联系方式，法定代表人和诉讼代表人的姓名、职务、联系方式；

（二）案由和案件来源；

（三）案件事实，包括否定或者指控被不起诉人构成犯罪的事实以及作为不起诉决定根据的事实；

（四）不起诉的法律根据和理由，写明作出不起诉决定适用的法律条款；

（五）查封、扣押、冻结的涉案款物的处理情况；

（六）有关告知事项。

第四百一十二条 不起诉的决定，由人民检察院公开宣布。公开宣布不起诉决定的活动应当记录在案。

不起诉决定书自公开宣布之日起生效。

被不起诉人在押的，应当立即释放；被采取其他强制措施的，应当通知执行机关解除。

第四百一十三条 不起诉决定书应当送达被害人或者其近亲属及其诉讼代理人、被不起诉人及其辩护人以及被不起诉人的所在单位。送达时，应当告知被害人或者其近亲属及其诉讼代理人，如果对不起诉决定不服，可以自收到不起诉决定书后七日以内向上一级人民检察院申诉，也可以不经申诉，直接向人民法院起诉；告知被不起诉人，如果对不起诉决定不服，可以自收到不起诉决定书后七日以内向人民检察院申诉。

第四百一十四条 对于公安机关移送起诉的案件，人民检察院决定不起诉的，应当将不起诉决定书送达公安机关。

（三）《最高人民检察院关于加强检察法律文书说理工作的意见》[①]

为进一步加强和规范检察法律文书说理工作，根据法律、司法解释和《最高人民检察院关于实行检察官以案释法制度的规定》，结合检察工作实际，提出如下意见：

一、充分认识检察法律文书说理的重要意义

检察法律文书说理，是人民检察院在制作检察法律文书时，或者应有关人员请求，对文书所载的处理决定依据的事实、证据、法律、政策等进行分析阐述、解释说明的活动。开展检察法律文书说理，有利于贯彻落实司法责任制，强化对检察权行使的监督；有利于增强检察工作透明度，提升司法公信力，让人民群众在每一个案件中都感受到公平正义；有利于促进诉讼参与人和社会各界准确理解人民检察院的司法办案行为依据，从源头上化解矛盾、促进社会和谐稳定。

二、检察法律文书说理应当遵循的原则

（一）依法进行。说理应当依据法律或者司法解释的规定，围绕检察法律文书涉及的案件事实、证据、程序和法律适用等进行。

（二）有针对性。说理应当根据案件的性质特点、复杂程度、社会关注度等，针对说理对象的实际需求进行。

（三）讲求方法。说理应当综合考虑说理对象的年龄阶段、文化程度、心理特征等具体情况，采用其易于理解和接受的方式方法进行。

（四）注重实效。说理应当做到法理情相结合，注重化解矛盾、促进和谐，实现办案法律效果与社会效果的有机统一。

三、检察法律文书说理的重点

人民检察院在履行法律监督职能过程中制作的决定书、意见书、建议书、告知书、通知书等各类检察法律文书，涉及公民、组织重要权利外置或者诉讼重要进程，可能引发质疑、异议或者舆论炒作的，应当在叙述式法律文书中或者送达、宣告决定时有重点地进行说理。以下办案环节涉及的检察法律文书应当着重进行说理：

（一）办理直接受理侦查案件中，对有关实名举报、控告作出不立

---

① 2017年7月4日最高人民检察院第十二届检察委员会第六十六次会议通过。

案决定或者撤销案件决定的；作出不许可律师会见犯罪嫌疑人决定或者驳回取保候审申请、变更或者解除强制措施申请决定的。

（二）侦查监督工作中，作出不批准逮捕决定或者对在罪与非罪上有较大争议且社会关注的敏感案件作出批准逮捕决定的；复议复核维持原不批准逮捕决定的；通知侦查机关立案、撤销案件或者纠正违法的；认为侦查机关决定立案、不立案正确或者实施侦查活动不存在违法而不支持监督申请的。

（三）公诉工作中，作出不起诉决定或者对在罪与非罪上有较大争议且社会关注的敏感案件作出起诉决定的；复议复核维持原不起诉决定的；提出纠正违法意见的；对被害人及其法定代理人的抗诉请求作出不抗诉决定的。

（四）刑事执行检察工作中，提出纠正违法意见或者纠正不当减刑、假释、暂予监外执行意见的；进行羁押必要性审查后提出释放或者变更强制措施建议的；对有关羁押期限、被监管人死亡或者伤残问题向控告人作出答复的。

（五）刑事特别程序中，对未成年犯罪嫌疑人作出附条件不起诉决定的；要求启动违法所得没收程序或者决定不提出没收违法所得申请的；要求启动强制医疗程序或者决定不提出强制医疗申请的；提出纠正强制医疗不当决定意见的。

（六）刑事申诉检察工作中，对不服检察机关刑事处理决定或者人民法院已经发生法律效力的刑事判决、裁定的申诉，经复查不支持申诉请求的；对国家赔偿案件作出审查决定的。

（七）民事行政检察工作中，对当事人及其法定代理人申请监督的案件，决定不予受理、不支持监督申请或者作出终结审查决定的；向人民法院提出检察建议的；提请上级人民检察院抗诉的；对涉及国家利益、社会公共利益的民事、行政案件提出检察建议或者提起公益诉讼的。

四、检察法律文书说理的主体

办理案件的检察官是检察法律文书说理的主体，其他检察人员可以协助检察官进行说理。对于依照规定需要由案件管理部门或者控告申诉检察部门统一答复申诉人的决定事项，办理案件的检察官应当配合案件管理部门或者控告申诉检察部门进行说理。

五、检察法律文书说理的时机

检察法律文书说理作为检察机关履行法律监督职能的内在要求，应当自觉地贯穿其司法办案全过程。对于涉及案件终局处理或者办案重要节点的检察法律文书，应当在文书中说理或者在送达文书时主动说理。当事人等对已送达的检察法律文书记载的事实、证据、法律适用等提出质疑或者异议的，应当随时有针对性地进行说理。有关人员对检察机关的司法办案行为及其检察法律文书内容表示强烈不满，可能引起上访、缠访的，应当及时进行说理。

六、检察法律文书说理的方式

人民检察院作出有关决定，需要向有关机关或者人员书面说理的，可以在叙述式法律文书中进行说理；对填充式法律文书，可以增加附页或者制作说明书进行说理。

对于不宜书面说理的，或者在办案中遇到紧急情况的，或者说理对象认可同意的，可以进行口头说理。口头说理，一般应当有两名或者两名以上检察人员在场，并制作笔录附卷。现场不具备笔录制作条件的，检察人员可以事后予以记录并签字后附卷。

探索建立检察宣告制度，有条件的检察院可以设置专门的宣告场所，由检察官召集当事人、申诉人、赔偿请求人等到场，当面宣告决定内容，送达法律文书并进行释法说理。

七、检察法律文书说理的基本要求

（一）阐明事实。要准确说明人民检察院认定的案件事实及相关证据，对证据的客观性、合法性和关联性进行必要分析，说明采信和不采信的理由。

（二）释明法理。要结合法律文书的具体内容和结论，对人民检察院所作决定依据的法律、司法解释条文的具体内容予以列明，解释法律适用的理由和依据。

（三）讲明情理。说理要注重法理情的有机结合，释之以法，晓之以理，动之以情，增强司法办案的人文关怀和社会效果。

（四）繁简适当。对于重大、疑难、复杂案件或者社会关注的案件，以及当事人或者相关机关可能产生异议的案件，应当做好充分的说理准备，必要时，可以召开检察官联席会议进行讨论。说理时要针对焦点问题，充分阐释决定的理由和依据。对于可以适用简易程序、速裁程序处理的案件和当事人达成和解的轻微刑事案件等事实清楚、争议不大的案件，可以简化说理的方式、内容。

（五）语言规范，表达准确，逻辑清晰，通俗易懂。

八、完善检察法律文书说理工作制度

建立检察法律文书说理质量评析通报制度。各级人民检察院要采取多种形式主动听取说理对象及社会各界对检察法律文书说理工作的评价意见。上级人民检察院要将检察法律文书说理纳入检察官办案质量评查体系，定期对本辖区内各级人民检察院法律文书说理工作进行分析、总结、通报，通过典型案例示范、优秀说理文书展评等形式开展经验交流，提高检察法律文书说理工作的质量和水平。

完善检察法律文书说理工作责任制。对于违反规定不履行检察法律文书说理责任，或者在说理工作中发生重大过错造成不良影响的，要依纪依规追究检察人员的工作责任。

各级人民检察院可以根据本意见，对各诉讼环节检察法律文书说理工作制定实施细则。

本意见自下发之日起施行，2011年8月9日印发的《最高人民检察院关于加强法律文书说理工作的意见（试行）》同时废止。

三、出版物上数字用法（GB/T 15835－2011）

1 范围

本标准规定了出版物上汉字数字和阿拉伯数字的用法。

木标准适用于各类出版物（文艺类出版物和重排古籍除外）。政府和企事业单位公文，以及教育、媒体和公共服务领域的数字用法，也可参照本标准执行。

2 规范性引用文件

下列文件对于本文件的应用是必不可少的。凡是注日期的引用文件，仅注日期的版本适用于本文件。凡是不注日期的引用文件，其最新版本（包括所有的修改单）适用于本文件。

GB/T 7408－2005 数据元和交换格式 信息交换 日期和时间表示法

3 术语和定义

下列术语和定义适用于本文件。

3.1 计量 measuring

将数字用于加、减、乘、除等数学运算。

3.2 编号 numbering

将数字用于为事物命名或排序，但不用于数学达算。

3.3 概数 approximate number

用于模糊计量的数字。

4 数字形式的选用

4.1 选用阿拉伯数字

4.1.1 用于计量的数字

在使用数字进行计量的场合，为达到醒目、易于辨识的效果，应采用阿拉伯数字。

示例1： －125.03　34.05%　63%~68%　1∶500　97/108

当数值伴随有计量单位时，如：长度、容积、面积、体积、质量、温度、经纬度、音量、频率等等，特别是当计量单位以字母表达时，应采用阿拉伯数字。

示例2：523.55km（523.56千米） 346.87L（346.87升）
　　　　5.34m² （5.34平方米） 567mm³（567立方米毫米）
　　　　605g（605克） 100～150kg（100～150千克）
　　　　34～39℃（34～39摄氏度） 北纬40°（40度）
　　　　120dB（120分贝）

4.1.2 用于编号的数字

在使用数字进行编号的场合，为达到醒目、易于辨识的效果，应采用阿拉伯数字。

示例：电话号码：98888
　　　邮政编码：100871
　　　通信地址：北京市海淀区复兴路11号
　　　电子邮件地址：x186a186.net
　　　网页地址：http://127.0.0.1
　　　汽车号牌：京A00001
　　　道路编号：101国道
　　　公文编号：国办发〔1987〕9号
　　　图书编号：ISBN 978-7-80184-224-4
　　　刊物编号：CN11-1399
　　　章节编号：4.1.2
　　　产品型号：PH-3000型计算机
　　　产品序列号：C84XB　JYVFD-P7HC4-6XKRJ-7M6XH
　　　单位注册号：02050214
　　　行政许可号登记编号：0684D10004-828

4.1.3 已定型的含阿拉伯数字的词语

现代社会生活中出现的事物、现象、事件，其名称的书写形式中包括阿拉伯数字，已经广泛使用而稳定下来，应采用阿拉伯数字。

示例：3G手机　MP3播放器　G8峰会　维生素B_{12}　97号汽油
　　　"5·27"事件　"12·5"枪击案

4.2 选用汉字数字

4.2.1 非公历纪年

干支纪年、农历月日、历史朝代纪年及其他传统上采用汉字形式的非公历纪年等等，应采用汉字数字。

示例：丙寅年十月十五日　庚辰年八月五日　腊月二十三
　　　正月初五　　　　八月十五中秋　　秦文公四十四年
　　　太平天国庚申十年九月二十四日　清咸丰十年九月二十日
　　　藏历阳木龙年八月二十六日　　　　日本庆应三年

4.2.2　概数

数字连用表示的概数、含"几"的概数，应采用汉字数字。

示例：三四个月　　一二十个　　四十五六岁　　五六万套
　　　五六十年前　几千　二十几　一百几十　几万分之一

4.2.3　已定型的含汉字数字的词语

汉语中长期使用已经稳定下来的包含汉字数字形式的词语，应采用汉字数字。

示例：万一　一律　一旦　三叶虫　四书五经　星期五
　　　四氧化三铁　八国联军　七上八下　一心一意
　　　不管三七二十一　一方面　二百五　半斤八两
　　　五省一市　五讲四美　相差十万八千里　八九不离十
　　　白发三千丈　不二法门　二八年华　五四运动
　　　"一·二八"事变　"一二·九"运动

4.3　选用阿拉伯数字与汉字数字均可

如果表达计量或编号所需要用到的数字个数不多，选择汉字数字还是阿拉伯数字在书写的简洁性和辨识清晰性两方面没有明显差异时，两种形式均可使用。

示例1：17号楼（十七号楼）　　3倍（三倍）
　　　　第5个工作日（第五个工作日）　　100多件（一百多件）
　　　　20余次（二十余次）　　约300人（约三百人）
　　　　40左右（四十左右）　　50上下（五十上下）
　　　　50多人（五十多人）　　第25页（第二十五页）
　　　　第8天（第八天）　　第4季度（第四季度）
　　　　第45份（第四十五份）
　　　　共235位同学（共二百三十五位同学）
　　　　0.5（零点五）　　76岁（七十六岁）

120 周年（一百二十周年）　1/3（三分之一）
公元前 8 世纪（公元前八世纪）
20 世纪 80 年代（二十世纪八十年代）
公元 253 年（公元二五三年）
1997 年 7 月 1 日（一九九七年七月一日）
下午 4 点 40 分（下午四点四十分）
4 个月（四个月）　12 天（十二天）

如果要突出简洁醒目的表达效果，应使用阿拉伯数字；如果要突出庄重典雅的表达效果，应使用汉字数字。

示例 2：北京时间 2008 年 5 月 12 日 14 时 28 分

十一届全国人大一次会议（不写为"11 届全国人大 1 次会议"）

六方会谈（不写为"6 方会谈"）

在同一场合出现的数字，应遵循"同类别同形式"原则来选择数字的书写形式。如果两数字的表达功能类别相同（比如都是表达年月日时间的数字），或者两数字在上下文中所处的层级相同（比如文章目录中同级标题的编号），应选用相同的形式。反之，如果两数字的表达功能不同，或所处层级不同，可以选用不同的形式。

示例 3：2008 年 8 月 8 日　二〇〇八年八月八日（不写为"二〇〇八年 8 月 8 日"）

第一章　第二章……第十二章（不写为"第一章　第二章……第 12 章"）

第二章的一下级标题可以用阿拉伯数字编号：2.1，2.2……

应避免相邻的两个阿拉伯数字造成歧义的情况。

示例 4：高三 3 个班　高三三个班（不写为"高 33 个班"）

高三 2 班　高三（2）班（不写为"高 32 班"）

有法律效力的文件、公告文件或财务文件中可同时采用汉字数字和阿拉伯数字。

示例 5：2008 年 4 月保险账户结算日利率为万分之一点五七五零（0.015750%）

35.5 元（35 元 5 角　三十五元五角　叁拾伍圆伍角）

5 数字形式的使用

5.1 阿拉伯数字的使用

5.1.1 多位数

为便于阅读,四位以上的整数或小数,可采用以下两种方式分节:

——第一种方式:千分撇

整数部分每三位一组,","分节。小数部分不分节。四位以内的整数可以不分节。

示例1:624,000 92,300,000 19,351,235.235767 1256

——第二种方式:千分空

从小数点起,向左和向右每三位数字一组,组间空四分之一个汉字,即二分之一个阿拉伯数字的位置。四位以内的整数可以不加千分空。

示例2:55 235 367.346 23   98 235 358.238 368

注:各科学技术领域的多位数分节方式参照 GB 3101-1993 的规定执行。

5.1.2 纯小数

纯小数必须写出小数点前定位的"0",小数点是齐阿拉伯数字底线的实心点"."。

示例:0.46 不写为 .46 或 0。46

5.1.3 数值范围

在表示数值的范围时,可采用浪纹式连接号"~"或一字线连接号"—"。前后两个数值的附加符号或计量单位相同时,在不造成歧义的情况下,前一个数位的附加符号或计量单位可省略。如果省略数值的附加符号或计量单位会造成歧义,则不应省略。

示例:-36~-8℃ 400—429 页 100—500kg

12 500 20 000 元 9 亿~16 亿(不写为 9~16 亿)

13 万元~17 万元(不写为 13~17 万元)

15%~30%(不写为 15~30%) 4.3×10^6~5.7×10^6(不写为 4.3~5.7×10^6)

5.1.4 年月日

年月日的表达顺序应按照口语中年月日的自然顺序书写。

示例 1：2008 年 8 月 8 日　　　1997 年 7 月 1 日

"年""月"可按照 GB/T 7408 – 2005 的 5.2.1.1 中的扩展格式，用"－"替代，但年月日不完整时不能替代。

示例 2：2008 – 8 – 8　　　1997 – 7 – 1

8 月 8 日（不写为 8 – 8）　2008 年 8 月（不写为 2008 – 8）

四位数字表示的年份不应简写为两位数字。

示例 3："1990 年"不写为"90 年"

月和日是一位数时，可在数字前补"0"。

示例 4：2008 – 08 – 08　　　1997 – 07 – 01

5.1.5　时分秒

计时方式既可采用 12 小时制，也可采用 24 小时制。

示例 1：11 时 40 分（上午 11 时 40 时）

21 时 12 分 36 秒（晚上 9 时 12 分 36 秒）

时分秒的表达顺序应按照口语时、分、秒的自然顺序书写。

示例 2：15 时 40 分　　　14 时 12 分 36 秒

"时""分"也可按照 GB/T 7408 – 2005 的 5.3.1.1 和 5.3.1.2 中的扩展格式，用"："替代。

示例 3：15：40　　　14：12：36

5.1.6　含有月日的专名

含有月日的专名采用阿拉伯数字表示时，应采用间隔号"·"将月、日分开，并在数字前后加引号。

示例："3·15"消费者权益日

5.1.7　书写格式

5.1.7.1　字体

出版物中的阿拉伯数字，一般应使用正体二分字身，即占半个汉字位置。

示例：234　　　57.236

5.1.7.2　换行

一个用阿拉伯数字书写的数值应在同一行中，避免被断开。

5.1.7.3　竖排文本中的数字方向

竖排文字中的阿拉伯数字按顺时针方向转 90 度。旋转后要保证同一个词语单位的文字方向相同。

示例：

> 示例一
> 雪花牌 BCD188 型家用电冰箱容量是一百八十八升，功率为一百二十五瓦，市场售价两千零五十元，返修率仅为百分之零点一五。
>
> 示例二
> 海军 J12 号打捞救生船在太平洋上航行了十三天，于一九九〇年八月六日零时三十分返回基地。

5.2 汉字数字的使用

5.2.1 概数

两个数字连用表示概数时，两数之间不用顿号"、"隔开。

示例：二三米　一两个小时　三五天　一二十个　四十五六岁

5.2.2 年份

年份简写后的数字可以理解为概数时，一般不简写。

示例："一九七八年"不写为"七八年"

5.2.3 含有月日的专名

含有月日的专名采用汉字数字表示时，如果涉及一月、十一月、十二月，应用间隔号"·"将表示月和日的数字隔开，涉及其他月份时，不用间隔号。

示例："一·二八"事变　"一二·九"运动　五一国际劳动节

5.2.4 大写汉字数字

——大写汉字数字的书写形式

零、壹、贰、叁、肆、伍、陆、柒、捌、玖、拾、佰、仟、万、亿

——大写汉字数字的适用场合

法律文书和财务票据上，应采用大写汉字数字形式记数。

示例：3,504 元（叁仟伍佰零肆圆）　39,148 元（叁万玖仟壹佰肆拾捌圆）

5.2.5 "零"和"〇"

阿拉伯数字"0"有"零"和"〇"两种汉字书写形式。一个数字用作计量时,其中"0"的汉字书写形式为"零",用作编号时,"0"的汉字书写形式为"〇"。

示例:"3052(个)"的汉字数字形式为"三千零五十二"(不写为"三千〇五十二")

"95.06"的汉字数字形式为"九十五点零六"(不写为"九十五点〇六")

"公元2012(年)"的汉字数字形式为"二〇一二"(不写为"二零一二")

5.3 阿拉伯数字与汉字数字同时使用

如果一个数值很大,数值中的"万""亿"单位可以采用汉字数字,其余部分采用阿拉伯数字。

示例1:我国1982年人口普查人数为10亿零817万5 288人

除上面情况之外的一般数值,不能同时采用阿拉伯数字与汉字数字。

示例2:108可以写作"一百零八",但不应写作"1百零8""一百08"

4 000可以写作"四千",但不应写作"4千"

四、标点符号用法（GB/T 15834－2011）

1　范围

本标准规定了现代汉语标点符号的用法。

本标准适用于汉语的书面语（包括汉语和外语混合排版时的汉语部分）。

2　术语和定义

下列术语和定义适用于本文件。

2.1 标点符号　punctuation

辅助文字记录语言的符号，是书面语的有机组成部分，用来表示语句的停顿、语气以及标示某些成分（主要是词语）的特定性质和作用。

注： 数学符号、货币符号、校勘符号、辞书符号、注音符号等特殊领域的专门符号不属于标点符号。

2.2 句子　sentente

前后都有较大停顿、带有一定的语气和语调、表达相对完整意义的语言单位。

2.3 复句　complex sentence

由两个或多个在意义上有密切关系的分句组成的语言单位，包括简单复句（内部只有一层语义关系）和多重复句（内部包含多层语义关系）。

2.4 分句　clause

复句内两个或多个前后有停顿、表达相对完整意义、不带有句末语气和语调、有的前面可添加关联词语的语言单位。

2.5 语段　expression

指语言片段，是对各种语言单位（如词、短语、句子、复句等）不做特别区分时的统称。

3　标点符号的种类

3.1 点号

点号的作用是点断，主要表示停顿和语气。分为句末点号和句内点号。

3.1.1 句末点号

用于句末的点号,表示句末停顿和句子的语气。包括句号、问号、叹号。

3.1.2 句内点号

用于句内的点号,表示句内各种不同性质的停顿。包括逗号、顿号、分号、冒号。

3.2 标号

标号的作用是标明,主要标示某些成分(主要是词语)的特定性质和作用。包括引号、括号、破折号、省略号、着重号、连接号、间隔号、书名号、专名号、分隔号。

4 标点符号的定义、形式和用法

4.1 句号

4.1.1 定义

句末点号的一种,主要表示句子的陈述语气。

4.1.2 形式

句号的形式是"。"。

4.1.3 基本用法

4.1.3.1 用于句子末尾,表示陈述语气。使用句号主要根据段前后有较大停顿、带有陈述语气和语调,并不取决于句子的长短。

示例1:北京是中华人民共和国的首都。

示例2:(甲:咱们走着去吧?)乙:好。

4.1.3.2 有时也可表示较缓和的祈使语气和感叹语气。

示例1:请您稍等一下。

示例2:我不由地感到,这些普通劳动者也同样是很值得尊敬的。

4.2 问号

4.2.1 定义

句末点号的一种,主要表示句子的疑问语气。

4.2.2 形式

问号的形式是"?"。

4.2.3 基本用法

4.2.3.1 用于句子末尾,表示疑问语气(包括反问、设问等疑问类型）。使用问号主要根据语段前后有较大停顿、带有疑问语气和语调，并不取决于句子的长短。

示例1：你怎么还不回家去呢？

示例2：难道这些普通的战士不值得歌颂吗？

示例3：（一个外国人，不远万里来到中国，帮助中国的抗日战争。）这是什么精神？这是国际主义的精神。

4.2.3.2 选择问句中，通常只在最后一个选项的末尾用问号，各个选项之间一般用逗号隔开。当选项较短且选项之间几乎没有停顿时，选项之间可不用逗号。当选项较多或较长，或有意突出每个选项的独立性时，也可每个选项之后都用问号。

示例1：诗中记述的这场战争究竟是真实的历史描述，还是诗人的虚构？

示例2：这是巧合还是有意安排？

示例3：要一个什么样的结尾：现实主义的？传统的？大团圆的？荒诞的？民族形式的？有象征意义的？

示例4：（他看着我的作品称赞了我。）但到底是称赞我什么：是有几处画得好？还是什么都敢画？抑或只是一种对于失败者的无可奈何的安慰？我不得而知。

示例5：这一切都是由客观的条作造成的？还是由行为的惯性造成的？

4.2.3.3 在多个问句连用或表达疑问语气加重时，可叠用问号。通常应先单用，再叠用，最多叠用三个问号。在没有异常强烈的情感表达需要时不宜叠用问号。

示例：这就是你的做法吗？你这个总经理是怎么当的？？你怎么竟敢这样欺骗消费者？？？

4.2.3.4 问号也有标号的用法，即用于句内，表示存疑或不详。

示例1：马致远（1250？—1321），大都人，元代戏曲家、散曲家。

示例2：钟嵘（？—518），颍川长社人，南朝梁代文学批评家。

示例3：出现这样的文字错误，说明作者（编者？校者？）很不认真。

4.3 叹号

4.3.1 定义

句末点号的一种,主要表示句子的感叹语气。

4.3.2 形式

叹号的形式是"！"。

4.3.3 基本用法

4.3.3.1 用于句子末尾,主要表示感叹语气,有时也可表示强烈的祈使语气、反问语气等。使用叹号主要根据语段前后有较大停顿、带有感叹语气和语调或带有强烈的祈使、反问语气和语调,并不取决于句子的长短。

示例1:才一年不见,这孩子都长这么高啦!

示例2:你给我住嘴!

示例3:谁知道他今天是怎么搞的!

4.3.3.2 用于拟声词后,表示声音短促或突然。

示例1:咔嚓!一道闪电划破了夜空。

示例2:咚!咚咚!突然传来一阵急促的敲门声。

4.3.3.3 表示声音巨大或声音不断加大时,可叠用叹号;表达强烈语气时,也可叠用叹号,最多叠用三个叹号。在没有异常强烈的情感表达需要时不宜叠用叹号。

示例1:轰!!在这天崩地塌的声音中,女娲猛然醒来。

示例2:我要揭露!我要控诉!!我要以死抗争!!!

4.3.3.4 当句子包含疑问、感叹两种语气且都比较强烈时(如带有强烈感情的反问句和带有惊愕语气的疑问句),可在问号后再加叹号(问号、叹号各一)。

示例1:这么点困难就能把我们吓倒吗?!

示例2:他连这些最起码的常识都不懂,还敢说自己是高科技
　　　人才?!

4.4 逗号

4.4.1 定义

句内点号的一种,表示句子或语段内部的一般性停顿。

4.4.2 形式

逗号的形式是","。

4.4.3 基本用法

4.4.3.1 复句内各分句之间的停顿,除了有时用分号(见4.6.3.1),一般都用逗号。

示例1:不是人们的意识决定人们的存在,而是人们的社会存在决定人们的意识。

示例2:学历史使人更明智,学文学使人更聪慧,学数学使人更精细,学考古使人更深沉。

示例3:要是不相信我们的理论能反映现实,要是不相信我们的世界有内在和谐,那就不可能有科学。

4.4.3.2 用于下列各种语法位置:

a)较长的主语之后。

示例1:苏州园林建筑各种门窗的精美设计和雕镂功夫,都令人叹为观止。

b)句首的状语之后。

示例2:在苍茫的大海上,狂风卷集着乌云。

c)较长的宾语之前。

示例3:有的考古工作者认为,南方古猿生存于上新世至更新世的初期和中期。

d)句首的状语之后。带句内语气词的主语(或其他成分)之后,或带句内语气词的并列成分之间。

示例4:他呢,倒是很乐意地、全神贯注地干起来了。

示例5:(那是个没有月亮的夜晚。)可是整个村子——白房顶啦,白树木啦,雪堆啦,全看得见。

e)较长的主语中间、谓语中间或宾语中间。

示例6:母亲沉痛的诉说,以及亲眼见到的事实,都启发了我幼年时期追求真理的思想。

示例7:那姑娘头戴一顶草帽,身穿一条绿色的裙子,腰间还系着一根橙色的腰带。

示例8:必须懂得,对于文化传统,既不能不分青红皂白统统抛弃，也不能不管精华糟粕全盘继承。

f）前置的谓语之后或后置的状语、定语之前。

示例 9：真美啊，这条蜿蜒的林间小路。

示例 10：她吃力地站了起来，慢慢地。

示例 11：我只是一个人，孤孤单单的。

4.4.3.3 用于下列各种停顿处：

a）复指成分或插说成分前后。

示例 1：老张，就是原来的办公室主任，上星期已经调走了。

示例 2：车，不用说，当然是头等。

b）语气缓和的感叹语、称谓语或呼唤语之后。

示例 3：哎哟，这儿，快给我揉揉。

示例 4：大娘，您到哪儿去啊？

示例 5：喂，你是哪个单位的？

c）某些序次语（"第"字头、"其"字头及"首先"类序次语）之后。

示例 6：为什么许多人都有长不大的感觉呢？原因有三：第一，父母总认为自己比孩子成熟；第二，父母总要以自己的标准来衡量孩子；第三，父母出于爱心而总不想让孩子在成长的过程中走弯路。

示例 7：《玄秘塔碑》所以成为书法的范本，不外乎以下几方面的因素：其一，具有楷书点画、构体的典范性；其二，承上启下，成为唐楷的极致；其三，字如其人，爱人及字，柳公权高尚的书品、人品为后人所崇仰。

示例 8：下面从三个方面讲讲语言的污染问题：首先，是特殊语言环境中的语言污染问题；其次，是滥用缩略语引起的语言污染问题；再次，是空话和废话引起的语言污染问题。

4.5 顿号

4.5.1 定义

句内点号的一种，表示语段中并列词语之间或某些序次语之后的停顿。

4.5.2 形式

顿号的形式是"、"。

4.5.3 基本用法

4.5.3.1 用于并列词语之间。

示例1：这里有自由、民主、平等、开放的风气和氛围。

示例2：造型科学、技艺精湛、气韵生动，是盛唐石雕的特色。

4.5.3.2 用于需要停顿的重复词语之间。

示例：他几次三番、几次三番地辩解着。

4.5.3.3 用于某些序次语（不带括号的汉字数字或"天干地支"类序次语）之后。

示例1：我准备讲两个问题：一、逻辑学是什么？二、怎样学好逻辑学？

示例2：风格的具体内容主要有以下四点：甲、题材；乙、用字；丙、表达；丁、色彩。

4.5.3.4 相邻或相近两数字连用表示概数通常不用顿号。若相邻两数字连用为缩略形式，宜用顿号。

示例1：飞机在6000米高空水平飞行时，只能看到两侧八九公里和前方一二十公里范围内的地面。

示例2：这种凶猛的动物常常三五成群地外出觅食和活功。

示例3：农业是国民经济的基础，也是二、三产业的基础。

4.5.3.5 标有引号的并列成分之间、标有书名号的并列成分之间通常不用顿号。若有其他成分插在并列的引号之间或并列的书名号之间（如引语或书名号之后还有括注），宜用顿号。

示例1："日""月"构成"明"字。

示例2：店里挂着"顾客就是上帝""质量就是生命"等横幅。

示例3：《红楼梦》《三国演义》《西游记》《水浒传》，是我国长篇小说的四大名著。

示例4：李白的"白发三千丈"（《秋浦歌》）、"朝如青丝暮成雪"（《将进酒》）都是脍炙人口的诗句。

示例5：办公室里订有《人民日报》（海外版）、《光明日报》和《时代周刊》等报刊。

4.6 分号

4.6.1 定义
句内点号的一种,表示复句内部并列关系分句之间的停顿,以及非并列关系的多重复句中第一层分句之间的停顿。

4.6.2 形式
分号的形式是";"。

4.6.3 基本用法
4.6.3.1 表示复句内部并列关系的分句(尤其当分句内部还有逗号时)之间的停顿。

示例1:语言文字的学习,就理解方面说,是得到一种知识;就运用方面说,是养成一种习惯。

示例2:内容有分量,尽管文章短小,也是有分量的;内容没有分量,即使写得再长也没有用。

4.6.3.2 表示非并列关系的多重复句中第一层分句(主要是选择、转折等关系)之间的停顿。

示例1:人还没看见,已经先听见歌声了;或者人已经转过山头望不见了,歌声还余音袅袅。

示例2:尽管人民革命的力量在开始时总是弱小的,所以总是受压的;但是由于革命的力量代表历史发展的方向,因此本质上又是不可战胜的。

示例3:不管一个人如何伟大,也总是生活在一定的环境和条件下;因此,个人的见解总难免带有某种局限性。

示例4:昨天夜里下了一场雨,以为可以凉快些;谁知没有凉快下来,反而更热了。

4.6.3.3 用于分项列举的各项之间。

示例:特聘教授的岗位职责为:一、讲授本学科的主干基础课程;二、主持本学科的重大科研项目;三、领导本学科的学术队伍建设;四、带领本学科赶超或保持世界先进水平。

4.7 冒号

4.7.1 定义
句内点号的一种,表示语段中提示下文或总结上文的停顿。

4.7.2 形式

冒号的形式是":"。

4.7.3 基本用法

4.7.3.1 用于总说性或提示性词语（如"说""例如""证明"等）之后，表示提示下文。

示例1：北京紫禁城有四座城门：午门、神武门、东华门和西华门。

示例2：她高兴地说："咱们去好好庆祝一下吧！"

示例3：小王笑着点了点头："我就是这么想的。"

示例4：这一事实证明：人能创造环境，环境同样也能创造人。

4.7.3.2 表示总结上文。

示例：张华上了大学，李萍进了技校，我当了工人；我们都有美好的前途。

4.7.3.3 用在需要说明的词语之后，表示注释和说明。

示例1：（本市将举办首届大型书市。）主办单位：市文化局；承办单位：市图书进出口公司；时间：8月15日—20日；地点：市体育馆观众休息厅。

示例2：（做阅读理解题有两个办法。）办法之一：先读题干，再读原文，带着问题有针对性地读课文。办法之二：直接读原文，读完再做题，减少先入为主的干扰。

4.7.3.4 用于书信、讲话稿中称谓语或称呼语之后。

示例1：广平先生：……

示例2：同志们、朋友们：……

4.7.3.5 一个句子内部一般不应套用冒号。在列举式或条文式表述中，如不得不套用冒号时，宜另起段落来显示各个层次。

示例：第十条　遗产按照下列顺序继承．

第一顺序：配偶、子女、父母。

第二顺序：兄弟姐妹、祖父母、外祖父母。

4.8 引号

4.8.1 定义

标号的一种，标示语段中直接引用的内容或需要特别指出的成分。

4.8.2 形式

引号的形式有双引号""" "和单引号"' '"两种。左侧的为前引号，右侧的为后引号。

4.8.3 基本用法

4.8.3.1 标示语段中直接引用的内容。

示例：李白诗中就有"白发三千丈"这样极尽夸张的语句。

4.8.3.2 标示需要着重论述或强调的内容。

示例：这里所谓的"文"，并不是指文字，而是指文采。

4.8.3.3 标示语段中具有特殊含义而需要特别指出的成分，如别称、简称、反语等。

示例1：电视被称作"第九艺术"。

示例2：人类学上常把古人化石统称为尼安德特人，简称"尼人"。

示例3：有几个"慈祥"的老板把捡来的菜叶用盐浸浸就算作工友的菜肴。

4.8.3.4 当引号中还需要使用引号时，外面一层用双引号，里面一层用单引号。

示例：他问："老师，'七月流火'是什么意思？"

4.8.3.5 独立成段的引文如果只有一段，段首和段尾都用引号；不止一段时，每段开头仅用前引号，只在最后一段末尾用后引号。

示例：我曾在报纸上看到有人这样谈幸福：

"幸福是知道自己喜欢什么和不喜欢什么。……

"幸福是知道自己擅长什么和不擅长什么。……

"幸福是在正确的时间做了正确的选择。……"

4.8.3.6 在书写带月、日的事件、节日或其他特定意义的短语（含简称）时，通常只标引其中的月和日；需要突出和强调该事件或节日本身时，也可连同事件或节日一起标引。

示例1："5·12"汶川大地震

示例2："五四"以来的话剧，是我国戏剧中的新形式。

示例3：纪念"五四运动"90周年

4.9 括号

4.9.1 定义

标号的一种,标示语段中的注释内容、补充说明或其他特定意义的语句。

4.9.2 形式

括号的主要形式是圆括号"( )",其他形式还有方括号"［ ］"、六角括号"〔 〕"和方头括号"【 】"等。

4.9.3 基本用法

4.9.3.1 标示下列各种情况,均用圆括号:

a)标示注释内容或补充说明。

示例1:我校拥有特级教师(含已退休的)17人。

示例2:我们不但善于破坏一个旧世界、我们还将善于建设一个新世界!(热烈鼓掌)

b)标示订正或补加的文字。

示例3:信纸上用稚嫩的字体写着:"阿夷(姨),你好!"

示例4:该建筑公司负责的建设工程全部达到优良工程(的标准)。

c)标示序次语。

示例5:语言有三个要素:(1)声音;(2)结构;(3)意义。

示例6:思想有三个条件:(一)事理;(二)心理;(三)伦理。

d)标示引语的出处。

示例7:他说得好:"未画之前,不立一格;既画之后,不留一格。"(《板桥集·题画》)

e)标示汉语拼音注音。

示例8:"的(de)"这个字在现代汉语中最常用。

4.9.3.2 标示作者国籍或所属朝代时,可用方括号或六角括号。

示例1:［英］赫胥黎《进化论与伦理学》

示例2:〔唐〕杜甫著

4.9.3.3 报刊标志电讯、报道的开头,可用方头括号。

示例:【新华社南京消息】

4.9.3.4 标示公文发文字号中的发文年份时,可用六角括号。

示例:国发〔2011〕3号文件

4.9.3.5　标示被注释的词语时，可用六角括号或方头括号。

示例1：〔奇观〕奇伟的景象。

示例2：【爱因斯坦】物理学家，生于德国，1933年因受纳粹政权迫害，移居美国。

4.9.3.6　除科技书刊中的数学、逻辑公式外，所有括号（特别是同一形式的括号）应尽量避免套用。必须套用括号时，宜采用不同的括号形式配合使用。

示例：〔茸（rong）毛〕很细很细的毛。

4.10　破折号

4.10.1　定义

标号的一种，标示语段中某些成分的注释、补充说明或语音、意义的变化。

4.10.2　形式

破折号的形式是"——"。

4.10.3　基本用法

4.10.3.1　标示注释内容或补充说明（也可用括号，见4.9.3.1；二者的区别另见B.1.7）。

示例1：一个矮小而结实的日本中年人——内山老板走了过来。

示例2：我一直坚持读书，想借此唤起弟妹对生活的希望——无论环境多么困难。

4.10.3.2　标示插入语（也可用逗号，见4.4.3.3）。

示例：这简直就是——说得不客气点——无耻的勾当！

4.10.3.3　标示总结上文或提示下文（也可用冒号，见4.7.3.1、4.7.3.2）。

示例1：坚强，纯洁，严于律己，客观公正——这一切都难得地集中在一个人身上。

示例2：画家开始娓娓道来——
　　　　　数年前的一个寒冬……

4.10.3.4　标示话题的转换。

示例："好香的干菜，——听到风声了吗？"赵七爷低声说道。

4.10.3.5　标示声音的延长。

示例:"嘎——"传过来一声水禽被惊动的鸣叫。

4.10.3.6 标示话语的中断或间隔。

示例1:"班长他牺——"小马话没说完就大哭起来。

示例2:"亲爱的妈妈,你不知道我多爱您。——还有你,我的孩子!"

4.10.3.7 标示引出对话。

示例: ——你长大后想成为科学家吗?

——当然想了!

4.10.3.8 标示事项列举分承。

示例:根据研究对象的不同,环境物理学分为以下五个分支学科:

——环境声学;

——环境光学;

——环境热学;

——环境电磁学;

——环境空气动力学。

4.10.3.9 用于副标题之前。

示例:飞向太平洋

——我国新型号运载火箭发射目击记

4.10.3.10 用于引文、注文后,标示作者、出处或注释者。

示例1:先天下之忧而忧,后天下之乐而乐。

——范仲淹

示例2:乐浪海中有倭人,分为百余国。

——《汉书》

示例3:很多人写好信后把信笺折成方胜形,我看大可不必。(方胜,指古代妇女戴的方形首饰,用彩绸等制作,由两个斜方部分叠合而成。——编者注)

4.11 省略号

4.11.1 定义

标号的一种,标示语段中某些内容的省略及意义的断续等。

4.11.2 形式

省略号的形式是"……"。

4.11.3 基本用法

4.11.3.1 标示引文的省略。

示例：我们齐声朗诵起来："……俱往矣，数风流人物，还看今朝。"

4.11.3.2 标示列举或重复词语的省略。

示例1：对政治的敏感，对生活的敏感，对性格的敏感，……这都是作家必须要有的素质。

示例2：他气得连声说："好，好……算我没说。"

4.11.3.3 标示语意未尽

示例1：在人迹罕至的深山密林里，假如突然看见一缕炊烟，……

示例2：你这样干，未免太……！

4.11.3.4 标示说话时断断续续。

示例：她磕磕巴巴地说："可是……太太……我不知道……你一定是认错了。"

4.11.3.5 标示对话中的沉默不语。

示例："还没结婚吧？"

"……"他飞红了脸，更加忸怩起来。

4.11.3.6 标示特定的成分虚缺。

示例：只要……就……

4.11.3.7 在标示诗行、段落的省略时，可连用两个省略号（即相当于十二连点）。

示例1：从隔壁房间传来缓缓而抑扬顿挫的吟咏声——
床前明月光，疑是地上霜。
…………

示例2：该刊根据工作质量、上稿数量、参与程度等方面的表现，评选出了高校十佳记者站。还根据发稿数量、提供新闻线索情况以及对刊物的关注度等，评选出了十佳通讯员。
…………

4.12 着重号

4.12.1 定义

标号的一种，标示语段中某些重要的或需要指明的文字。

4.12.2 形式

着重号的形式是"．"标注在相应文字的下方。

4.12.3 基本用法

4.12.3.1 标示语段中重要的文字。

示例1：诗人需要表现，而不是证明。

示例2：下面对本文的理解，不正确的一项是：……

4.12.3.2 标示语段中需要指明的文字。

示例：下边加点的字，除了在词中的读法外，还有哪些读法？

着急　　子弹　　强调

4.13 连接号

4.13.1 定义

标号的一种，标示某些相关联成分之间的连接。

4.13.2 形式

连接号的形式有短横线"－"、一字线"—"和浪纹线"～"三种。

4.13.3 基本用法

4.13.3.1 标示下列各种情况，均用短横线：

a）化合物的名称或表格、插图的编号。

示例1：3－戊酮为无色液体，对眼及皮肤有强烈刺激性。

示例2：参见下页表2－8、表2－9。

b）连接号码，包括门牌号码、电话号码，以及用阿拉伯数字表示年月日等。

示例3：安宁里东路26号院3－2－11室

示例4：联系电话：010－88842603

示例5：2011－02－15

c）在复合名词中起连接作用。

示例6：吐鲁番－哈密盆地

d）某些产品的名称和型号。

示例7：WZ－10直升机具有复杂天气和夜间作战的能力。

e）汉语拼音、外来语内部的分合。

示例8：shuōshuō－xiàoxiào（说说笑笑）

示例 9：盎格鲁－撒克逊人

示例 10：让－雅克·卢梭（"让－雅克"为双名）

示例 11：皮埃尔·孟戴斯－弗朗斯（"孟戴斯－弗朗斯"为复姓）

4.13.3.2　标示下列各种情况，一般用一字线，有时也可用浪纹线：

a）标示相关项目（如时间、地域等）的起止。

示例 1：沈括（1031—1095），宋朝人。

示例 2：2011 年 2 月 3 日—10 日

示例 3：北京—上海特别旅客快车

b）标示数值范围（由阿拉伯数字或汉字数字构成）的起止。

示例 4：25～30g

示例 5：第五～八课

4.14　间隔号

4.14.1　定义

标号的一种，标示某些相关联成分之间的分界。

4.14.2　形式

间隔号的形式是"·"。

4.14.3　基本用法

4.14.3.1　标示外国人名或少数民族人名内部的分界。

示例 1：克里丝蒂娜·罗塞蒂

示例 2：阿依古丽·买买提

4.14.3.2　标示书名与篇（章、卷）名之间的分界。

示例：《淮南子·本经训》

4.14.3.3　标示词牌、曲牌、诗体名等和题名之间的分界。

示例 1：《沁园春·雪》

示例 2：《天净沙·秋思》

示例 3：《七律·冬云》

4.14.3.4　用在构成标题或栏目名称的并列词语之间。

示例：《天·地·人》

4.14.3.5　以月、日为标志的事件或节日，用汉字数字表示时，只在一、十一和十二月后用间隔号；当直接用阿拉伯数字表示时，月、日之间均用间隔号（半角字符）。

示例1："九一八"事变　　　　"五四"运动

示例2："一·二八"事变　　　　"一二·九"运动

示例3："3·15"消费者权益日　　　"9·11"恐怖袭击事件

4.15　书名号

4.15.1　定义

标号的一种，标示语段中出现的各种作品的名称。

4.15.2　形式

书名号的形式有双书名号"《 》"和单书名号"〈 〉"两种。

4.15.3　基本用法

4.15.3.1　标示书名、卷名、篇名、刊物名、报纸名、文件名等。

示例1：《红楼梦》（书名）

示例2：《史记·项羽本纪》（卷名）

示例3：《论雷峰塔的倒掉》（篇名）

示例4：《每周关注》（刊物名）

示例5：《人民日报》（报纸书）

示例6：《全国农村工作会议纪要》（文件名）

4.15.3.2　标示电影、电视、音乐、诗歌、雕塑等各类用文字、声音、图像等表现的作品的名称。

示例1：《渔光曲》（电影名）

示例2：《追梦录》（电视剧名）

示例3：《勿忘我》（歌曲名）

示例4：《沁园春·雪》（诗词名）

示例5：《东方欲晓》（雕塑名）

示例6：《光与影》（电视节目名）

示例7：《社会广角镜》（栏目名）

示例8：《庄子研究文献数据库》（光盘名）

示例9：《植物生理学系列挂图》（图片名）

4.15.3.3　标示全中文或中文在名称中占主导地位的软件名。

示例：科研人员正在研制《电脑卫士》杀毒软件。

4.15.3.4　标示作品名的简称。

示例：我读了《念青唐古拉山脉纪行》一文（以下简称《念》），
　　　收获很大。

4.15.3.5　当书名号中还需要书名号时，里面一层用单书名号，外面一层用双书名号。

示例：《教育部关于提请审议〈高等教育自学考试试行办法〉的
　　　报告》

4.16　专名号

4.16.1　定义

标号的一种，标示古籍和某些文史类著作中出现的特定类专有名词。

4.16.2　形式

专名号的形式是一条直线，标注在相应文字的下方。

4.16.3　基本用法

4.16.3.1　标示古籍、古籍引文或某些文史类著作中出现的专有名词，主要包括人名、地名、国名、民族名、朝代名、年号、宗教名、官署名、组织名等。

示例1：孙坚人马被刘表率军围得水泄不通。（人名）

示例2：于是聚集冀、青、幽、并四州兵马七十多万准备决一死
　　　战。（地名）

示例3：当时乌孙及西域各国都向汉派遣了使节。（国名、朝代名）

示例4：从咸宁二年到太康十年，匈奴、鲜卑、乌桓等族人徙居塞
　　　内。（年号、民族名）

4.16.3.2　现代汉语文本中的上述专有名词，以及古籍和现代文本中的单位名、官职名、事件名、会议名、书名等不应使用专名号。必须使用标号标示时，宜使用其他相应标号（如引号、书名号等）。

4.17　分隔号

4.17.1　定义

标号的一种，标示诗行、节拍及某些相关文字的分隔。

4.17.2　形式

分隔号的形式是"/"。

4.17.3 基本用法

4.17.3.1 诗歌接排时分隔诗行（也可使用逗号和分号，见4.4.3.1/4.6.3.1）。

示例：春眠不觉晓/处处闻啼鸟/夜来风雨声/花落知多少。

4.17.3.2 标示诗文中的音节节拍。

示例：横眉/冷对/千夫指，俯首/甘为/孺子牛。

4.17.3.3 分隔供选择或可转换的两项，表示"或"。

示例：动词短语中除了作为主体成分的述语动词之外，还包括述语动词所带的宾语和/或补语。

4.17.3.4 分隔组成一对的两项，表示"和"。

示例1：13/14次特别快车

示例2：羽毛球女双决赛中国组合杜婧/于洋两局完胜韩国名将李孝贞/李敬元。

4.17.3.5 分隔层级或类别。

示例：我国的行政区划分为：省（直辖市、自治区）/省辖市（地级市）/县（县级市、区、自治州）/乡（镇）/村（居委会）。

5 标点符号的位置和书写形式

5.1 横排文稿标点符号的位置和书写形式

5.1.1 句号、逗号、顿号、分号、冒号均置于相应文字之后，占一个字位置，居左下，不出现在一行之首。

5.1.2 问号、叹号均置于相应文字之后，占一个字位置，居左，不出现在一行之首。两个问号（或叹号）叠用时，占一个字位置；三个问号（或叹号）叠用时，占两个字位置；问号和叹号连用时，占一个字位置。

5.1.3 引号、括号、书名号中的两部分标在相应项目的两端。各占一个字位置，其中前一半不出现在一行之末，后一半不出现在一行之首。

5.1.4 破折号标在相应项目之间，占两个字位置，上下居中，不能中间断开分处上行之末和下行之首。

5.1.5 省略号占两个字位置，两个省略号连用时占四个字位置并须单独占一行。省略号不能中间断开分处上行之末和下行之首。

5.1.6　连接号中的短横线比汉字"—"略短，占半个字位置；一字线比汉字"—"略长，占一个字位置；浪纹线占一个字位置。连接号上下居中，不出现在一行之首。

5.1.7　间隔号标在需要隔开的项目之间，占半个字位置，上下居中，不出现在一行之首。

5.1.8　着重号和专名号标在相应文字的下边。

5.1.9　分隔号占半个字位置，不出现在一行之首或一行之末。

5.1.10　标点符号排在一行末尾时，若为全角字符则应占半角字符的宽度（即半个字位），以使视觉效果更美观。

5.1.11　在实际编辑出版工作中，为排版美观、方便阅读等需要，或为避免某一小节最后一个汉字转行或出现在另外一页开头等情况（浪费版面及视觉效果差），可适当压缩标点符号所占用的空间。

5.2　竖排文稿标点符号的位置和书写形式

5.2.1　句号、问号、逗号、顿号、分号和冒号均置于相应文字之下偏右。

5.2.2　破折号、省略号、连接号、间隔号和分隔号置于相应文字之下居中，上下方向排列。

5.2.3　引号改用双引号"﹁""﹂"和单引号"﹃""﹄"，括号改用"︵""︶"，标在相应项目的上下。

5.2.4　竖排文稿中使用浪线式书名号"〰"，标在相应文字的左侧。

5.2.5　着重号标在相应文字的右侧，专名号标在相应文字的左侧。

5.2.6　横排文稿中关于某些标点不能居行首或行末的要求，同样适用于竖排文稿。

附 录 A
（规范性附录）
标点符号用法的补充规则

A.1 句号用法补充规则

图或表的短语式说明文字，中间可用逗号，但末尾不用句号。即使有说明文字较长，前面的语段已出现句号，最后结尾处仍不用句号。

示例1：行进中的学生方队

示例2：经过治理，本市市容市貌焕然一新。这是某区街道一景

A.2 问号用法补充规则

使用问号应以句子表示疑问语气为依据，而并不根据句子中包含有疑问词。当含有疑问词的语段充当某种句子成分，而句子并不表示疑问语气时，句末不用问号。

示例1：他们的行为举止、审美趣味，甚至读什么书，坐什么车，
都在媒体掌握之中。

示例2：谁也不见，什么也不吃，哪儿也不去。

示例3：我也不知道他究竟躲到什么地方去了。

A.3 逗号用法补充规则

用顿号表示较长、较多或较复杂的并列成分之间的停顿时，最后一个成分前可用"以及（及）"进行连接，"以及（及）"之前应用逗号。

示例：压力过大、工作时间过长、作息不规律，以及忽视营养均衡
等，均会导致健康状况的下降。

A.4 顿号用法补充规则

A.4.1 表示含有顺序关系的并列各项间的停顿，用顿号，不用逗号。下例解释"对于"一词用法，"人""事物""行为"之间有顺序关系（即人和人、人和事物、人和行为、事物和事物、事物和行为、行为和行为等六种对待关系），各项之间应用顿号。

示例：〔对于〕表示人，事物，行为之间的相互对待关系。（误）
　　　　〔对于〕表示人、事物、行为之间的相互对待关系。（正）

A.4.2 用阿拉伯数字表示年月日的简写形式时，用短横线连接

号,不用顿号。

示例:2010.03.02(误)

2010-03-02(正)

A.5 分号用法补充规则

分项列举的各项有一项或多项已包含句号时,各项的末尾不能再用分号。

示例:本市先后建立起三大农业生产体系:一是建立甘蔗生产服务体系。成立糖业服务公司,主要给农民提供机耕等服务;二是建立蚕桑生产服务体系。……;三是建立热作服务体系。……。(误)

本市先后建立起三大农业生产体系:一是建立甘蔗生产服务体系。成立糖业服务公司,主要给农民提供机耕等服务。二是建立蚕桑生产服务体系。……。三是建立热作服务体系。……。(正)

A.6 冒号用法补充规则

A.6.1 冒号用在提示性话语之后引起下文。表面上类似但实际不是提示性话语的,其后用逗号。

示例1:郦道元《水经注》记载:"沼西际山枕水,有唐叔虞祠。"(提示性话语)

示例2:据《苏州府志》载,苏州城内大小园林约有150多座,可算名副其实的园林之城。(非提示性话语)

A.6.2 冒号提示范围无论大小(一句话、几句话甚至几段话),都应与提示性话语保持一致(即在该范围的末尾要用句号点断)。应避免冒号涵盖范围过窄或过宽。

示例:艾滋病有三个传播途径:血液传播,性传播和母婴传播,日常接触是不会传播艾滋病的。〔误〕

艾滋病有三个传播途径:血液传播,性传播和母婴传播。日常接触是不会传播艾滋病的。(正)

A.6.3 冒号应用在有停顿处,无停顿处不应用冒号。

示例1:他头也不抬,冷冷地问:"你叫什么名字?"(有停顿)

示例2:这事你得拿主意,光说"不知道"怎么行?(无停顿)

A.7 引号用法补充规则

"丛刊""文库""系列""书系"等作为系列著作的选题名,宜用引号标引。当"丛刊"等为选题名的一部分时,放在引号之内,反之则放在引号之外。

示例1:"汉译世界学术名著丛书"

示例2:"中国哲学典籍文库"

示例3:"20世纪心理学通览"丛书

A.8 括号用法补充规则

括号可分为句内括号和句外括号。句内括号用于注释句子里的某些词语,即本身就是句子的一部分,应紧跟在被注释的词语之后。句外括号则用于注释句子、句群或段落,即本身结构独立,不属于前面的句子、句群或段落,应位于所注释语段的句末点号之后。

示例:标点符号是辅助文字记录语言的符号,是书面语的有机组成部分,用来表示语句的停顿、语气以及标示某些成分(主要是词语)的特定性质和作用。(数学符号、货币符号、校勘符号等特殊领域的专门符号不属于标点符号。)

A.9 省略号用法补充规则

A.9.1 不能用多于两个省略号(多于12点)连在一起表示省略。省略号须与多点连续的连珠号相区别(后者主要是用于表示目录中标题和页码对应和连接的专门符号)。

A.9.2 省略号和"等""等等""什么的"等词语不能同时使用。在需要读出来的地方用"等""等等""什么的"等词语,不用省略号。

示例:含有铁质的食物有猪肝、大豆、油菜、菠菜……等。(误)

含有铁质的食物有猪肝、大豆、油菜、菠菜等。(正)

A.10 着重号用法补充规则

不应使用文字下加直线或波浪线等形式表示着重。文字下加直线为专名号形式(4.16);文字下加浪纹线是特殊书名号(A.13.6)。着重号的形式统一为相应项目下加小圆点。

示例:下面对本文的理解,不正确的一项是　　　(误)

下面对本文的理解,不正确的一项是　　　(正)

A.11 连接号用法补充规则

浪纹线连接号用于标示数值范围时，在不引起歧义的情况下，前一数值附加符号或计量单位可省略。

示例：5 公斤～100 公斤（正）
　　　5～100 公斤（正）

A.12 间隔号用法补充规则

当并列短语构成的标题中已用间隔号隔开时，不应再用"和"类连词。

示例：《水星·火星和金星》（误）
　　　《水星·火星·金星》（正）

A.13 书名号用法补充规则

A.13.1　不能视为作品的课程、课题、奖品奖状、商标、证照、组织机构、会议、活动等名称，不应用书名号。下面均为书名号误用的示例：

示例 1：下学期本中心将开设《现代企业财务管理》《市场营销》两门课程。

示例 2：明天将召开《关于"两保两挂"的多视觉理论思考》课题立项会。

示例 3：本市将向 70 岁以上（含 70 岁）老年人颁发《敬老证》。

示例 4：本校共获得《最佳印象》《自我审美》《卡拉 OK》等六个奖杯。

示例 5：《闪光》牌电池经久耐用。

示例 6：《文史杂志社》编辑力量比较雄厚。

示例 7：本市将召开《全国食用天然色素应用研讨会》。

示例 8：本报将于今年暑假举行《墨宝杯》书法大赛。

A.13.2　有的名称应根据指称意义的不同确定是否用书名号。如文艺晚会指一项活动时，不用书名号；而特指一种节目名称时，可用书名号。再如展览作为一种文化传播的组织形式时，不用书名号；特定情况下将某项展览作为一种创作的作品时，可用书名号。

示例 1：2008 年重阳联欢晚会受到观众的称赞和好评。

示例 2：本台将重播《2008 年重阳联欢晚会》。

示例3:"雪域明珠——中国西藏文化展"今天隆重开幕。

示例4:《大地飞歌艺术展》是一部大型现代艺术作品。

A.13.3 书名后面表示该作品所属类别的普通名词不标在书名号内。

示例:《我们》杂志

A.13.4 书名有时带有括注。如果括注是书名、篇名等的一部分,应放在书名号之内,反之则应放在书名号之外。

示例1:《琵琶行(并序)》

示例2:《中华人民共和国民事诉讼法(试行)》

示例3:《新政治协商会议筹备会组织条例(草案)》

示例4:《百科知识》(彩图本)

示例5:《人民日报》(海外版)

A.13.5 书名、篇名末尾如有叹号或问号,应放在书名号之内。

示例1:《日记何罪!》

示例2:《如何做到同工又同酬?》

A.13.6 在古籍或某些文史类著作中,为与专名号配合,书名号也可改用浪纹式"〜〜〜",标注在书名下方。这可以看作是特殊的专名号或特殊的书名号。

A.14 分隔号用法补充规则

分隔号又称正斜线号,须与反斜线号"\"相区别(后者主要是用于编写计算机程序的专门符号)。使用分隔号时,紧贴着分隔号的前后通常不用点号。

附 录 B
(资料性附录)
标点符号若干用法的说明

B.1 易混标点符号用法比较

B.1.1 逗号、顿号表示并列词语之间停顿的区别

逗号和顿号都表示停顿,但逗号表示的停顿长,顿号表示的停顿短。并列词语之间的停顿一般用顿号,但当并列词语较长或其后有语气

词时，为了表示稍长一点的停顿，也可用逗号。

示例1：我喜欢吃的水果有苹果、桃子、香蕉和菠萝。

示例2：我们需要了解全局和局部的统一，必然和偶然的统一，本质和现象的统一。

示例3：看游记最难弄清位置和方向，前啊，后啊，左啊，右啊，看了半天，还是不明白。

B.1.2 逗号、顿号在表列举省略的"等""等等"之类词语前的使用

并列成分之间用顿号，末尾的并列成分之后用"等""等等"之类词语时，"等"类词前不用顿号或其他点号；并列成分之间用逗号，末尾的并列成分之后用"等"类词时，"等"类词前应用逗号。

示例1：现代生物学、物理学、化学、数学等基础科学的发展，带动了医学科学的进步。

示例2：写文章前要想好，文章主题是什么，用哪些材料，哪些详写，哪些略写，等等。

B.1.3 逗号、分号表示分句间停顿的区别

当复句的表述不复杂、层次不多，相连的分句语气比较紧凑、分句内部也没有使用逗号表示停顿时，分句间的停顿多用逗号。当用逗号不易分清多重复句内部的层次（如分句内部已有逗号），而用句号又可能割裂前后关系的地方，应用分号表示停顿。

示例1：她拿起钥匙，开了箱上的锁，又开了首饰盒上的锁，往老地方放钱。

示例2：纵比，即以一事物的各个发展阶段作比；横比，则以此事物与彼事物相比。

B.1.4 顿号、逗号、分号在标示层次关系时的区别

句内点号中，顿号表示的停顿最短、层次最低，通常只能表示并列词语之间的停顿；分号表示的停顿最长、层次最高，可以用来表示复句的第一层分句之间的停顿；逗号介于两者之间，既可表示并列词语之间的停顿，也可表示复句中分句之间的停顿。若分句内部已用逗号，分句之间就应用分号（见B.1.3示例2）。用分号隔开的几个并列分句不能由逗号统领或总结。

示例1：有的学会烤烟，自己做挺讲究的纸烟和雪茄；有的学会蔬菜加工，做的番茄酱能吃到冬天；有的学会蔬菜腌渍、窖藏，使秋菜接上春菜。

示例2：动物吃植物的方式多种多样，有的是把整个植物吃掉，如原生动物；有的是把植物的大部分吃掉，如鼠类；有的是吃掉植物的要害部位，如鸟类吃掉植物的嫩芽。（误）。

动物吃植物的方式多种多样：有的是把整个植物吃掉，如原生动物；有的是把植物的大部分吃掉，如鼠类；有的是吃掉植物的要害部位，如鸟类吃掉植物的嫩芽。（正）。

B.1.5 冒号、逗号用于"说""道"之类词语后的区别

位于引文之前的"说""道"后用冒号。位于引文之后的"说""道"分两种情况：处于句末时，其后用句号；"说""道"后还有其他成分时，其后用逗号。插在话语中间的"说""道"类词语后只能用逗号表示停顿。

示例1：他说："晚上就来家里吃饭吧。"

示例2："我真的很期待。"他说。

示例3："我有件事忘了说……"他说，表情有点为难。

示例4："现在请皇上脱下衣服，"两个骗子说，"好让我们为您换上新衣。"

B.1.6 不同点号表示停顿长短的排序

各种点号都表示说话时的停顿。句号、问号，叹号都表示句子完结，停顿最长。分号用于复句的分句之间，停顿长度介于句末点号和逗号之间，而短于冒号。逗号表示一句话中间的停顿，又短于分号。顿号用于并列词语之间，停顿最短。通常情况下，各种点号表示的停顿由长到短为：句号＝问号＝叹号＞冒号（指涵盖范围为一句话的冒号）＞分号＞逗号＞顿号）。

B.1.7 破折号与括号表示注释或补充说明时的区别

破折号用于表示比较重要的解释说明，这种补充是正文的一部分，可与前后文连读；而括号表示比较一般的解释说明，只是注释而非正文，可不与前后文连读。

示例1：在今年——农历虎年，必须取得比去年更大的成绩。

示例2：哈雷在牛顿思想的启发下，终于认出了他所关注的彗星（该星后人称为哈雷彗星）。

B.1.8 书名号、引号在"题为……""以……为题"格式中的使用

"题为……""以……为题"中的"题"，如果是诗文、图书、报告或其他作品可作为篇名、书名看待时，可用书名号；如果是写作、科研、辩论、谈话的主题，非特定作品的标题，应用引号。即"题为……""以……为题"中的"题"应根据其类别分别按书名号和引号的用法处理。

示例1：有篇题为《柳宗元的诗》的文章，全文才2000字，引文不实却达11处之多。

示例2：今天一个以"地球·人口·资源·环境"为题的大型宣传活动在此间举行。

示例3：《我的老师》写于1956年9月，是作者应《教师报》之约而写的。

示例4："我的老师"这类题目，同学们也许都写过。

B.2 两个标点符号连用说明

B.2.1 行文中表示引用的引号内外的标点用法

当引文完整且独立使用，或虽不独立使用但带有问号或叹号时，引号内句末点号应保留。除此之外，引号内不用句末点号。当引文处于句子停顿处（包括句子末尾）且引号内未使用点号时，引号外应使用点号；当引文位于非停顿处或者引号内已使用句末点号时，引号外不用点号。

示例1："沉舟侧畔千帆过，病树前头万木春。"他最喜欢这两句诗。

示例2：书价上涨令许多读者难以接受，有些人甚至发出"还买得起书吗？"的疑问。

示例3：他以"条件还不成熟，准备还不充分"为由，否决了我们的提议。

示例4：你这样"明日复明日"地要拖到什么时候？

示例5：司马迁为了完成《史记》的写作，使之"藏之名山"，忍受了人间最大的侮辱。

示例6：在施工中要始终坚持"把质量当生命"。

示例7："言之无文，行而不远"这句话，说明了文采的重要。

示例8：俗话说："墙头一根草，风吹两边倒。"用这句话来形容此辈再恰当不过。

B.2.2　行文中括号内外的标点用法

括号内行文末尾需要时可用问号、叹号和省略号。除此之外，句内括号行文末尾通常不用标点符号。句外括号行文末尾是否用句号由括号内的语段结构决定：若语段较长、内容复杂，应用句号。句内括号外是否用点号取决于括号所处位置：若句内括号处于句子停顿处，应用点号。句外括号外通常不用点号。

示例1：如果不采取（但应如何采取呢？）十分具体的控制措施，事态将进一步扩大。

示例2：3分钟过去了（仅仅才3分钟！），从眼前穿梭而过的出租车竟达32辆！

示例3：她介绍时用了一连串比喻（有的状如树枝，有的貌似星海……），非常形象。

示例4：科技协作合同（包括科研、试制、成果推广等）根据上级主管部门或有关部门的计划签订。

示例5：应把夏朝看作原始公社向奴隶制国家过渡时期。（龙山文化遗址里，也有俯身葬。俯身者很可能就是奴隶。）

示例6：问：你对你不喜欢的上司是什么态度？
答：感情上疏远，组织上服从。（掌声，笑声）

示例7：古汉语（特别是上古汉语），对于我来说，有着常人无法想象的吸引力。

示例8：由于这种推断尚未经过实践的考验，我们只能把它作为假设（或假说）提出来。

示例9：人际交往过程就是使用词语传达意义的过程。（严格说，这里的"语词"应为语词指号。）

B.2.3　破折号前后的标点用法

破折号之前通常不用点号；但根据句子结构和行文需要，有时也可分别使用句内点号或句末点号。破折号之后通常不会紧跟着使用其他点号；但当破折号表示语音的停顿或延长时，根据语气表达的需要，其后可紧接问号或叹号。

示例1：小妹说："我现在工作得挺好，老板对我不错，工资也挺高。——我能抽支烟吗？"（表示话题的转折）

示例2：我不是自然主义者，我主张文学高于现实，能够稍稍居高临下地去看现实，因为文学的任务不仅在于反映现实，光描写现存的事物还不够，还必须记住我们所希望的和可能产生的事物。必须使现象典型化。应该把微小而有代表性的事物写成重大的和典型的事物。——这就是文学的任务。（表示对前几句话的总结）

示例3："是他——？"石一川简直不敢相信自己的耳朵。

示例4："我终于考上大学啦！我终于考上啦——！"金石开兴奋得快要晕过去了。

B.2.4 省略号前后的标点用法

省略号之前通常不用点号。以下两种情况例外：省略号前的句子表示强烈语气、句末使用问号或叹号时；省略号前不用点号就无法标示停顿或表明结构关系时。省略号之后通常也不用点号，但当句末表达强烈的语气或感情时，可在省略号后用问号或叹号；当省略号后还有别的话、省略的文字和后面的话不连续且有停顿时，应在省略号后用点号；当表示特定格式的成分虚缺时，省略号后可用点号。

示例1：想起这些，我就觉得一辈子都对不起你，你对梁家的好，我感激不尽！……

示例2：他进来了，……一身军装，一张朴实的脸，站在我们面前显得很高大，很年轻。

示例3：这，这是……？

示例4：动物界的规矩比人类还多，野骆驼、野猪、黄羊……，直到塔里木兔、跳鼠，都是各行其路，决不混淆。

示例5：大火被渐渐扑灭，但一片片油污又旋即出现在遇难船旁……。清污船迅速赶来，并施放围栏以控制油污。

示例6：如果……，那么……。

B.3 序次语之后的标点用法

B.3.1 "第""其"字头序次语,或"首先""其次""最后"等做序次语时,后用逗号(见 **4.4.3.3**)。

后　记

2014年10月1日，为了推进司法规范化和检察信息化建设，切实保障人民群众对检察工作的知情权、参与权和监督权，进一步规范执法、公正司法，推进检务公开，增强执法办案的透明度，最高人民检察院发布了《人民检察院案件信息公开工作规定（试行）》，开通案件信息公开网，重要的法律文书上网公开。时任北京市人民检察院副检察长苗生明应形势之需，与中国政法大学法律语言研究中心主任王洁教授联系，两家单位达成合作意向，共同开展"公诉法律文书规范化实证研究"这一课题。该课题包括三个子课题，即"起诉书规范化实证研究""不起诉决定书规范化实证研究"和"抗诉书规范化实证研究"。2014年10月在北京市人民检察院启动了课题，成立了课题组。研究的文书材料由北京市人民检察院提供，文书的调查研究由中国政法大学法律语言研究中心负责，北京市人民检察院负责组织公诉部门的经验丰富的实践专家（多位为北京市各级人民检察院的公诉处处长级）为课题把关。

此后第一阶段集中开展"起诉书规范化实证研究"这一子课题。因是第一次做这一类课题，大家都是摸着石头过河，本着精益求精的思想，课题合作双方前前后后召开了大大小小的讨论会十三次，并在2017年上半年完成了该子课题，出版了《检察机关刑事起诉书制作要义》。此前的2015年6月，在研究成果的基础上形成了《北京市人民检察院关于公诉案件起诉书制作的规范意见（试行）》，下发全市检察机关统一执行。

起诉书子课题的完成为后面不起诉决定书和抗诉书子课题的研究打下了良好的基础，算是趟出了一条路。2016年6月，由本人主要负责的不起诉决定书课题也正式启动了，沿着起诉书课题的路子走下来，也算是顺利。在北京市人民检察院组织的专家团队的大力支持与帮助下，现在书稿也终于完成了。

由于不起诉决定书和起诉书功能上的不同，所以制作要求上也有区别，存在的突出问题也有不同，比如不起诉决定书的说理问题长期以来备受关注，所以，在不起诉决定书这一子课题里，我们在前期梳理的基础上，又专门设立了一个章节讨论不起诉决定书的说理问题。另外，不起诉决定书又分为绝对、相对和存疑三个小类，这三类有共通的问题，也有个性化的问题，所以，在章节组织上，都是先集中讨论共通的问题，然后再分类讨论它们的个性化问题，这与起诉书也有不同，所以本书的结构安排不同于起诉书。不过，研究方法和思路与起诉书还是一致的，都是以最高人民检察院出台的文书制作模板为标准，梳理目前文书中与模板出入较大以及文书制作中差异较大的问题，通过集中讨论研究，形成最终的规范意见。

本书历时一年多时间完稿，虽由本人主要负责，但是成果仍然是集体智慧的结晶，汇聚了法律语言学者与北京市检察系统检察官精英们的心血。感谢他们的辛勤付出。

本课题组除了本人之外，其他主要成员如下：

首席专家——苗生明，北京市人民检察院原副检察长，现任北京市人民检察院第二分院检察长；王洁，中国政法大学法学院教授、法律语言研究中心主任

田向红　北京市人民检察院公诉部主任

张　军　北京市人民检察院第二分院刑事审判监督部主任

刘　岩　北京市通州区人民检察院公诉部主任

陈　雷　北京市海淀区人民检察院公诉部主任

贾晓文　北京市朝阳区人民检察院轻罪部主任

魏　建　北京市丰台区人民检察院公诉部主任

位鲁刚　北京市人民检察院第二分院公诉部副主任

纪丙学　北京市人民检察院刑事审判监督部副主任

刘　晶　北京市西城区人民检察院金融犯罪检察处处长

岳　冰　北京市人民检察院公诉部检察官

庞　静　北京市人民检察院刑事审判监督部检察官

赵晓敏　北京市石景山区人民检察院检察管理监督部检察官

韩　笑　　北京市海淀区人民检察院公诉部检察官
韩晓霞　　北京市人民检察院公诉部检察官
刘　哲　　北京市人民检察院公诉部检察官
赵海峡　　北京市人民检察院公诉部检察官助理
姚彩云　　北京市人民检察院第二分院审判监督部检察官助理

两位首席专家把握方向，提供指引，甚至有时候也在百忙之中抽空参与讨论，其他专家则主要是参与课题讨论，提供意见，有的还仔细审阅稿件，为成果把关。大家都很忙，但都很积极、热情。此外北京市密云区人民检察院公诉部检察官张雯雯也为课题提出了很多宝贵的意见，帮助审阅稿件，查找资料。特别感谢以上各位，大家的丰富经验为本课题规范意见的提出起到了至关重要的作用。尤其是赵晓敏、庞静、韩笑检察官还参与了前期的材料调查与梳理工作，任务繁重，却都能保质保量完成。

另外，中国政法大学法律语言学方向的研究生们也积极参与课题调研，为课题中相关问题的调查与整理、资料查找以及后期的稿件校对排版付出了辛苦的劳动，他们是肖亚芸、朱远峰、徐玮和崔晓娟同学。

正是因为大家的齐心协力、精诚合作、热情奉献，才有了这部成果，衷心感谢以上诸位的辛勤付出！在此过程中，本人也获益匪浅，向各位专家学习了很多。

当然，由于不起诉决定书情况复杂、材料多，虽然本次研究已有相当的覆盖面，但一定还有忽略掉的重要问题。本书中的规范意见，也是在现有的法律规定、研究和实践经验的基础上提出来的，难免还会有局限之处。只希望这一成果能够积极促进不起诉决定书规范化的进程，在这条路上，我们希望以后还能继续走得更远。书中不当之处，当由本人负责，恳请读者批评指正。

承蒙北京市人民检察院原副检察长方工、北京市海淀区人民检察院原检察长王振峰同志不辞辛苦审阅书稿并提出宝贵意见和建议。再次向专家们表示深深的感谢及诚挚的敬意。

张　彦
2018年6月